“六维度”规则教育的实践创新

主编　张照龙

文匯出版社

《学校新优质集约发展文丛》总序

教育均衡发展体现的是一种公平公正的理念,这不仅是世界教育发展的潮流,而且成为教育现代化的核心理念。20世纪末以来,随着世界经济的发展,公平正义越来越成为国际社会关注的重要问题,教育公平日益成为教育现代化的基本价值体现,成为世界各国教育发展的基本出发点,尤其是教育均衡发展问题,日益成为许多国家制定教育政策的基本原则。诺贝尔奖获得者弗里德曼教授曾指出,政府的职能主要有四个:建立国防和外交,维护司法公正,提供公共产品,扶助社会弱势群体。“提供公共产品,实现教育公平,政府是天生的‘第一责任人’。谁也不能代替,谁也代替不了。”(周洪宇:教育公平论,人民教育出版社,2010.3)20世纪90年代国际上提出了“全纳教育”思想、“每个孩子都重要”等教育均衡思想与实践。关注每一个学生的成长,这是教育均衡发展的必然逻辑,是践行教育均衡发展的核心精神,也是人类社会追求的公平教育,具有普适性。

教育区域发展正是体现了这样的教育发展潮流。集团化办学超越了一所学校的办学范畴,在区域层面上对优化资源配置和提高教育质量产生影响。在教育发展的失衡中最突出的是城乡教育的失衡。20世纪20年代,陶行知、晏阳初等在农村开展平民教育,是区域推进教育改革的大胆尝试。20世纪末,上海开展了教育小区探索实践。上海出现的现代教育小区的建设是社会、经济高速发展和上海城市功能定位要求教育改革与之适应的结果。“教育小区的建设为提高全体学生和市民素养创造了有利条件,奠定了物质和组织基础,为未来教育的发展创造了较大的空间,教育小区建设将成为上海教育进入新世纪的重要标志”(王钰城,2000.1)教育发展要顺应人民群众对接受更多更好教育的新期盼。

教育均衡发展中首先是保障教育入学机会的均等,让所有的孩子上好学,这是教育公平的底线。教育公平的核心是教育过程的平等,办好每一所家门口的学校,提供教育质量不断进步的教育。教育公平的追求应该是教育结果的平等,办好人民满意的教育,建好人民满意的学校。教育公平的实现过程就是教育公共产品生产与提供方式的创新。通过均衡使所有学校优质发展,这是均衡发展的重要价值取向。我们必须按照科学的教育质量观要求,把“为了每一个孩子的健康快乐成长”作为出发点和落脚点。在教育价值取向上,要从过度追求现实功利转向追求教育对人的发展的价值,高度重视学生的身心发展、终身发展。在学生培养模式上,必须树立“为了每一个学生终身发展”的理念,即关心全体学生的成长,要改变高度统一的标准化模式,更加注重有利于学生社会化与个性化协调发展。在教师专业成长上,要从单纯强调掌握学科知识和教学技能转向更加注重教育境界和专业能力的提升。通过教育价值观倡导,促进学校提高教育质量和办学水平,创新发展理念和发展模式,全面实施素质教育。

金山小学教育集团的发展在教育理念上贯穿教育均衡思想,以“儿童友好”为特征。“儿童友好”强调儿童享有一个人的全部权利,儿童优先。金山小学教育集团的各所学校从不同的教育实践角度践行以学生发展作为学校发展的表征,以营造健康的集团教育生态圈为实现形式,“儿童友好,金色童年,绿色心灵”成了我们集团的行动呼唤,亲儿童以达亲众生,建构健康的区域集团教育生态成了我们的努力。“构建教育的生态”本质上就是以生态文明指导学校自身变革。学校的改革与发展在于生态关系的构建,在学校教育观念上、制度上与学校行为方式上,推进学校整体生态化,为儿童健康成长营造一个良好的区域教育生态圈,使学校具有可持续发展的能力。我们追求的教育生态是儿童友好的学校生态,这样的生态支持与关爱着儿童的健康成长,努力把学校建设成为儿童友好型学校。这样的学校对儿童的关照应当是无微不至的,有着有利于儿童成长的环境、丰富多彩的儿童精神文化环境、良好的学校儿童保护与服务、对儿童参与权利的保障等多方面的目标与举措。“儿童友好”融入课程文化,实现“以生为本”的教育教学,促进每一个儿童的成长和发展。“儿童友好”融入各类课程,培育儿童健康的学习方式,催生儿童民主意识,构建儿童主体道德。当今教育发展的趋势，以生态文明引导社会发展，以生态文明引导教育发展，以教育生态滋润教育，以教育反哺教育生态，形成教育发展与教育生态营造的双向建构。金山小学教育集团成员学校共处上海西南的东海之滨，山阳、钱圩、漕泾、廊下有着深厚的历史底蕴、丰富的文化精神、浓郁的教育传承，正是这些东海之滨的金山城镇孕育着这片充满活力的学校教育，培育着良好的教育生态。

金山小学教育集团的发展在实践形态上坚持办学规律，遵循教育规律。《学校新优质集约发展文丛》展现了金山小学的表现性德育，激发儿童内在的生命活力，让孩子们以敢表、乐表、善表的精神，表真、表善、表美、表新，在学习和实践中增长才干，提升能力，为今后就业和终身发展打下良好基础，使学生的精神面貌、涵养、个性、气质、习惯展现出他鲜活的内心世界。钱圩小学从悠久的钱圩文化与校本体育优势项目中凝练了以“成为一个崇尚规则幸福的人”的教育理念，培育学校的“六维度规则教育”，走出一条现代规则教育校本化之路。漕泾小学从原先的“追求适合学生发展的生态教育探索”中，不断梳理与更新学校办学的实践，从“生态教育”走向“教育生态”，逐步清晰了学校发展的方向：生态的教育，即教育生态化，使漕泾小学的教育更健康，成为儿童友好型学校。学校从生态课堂与生态型德育着手，实现“儿童友好，让学校更生态”的教育追求。山阳小学从以“矢志如山、胸怀朝阳、善小养真、勤学自强”的“山小精神”为引领，以金山嘴渔村渔文化、山阳故事、山阳民乐等山阳精品文化为新支点，通过以校本课程为载体，进一步弘扬与传承这一传统文化，增强来沪随迁子女对“第二家乡”的认同感、归属感和凝聚力，形成共有的精神家园。廊下小学与石化五小也在不断发展。这些集团成员学校依托集团化办学的优势，形成了集成发展态势，取得了显著的办学实绩，形成了学校办学的特色。

在办学集团化集成发展中我们要正确认识与实践两个问题：

一是学校发展与集团化发展的关系。我们以项目引领方式解决学校发展面临的发展问题，发挥引领辐射作用，以促进共同体学校整体提升为基本原则，推进教育集团工作。集团主持学校金山小学以“基于金色童年课程的表现性学习”品牌的本质精神，以“为每个学生提供适合他们发展的教育”为导向，发扬示范带动效应。同时以共同发展为纽带，通过集团成员学校的学校管理、队伍建设、教育科研、学生活动、学校文化等方面互动，开展学习、交流、展示等活动，在如何凝聚学校发展主题以及落实路径上开展活动，借助专家的智力支持，实现资源共享、优势互补、共同进步、整体提高。有针对性地解决学校发展面临的困惑与瓶颈，有针对性地解决学校发展面临的瓶颈，增强各校整体实力，达到学校内涵发展的目的，并总结与形成对集团化办学的认识。营造健康的教育生态已经成为集团各学校的共识与积极的行动。

二是学校教育特色与学生发展之间的关系。通过这几年的实践，表明学校教育特色的确定与建构必须是为了学生的发展。集团各学校所确立的素质教育实验项目都是指向学生发展，是学生发展中最基本的、终身受益的，也是事关学校发展全局的，落实学生培养目标并具有普适性的。集团成员学校的发展表明教育集团应该聚焦在办学理念与资源共享的共识上、实践形态的一致性与校本化上，使集团工作有着可行性、适宜性。

在集团化办学过程中，我们认识到学校的核心竞争力是文化力。学校教育文化必定在过程中孕育，在过程中发展，而不是把学校教育理念看成是装饰品作为摆设，或当口号喊喊而已。办学特色是学校文化的具体体现，是学校文化的物化。学校特色发展不是单纯追求"不同"，而是要遵循教育规律上做得更好；不是文字表述上的"特"，而是实践成果上的出色。我们的特色不是追求"特"而"特"，不是奇思怪想，人无我有，而要有教育价值。学校特色是学校经过长期努力，在办学过程中形成的教育或教学的优势，并能成为学校文化的一部分。办学特色不是少数学生或教师的特长项目，而是全校师生认同和参与的，也为社会或社区所认可的，有一定的社会影响。学校办学特色应该是在遵循教育规律上做得很出色，经验很鲜明，成效很认可，这才能超乎其他学校而凸显。我们只有端正对"特色"的理解，理清思路，才能明确方向。

在集团化办学过程中，我们感受到学校教育理念孕育首先必须聚焦。这就需要学校在办学过程中，为了确立学校教育理念，对其作出教育价值的理解和判断，作出符合学校实际和教育发展需要的选择，并作为学校发展的目标以及全校师生行动的导向。在聚焦过程中，学校必须立足高点，站得高，才能看得远。学校选择的教育价值理念、教育特色应该具有发展的潜质，学校教育理念孕育必须坚持融合。学校教育理念真正确立的标志应该是其是否融合于学校方方面面的生活之中。

学校教育理念的融合程度是学校教育理念发展水平的标尺。融合既是目标,也是手段,融合是孕育学校教育理念的重要手段。学校教育理念要融合在学校的教育、教学和管理之中,要融合在师生的品格之中。学校教育理念孕育“坚持数年必有成效”。学校教育理念作为一种组织精神,是组织成员的价值观念和信念的集中反映,是组织成员共同愿景的前提基础,是组织成员心中一股令人深受感召的力量,遍及于组织各方面的活动中,从而使各种不同的活动融汇起来,为完成共同的目标不断努力。富有独特魅力的学校教育理念是促进学校发展,走向成功的坚强柱石。学校教育理念培育不可能一蹴而就,需要坚持,不跟风、不唯上,按照教育规律,在具体的学校情境下培育属于自己的学校教育理念,也只有“坚持数年”,才“必有成效”。

在教育集团化办学中,成员学校在办学实践中不仅清晰了校本化发展路径,总结与形成了一些对集团化办学的有益认识,而且也形成了反映集团化办学中学校个性化发展的经验,形成了这套《学校新优质集约发展文丛》丛书。这套丛书共分两套,由四本专著组成:第一套《幸福德育:滋养金色童年》,由金山小学的《表现性德育的理性实践》与钱圩小学《“六维度”规则教育的实践创新》组成,其书名中“幸福”来自钱圩小学的理念:“成为一个崇尚规则幸福的人”,“童年”来自金山小学的“基于金色童年课程的表现性学习”。第二套《教育生态:滋润绿色心灵》,由漕泾小学的《友好:让学校更生态——生态课堂与生态型德育的实施》和山阳小学的《一场春风化雨的实践》组成,其书名中的“教育生态”来自漕泾小学的办学理念,“滋润”来自山阳小学的“春风化雨的实践”。

《学校新优质集约发展文丛》丛书所表征的“为学生提供适合他们发展的教育”这个理念对整个集团学校教育提出了高要求,是我们追求的教育理想,也是我们行动的号角。我们确信,不因为是理想而不追求,不因为是高标准而不行动,我们正在用积极的行动实践我们的教育理念。

周梅　王钰城

2021年1月于上海

目　　录

指向学生核心素养发展的规则教育行动研究

——“六维度”规则教育的实践创新

本课题“指向学生核心素养发展的规则教育行动研究——‘六维度’规则教育的实践创新”系2019年上海市金山区教育科学研究项目。本项目自2018年9月开题研究以来，历经近一年半的实践与研究，已于2020年4月完成预定的研究任务，并完成了专著《“六维度”规则教育的实践创新》。现将本课题研究概况与研究成果报告如下。

第一部分　课 题 概 述

一、课题研究的主要背景

(一) 规则教育是现代社会文明的必然要求

1. 必须认识到文明社会离不开规则

从历史的视角来看，人类社会的发展是与规则及规则意识的演进密切相关，规则及规则意识的演进是人类社会发展的内在保证。无论是政治上的战略决策，还是经济上的共同发展，全球各国要想获得共同的发展，就需要规则的维护，只有在规则的制约下，才能获得发展，规则不是为人们带来障碍的阻力，而是全人类和平发展的前进动力。因此，世界离不开规则，人类离不开规则。

规则也是人类创造的一种文化。不同历史时代，不同社会结构，有不同的规则文化理念。这些历史上形成的传统规则文化理念，对现代人的规则意识有着深刻的影响。著名社会学家涂尔干认为，遵守规则是人的一种基本美德，是个体道德社会化的重要表征。公正、公平、和谐的社会环境是文明社会的重要标志,而这种社会环境的形成与维系需要健康的社会道德体系和社会规则体系的共同作用,每个公民都是这两个体系的建设者和实践者。"为所有人共同遵守与约定俗成的制度章程或行为准则,规则是人类的道德基准和文明底线。不以规矩不成方圆。"(冯永刚:规则教育的偏失及匡正,中国德育,2015-07)现代社会当中,每个人在家庭中,在学校中,在社会中,都需要遵守规则。

在家庭中,父母子女互相尊重是规则,长辈对晚辈的扶养爱护,晚辈对长辈的赡养尊敬,既是一种亲情,更是承担着延续人类文明的规则表现。在学校中,学生需要遵守学校的校规,好好学习,尊敬师长,与同学友爱相处,这些都是遵守规则的表现。在社会中,需要遵守更多的规则,遵守交通规则、遵守公共场合规则、遵守公共卫生规则等,无处无时都过着规则的生活,这是人类文明的象征。对于一个国家来说,要想让全体公民过上富足、安康的生活,也需要制定出严格的政治规则和经济规则等,这些规则的制定可以使所有人有法可依,在法律与规则面前人人平等,在约束和规范人们行为的同时,保证人们在有序的国家和制度下安定的生活。

2. 必须正视规则教育缺失的危害性

国有国法,家有家规。大到法律、法规,小到礼仪、礼节,都属于规则的范畴。以规则规范社会成员的行为,从而实现社会运行的稳定性。规则教育缺失会影响社会稳定。讲究规则、遵守规则是公平的公共条件,在规则面前一律平等。践踏规则,甚至凌驾于规则之上,本身就是对公平的蔑视和践踏。规则教育缺失会阻碍社会公平。

古人云:"理国要道,在于公平正直。""法令行则国治,法令弛则国乱。""明法者强,慢法者弱。"而要解决当下的社会问题,就离不开规则!规则意识要从小内化于孩子们的心中。

(二) 规则教育是当今教育发展的内在要求

1. 探索指向"核心素养"的规则教育的需要

教育部提出的"核心素养体系"这一概念对未来人才特点有着明确的指向。2015 年 3 月 30 日,教育部在《教育部关于全面深化课程改革落实立德树人根本任务的意见》中提出了"核心素养体系"这一概念,并将其置身于深化课程改革,落实立德树人目标的基础地位,成为下一步深化工作的关键因素，是我国未来基础教育的灵魂。

学生发展核心素养是指学生应具备的、能够适应终身发展和社会发展需要的必备品格和关键能力。中国学生发展核心素养以培养“全面发展的人”为核心，分为文化基础、自主发展、社会参与三个方面，综合表现为人文底蕴、科学精神、学会学习、健康生活、责任担当、实践创新六大素养。核心素养的社会参与这一方面，重在强调能处理好自我与社会的关系，养成现代公民所必须遵守和履行的道德准则和行为规范，增强社会责任感，提升创新精神和实践能力，促进个人价值实现，推动社会发展进步，发展成为有理想信念、敢于担当的人。这直接指出了学生应该具有规则意识与规则能力，这为我们的规则教育提供了明确的价值指向。通过本课题研究，我们进一步明确了学校开展工作教育的重要价值，教育的发展离不开规则的支持，教育发展需要规则引领教育治理。

小学低年级是个体规则意识的奠基期，这一时期的规则教育为个体成人后成为遵规则、守秩序的合格公民奠定基础。因此，小学的规则教育具有奠基作用。

2. 国内外规则教育的启示与借鉴

中国素有“礼仪之邦”之称，五千多年的灿烂文化孕育形成了中华民族高尚的道德，也形成了一套礼仪观念与制度。荀子云，“人无礼则不生，事无礼则不成，国无礼则不宁。”(《荀子·修身》)儒家所说的礼，是调整社会生活的行为规则和指导思想的总和，起着道德教化的功能。我国传统教育关注“礼以定伦”的重要性，孔子曰:“不学礼无以立”(《论语·季氏》)，强调“崇敬爱、讲规则、明是非”。我国礼仪教育突出“礼以正身”，就是以礼提升个体的道德素养，具体表现为礼重——礼貌(仪态仪表的伦理要求)、礼节(言行举止的伦理要求)；“礼以处世”就是以“礼”这个道德准则来待人处世，即以仁爱、诚信的礼义为准则处世做事。我国几千年来以“礼”为核心的规则教育对我国的教育起着重要的作用。

世界上不少国家十分重视规则教育，不少著名教育家也有着不少论述。夸美纽斯认为，“教师应从《圣经》与‘哲人’的著作中收集‘人生的规则’，供儿童执行”(赵祥麟：外国教育家评传，上海教育出版社，2003.4)。洛克认为，孩子必须“持重、节制、坚韧与正直”。这些备受人们推崇的教育思想，无不传递着要严于律己、遵守规范；要懂得自我反省、自我约束。这一切,源于什么?唯有规则。现代很多国家十分重视开展规则教育,如严谨著称于世的德国人、世界公认讲规则的瑞士人、国民秩序井然的日本人。挪威人则认为"规则是文明社会的标志,是一个社会得以健康发展的润滑剂"。在挪威人看来,孩子是挪威的未来和希望,只有孩子懂得并遵守规则,挪威才能以强大的软实力屹立于世界民族之林,挪威人的规则意识已经深深地融进了他们的生命里,这与挪威从小学开始就进行规则教育有关。这些国家广泛地开展规则教育,积累了一些经验,值得我们借鉴。

3. 规则教育误区的正视

当前学校规则教育还是一项有待进一步开展的德育工作,需要系统地深化与拓展实践,不断积累学校规则教育经验。在工作教育的实践中还存在着不少误区,需要我们认真解决,以提高学校规则教育的实效。

规则教育目的论功利化,凌驾于目的之上。学校规则绝不能代替目的,规则应该履行促进学生天性发展、道德成长的职责。规则教育决定论的异化,在决定论的语境中,因果效应在规则教育中表现为"规则总是有效的""规则决定一切""规则高于一切"。决定论视野中规则教育的异化,既无法保证规则本身的正义性或合道德性,也无法体现规则教育的针对性、具体性和有效性。规则教育机械论的泛化,在此种不良心态的驱使下,会有教师制定数目众多的规则,惯于利用强制性的手段阻止违规行为的出现,引发学生的抵触心理。我们应该通过规则教育,提升公民的道德素质水平,从而激发学生发自内心遵守规则的愿望,促进学生对规则的认同和自觉遵守。

(三) 规则教育是钱圩小学内涵发展的必然要求

钱圩文化孕育规则教育。钱圩小学地处上海金山区钱圩镇,是有着悠久文化传统的古镇。据《一个书香世家的千年回眸》,金山钱氏家训中就有着"欲造优美之家庭,须立良好之规则"的记载。钱氏家训是对子孙立身处世、持家治业的教诲,是钱氏家谱中的重要组成部分,也是钱圩地区传统文化的重要组成部分,在历史上对钱圩人个人的修身、齐家发挥着重要的作用。

《钱氏家训》作为钱家先祖后唐时期吴越国王钱镠留给子孙的精神遗产,对钱氏家族的后人可以说是无价的宝典。而钱氏族人自己对《钱氏家训》更是推崇备至。从第30代孙起启用家谱“继承家学，永守箴规”，而这八字箴言也因此成为钱学森一家的家训。“永健（钱氏族人，2008年诺贝尔化学奖获得者）的子女，至今还都是按照这个原则来命名的。”中国现代著名史学家钱穆先生幼时家贫，就是赖以《钱氏家训》，才得以读书识字。钱学森和蒋英夫妇对孩子的教育之所以成功，可以说正是家规和家训的巨大影响使然。他们保持家庭整饬洁净的做法，也正是遵从秩序的表现。钱圩有着浓厚、丰富的规则传统，世代传承，熏陶、滋养着千百年来的钱圩人。

从体育规则上升到规则教育。2003年学校开展了“基于农村小学开设中国象棋特色课程的校本研究”区级课题的实践研究，并从学校管理、教师队伍、课程教学、学生发展、校园文化等方面致力于项目研究。2008年以来，学校的中国象棋项目，一直是金山区青少年民族文化技艺培训重点项目。2010年至今，学校的象棋课程是金山区校本课程区级共享课程，在一定的区域里发挥着引领作用。象棋校本课程更是学校的龙头课程，以“走好起始一步，走向幸福人生”的目标为指导，使每一个钱圩小学的学子在课程中“学得一个新知，习得一种技能，获得一个精神动力，悟得一个做人道理”。象棋也成了钱圩小学的办学特色。我们深知，挖掘象棋文化内涵，推动学校内涵的发展是学校今后的主要研究内容和发展目标。中国象棋文化讲究棋规棋品。棋盘棋子的制作有规可循，每一子的行走依则而进退，更有胜、负、和之规定，甚至每一步的时长，每一局的回合数皆有规定。还有对观棋、下棋者的品行约束“观棋不语真君子，举棋不悔大丈夫”等。这些规则已经通过课程的实施传递给了孩子。如何让这些规则内化为孩子们自觉遵守并主动维护的规则意识，形成良好的品格，成为真正的现代公民，是我们开展规则教育的终极目标。

开创“六维度”校本规则教育。我们学校学生中随迁子女占68%。这些孩子的生活条件较差，家庭教育也相对较弱，行为习惯、规则意识都较差。这些家庭对孩子的教育同样充满了期许，塑造正直、善良、守信的优良品质是家校共同的愿望与责任。我们从当下学校面临的实际情况出发，基于增强学生的规则意识与能力的迫切需要，以及学校教育特色建设的需要，我们提出了从象棋特色项目，拓展与深化为“规则教育”，促进学校整体教育的特色建设。

作为承担启蒙教育的钱圩小学更应该义不容辞地担当起继承与弘扬钱圩文化规则教育的重任，走出一条现代规则教育校本化之路。

二、课题的实践意义与创新之处

(一) 课题实践意义

1. 本项目建构与实施的"六维度"规则教育，丰富了学校德育的内容与方式，深化了学校日常行为规范养成教育，从而提高了学校德育的有效性。

2. 本项目针对学校教师德育能力不足，往往以谈话式、电话式、唱唱跳跳式等教育形式开展德育，着力通过"六维度"规则教育的方法研究，从"原则—策略—方法"的教育轴出发，切实培养教师德育思维与发展教师德育方法论的思考，基于情境的规则品德的积极正面培养，而不是"学生错误"解决的教育，从而更好地树立"指向核心素养"的德育思维，克服"碎片化"就事论事的德育方式。

3. 本项目着力形成"六维度"规则教育"方法群"，提供了有效的实践案例，为教师开展规则教育提供可选择的德育资源，尤其是德育方法资源，提高德育的适切性，有利于教师的德育能力提升。本课题研究成果具有很强的操作性。

(二) 课题创新之处

1. 本课题从一般的规则教育深化到对校本化规则教育的深入研究，提出了"六维度"规则教育模式，从而形成了规则教育内容系统，对学校规则教育的内容进行了合理的综合与细化，避免了规则教育的泛化或者无从着手，使规则教育内容更清晰化，有利于教师规则意识的增强。

2. 本课题提出了"六维度"规则教育的三维结构，具有新意。

根据文献检索，尚未发现系统建构的学校规则教育。

本课题的这个结构，在理念层面上提出了规则教育要培养学生"成为一个崇尚规则幸福的人"，明确了规则是为了让人幸福，而不是束缚人的工具。在内容层面提出两个基点：主体经历、规则践行；三项内容：规则意识、规则能力、规则遵循；六个维度：学习规则、交际规则、生活规则、活动规则、创新规则、担当规则；在操作层面上形成了四项原则：人文关怀原则、内化自律原则、理解遵循原则、民主参与原则；形成了自主建构策略、循序渐进策略、方法适切策略、体验践行策略、整体融合策略;建构了四条路径:学科教学、校园活动、环境滋养、象棋特色项目。这不仅具有校本性,而且具有创新价值,实现了系统建构学校规则教育。

三、课题研究目标与思路

(一)研究目标

通过课题研究规则教育的一般规律,结合上海地区农村学校及其学生的特点,探索校本化的"六维度"规则教育,形成"六维度"规则教育模式,建构操作体系,形成"六维度"规则教育的方法群,提高教师开展规则教育的能力,提高学校规则教育的质量,从而实现提高学生遵循规则的意识与能力,发展学生核心素养的目标。

1. 通过"规则教育"的理论探索,形成对培育具有规则意识与能力的"六维度"规则教育的共识。

2. 通过本课题研究梳理学校规则教育的现状,依据对国内外规则教育的借鉴,确立"指向学生核心素养发展的规则教育"的理论框架与实践路线,厘清规则教育的概念。

3. 通过"六维度"规则教育的行动研究,构建基于校情、生情的促进核心素养,形成符合"指向学生核心素养发展"的实施原则。着力通过"六维度"规则教育行动研究的案例分析,形成其教育方法群以及相应的教育策略,建构学校实施"六维度"规则教育的有效途径。

4. 通过"六维度"规则教育的全方位实施,进一步挖掘象棋文化精髓,匡正学校能量建构,促进办学内涵可持续发展,提升教育质量和办学水平,创建"规则教育"特色学校。

5. 以理论与实践相结合的专著形式表达"六维度"规则教育的研究成果,反映本项研究的基本认识与经验。

(二)课题研究思路

● 研究内容上的思路

1. 本课题研究的基本思路是以规则意识与遵守规则能力为核心内容,借鉴国际上儿童规则教育,开展小学规则教育的创新实践探索,以期形成规则教育的操作体系。本项研究的上位要解决导向——规则教育的观念,借鉴与继承相结合形成适应小学的规则教育,其下位要解决规则教育的实施策略。

2. 本项目环绕规则教育的"六维度"展开，强调规则教育内容是一个体系，要重视规则内容方面的教育。只有把握住规则教育的内容才能区别于其他教育。规则教育有其特定的结构与特征，为开展"六维度"工作教育的行动研究提供目标导向，这是本课题研究的关键。

● 研究技术路线

1. 在研究中遵循这样的应用性研究路线：总结实践——形成初步认识——再实践——理论概括。本项目要体现"六维度"规则教育的校本特点，立意要高，不能停留在白描的研究水平上，在较系统的实践研究基础上，提炼、概括，形成"六维度"规则教育基本框架。

2. 从文献研究出发，把握规则教育内容的特定性，探索其实践形态，强调实在性，突出可操作性，形成可操作化的规则教育方法群。

3. 本课题必须将理论研究与行动研究结合，注重实践效果和研究效果，形成综合成果，提升学校规则教育的整体效益。

4. 本课题从多学科理论认识出发，对"六维度"规则教育作较为全面、深刻的认识，形成合理的理论框架。

四、研究的主要内容

本项目主要研究内容：学校规则教育的基本认识、校本"六维度"规则教育的基本框架、"六维度"规则教育的操作系统三个方面。

(一) 规则教育的理论研究

1. 规则教育理论的追溯研究；

2. 规则教育内涵的深入探讨；

3. 学校规则教育与学生核心素养发展关系与价值研究。

(二) 规则教育的现状分析研究

以当前学生规则意识现状与发展目标为主题的现状分析研究。

1. 当前国内外规则教育现状研究；

2. 学校规则教育的误区及其原因研究；

3. 学校规则教育的目标、内容、途径、方法的现状分析总结研究。

(三) "六维度"规则教育模式研究

1. "六维度"规则教育的框架研究

通过本项研究明确"六维度"规则教育的概念、内涵与特征；"六维度"规则教育的基本结构：理念层面、内容层面、操作层面。

2. “六维度”规则教育内容指向研究

本项研究首先对小学生主要涉及的规则范畴做梳理、归纳，在规则教育内容上形成六个维度，并将研究指向学生发展核心素养的学习、交际、生活、活动、创新、担当等系统化的规则。我们强化规则整理、编订的过程性、系统性；强调学校整理、编订的规则具有规范学生各项行为的作用，具有严肃性和可操作性。

3. “六维度”规则教育实施原则研究

对本校前期开展的规则教育经验总结，我们提出以下四项实施原则：人文关怀原则；主体性和合理性相结合，理解遵循原则；认知与行为并重，内化自律原则；可行性与可测性并行，民主参与原则。活动性与课程化相融，并通过课题的行动研究进行验证。

（四）“六维度”规则教育的方法群研究

1. “六维度”规则教育方法群的行动研究

在确定规则教育内容的“六维度”指向基础上，我们以规则教育方法为研究重点，对每一维度的规则教育开展行动研究，以方法案例形成规则教育方法群。

2. “六维度”规则教育策略研究

依据本项目实施的主体、项目实施的原则，我们提出了“六维度”规则教育五项实施策略，并在行动研究中加以验证，以此引领“六维度”规则教育方法群的建构。

3. “六维度”规则教育的途径研究

本项研究主要从学科教学、各类活动、环境以及象棋特色项目等途径中开展规则教育。

五、课题研究的方法与过程

（一）研究的方法

1. 经验总结法

本课题研究中的经验总结，是依据实践所提供的事实，分析概括学校规则教育实施中的主要现象，使之上升到理论高度认识的一种行之有效的方法。在“六维度”规则教育实践和研究的基础上，根据课题研究内容，不断积累素材，对校本实践进行审视，总结得失，总结有效的“六维度”规则教育的方法，形成相关教育方法群的实践形态，提炼有效的经验。

2. 个案研究法

通过"六维度"规则教育实践中的教育个案、活动案例研究,找出其差异,分析其变化原因,探索"六维度"规则教育的策略、途径及方法,以获得规律性的认识。本项研究重视在个案基础上提炼出两个维度不同规则教育内容的具体教育方法。

3. 行动研究法

依据本课题组的假设,在规则教育中进行"六维度"规则教育的实践研究,检验假设。在研究过程中,注意过程中信息的收集和分析整理,重视研究结果的形成。在整个试验过程中把握"六维度"规则教育的策略、方法与途径的内容和形式,不断调整研究。对原始的素材以质的研究方法,从理论认识和实践操作两个层面展开分析和研究,提炼和概括出"六维度"规则教育的基本框架、相关策略和方法群的操作系统。

4. 访谈调查法

通过访谈本校的班主任与任课教师,摸清本校规则教育的基本情况、教师实施规则教育的现状,发现成功的经验与存在的误区,为本课题开展"六维度"规则教育研究提供事实依据。

5. 文献资料法

我们收集国内外关于规则教育的相关文献资料二十多万字,内容涉及规则的基本理论、规则教育的理论、学校规则教育的实施,以及最新的规则教育研究动态等,并进行了整理、分析研究,为本课题选题、明确研究方向与内容,拓展了研究思路,建构"六维度"规则教育提供了学术依据以及实践借鉴,并使我们的研究在一般的规则教育实践向校本的规则教育的深化上具有新意,提出适宜小学生的从"六维度"开展规则教育的模式,形成了具有原创性的规则教育模式。

(二) 研究过程

● 启动阶段:(2018 年 9 月—2018 年 12 月)

重点:建构"六维度"规则教育的理路与基本框架

1. 开展本项目的学校调研:收集学校有关资料研究,通过座谈等了解学校有关本课题的情况。

2. 召开本课题开题会,组建课题组。由张照龙校长任课题组长,主持课题研究,以学校行为推进课题研究。

3. 开展本课题情报研究,申报本课题。

4. 在文献研究与经验总结的基础上，提出校本的“六维度”规则教育基本框架。

5. 完成立项工作，进一步开展本课题核心概念的研究基础上，细化本课题实施方案。

6. 开展全校“六维度”规则教育的培训，组织全校教师学习本课题的基本框架、主要观点。

● 实施阶段一：(2019 年 1 月—2020 年 6 月)

重点：组织实施“六维度”规则教育行动研究

7. 组织全校教师进行“六维度”规则教育实施培训。

8. 组织第一轮“六维度”规则教育，着重从“学习、交际、生活”三个维度开展规则教育实践。

9. 组织教师撰写“六维度”规则教育方法案例，并进行研讨交流。

10. 组织第二轮“六维度”规则教育，着重从“活动、创新、担当”三个维度开展规则教育实践。

11. 组织教师撰写“六维度”规则教育方法案例，形成方法群，并进行研讨交流。

12. 组织第三轮“六维度”规则教育实践，着重从规则教育方法基础上提炼“六维度”规则教育的基本原则。

13. 组织第四轮“六维度”规则教育实践，着重从规则教育实施途径上提炼“六维度”规则教育的方法。

14. 组织教师撰写“六维度”规则教育方法案例，并进行研讨交流。

(三) 总结结题阶段：(2020 年 6 月—2020 年 11 月)

重点：课题研究总结，形成成果

15. 依据本课题的研究目标和内容，对已经积累的研究资料进行梳理，形成课题总结纲要。

16. 依据课题总结纲要，对研究资料进行总结性提炼，形成研究成果，并完成课题研究总结报告。

17. 完成本课题研究专著：《“六维度”规则教育的实践创新》，并公开出版。

18. 完成本课题结题工作以及递交课题结题报告。

第二部分　课题研究成果

一、明晰了学校规则教育的基本含义

(一) 在基本概念基础上,把握“规则”的实践方向

在教育工作中一般教师对规则与纪律的把握上有困难。在传统教育中,只提纪律而忽视规则,导致教育以人为本,以学生为本的偏离,常常出现压制式的教育,也导致学生缺乏自主发展,个体化的萎缩,常常出现以纪律为由,教育简单化,命令式一刀切等现象,导致教育低效。

为此,我们首先解决对规则的基本认识,以期为规则教育提供正确方向。

对于规则有着不同的解释,本课题在文献资料研究的基础上认为,规则是人们在日常生活、学习、工作中必须遵守的科学的、合理的、合法的行为规范和准则。它是人与人之间、组织与个人之间、组织与组织之间彼此的约定。“规则”的概念可以有两个层次: 其一,国家、社会集团所制定的、在特定范围内要求其成员遵循的具有一定约束力的、成文的行为准则;其二,一种由群众共同制定或得到大众承认的具有普遍性的社会行为规范。

本课题认为,规则的基本内涵: 规则实质上是一种契约,是所有个人与整个社会签订的一种契约。规则是为了全体人类,是为了每个人,不是为了部分人。同时,也明确了“规则”作为一个特定的概念,具有自己的特征,并归纳了以下四个特征。

1. 规范性: 规则的规范性包括制定、遵守、评估规则的规范性。规则规范体现在规则的明确性,即规则的内容明确、具体,且可直接适用。

2. 公正性: 规则适用对象必须是平等的,不能出现规则的双重标准。规则必须具有合法性、利他性。

3. 一致性: 规则对其所有适用对象的标准是一致的,以及规则遵循的连续性、与其他规则的关联性。

4. 自律性: 规则是建立在人们的认同的基础上,自觉自愿遵循的,有着自我对照、自我规约的功能。

在明晰了什么是规则、规则的内涵、特征的基础上,课题组进一步

深化研究了“规则”与“纪律”这个小学教育阶段常混淆的问题。

规则与纪律都是一种调节人们行为的方式，它们都是规范人们行为的约定，都可以促进社会的文明发展；纪律的执行有时也需要规则的协助，而规则无法约束的地方，纪律可以强制执行。

这两者既有联系又有区别。首先是存在形式不同。规则作为一种契约，规则制定者与遵循者约定的。纪律是管理者制定的约束。规则一般是经过长期的生活过程自然形成的行为约定，不一定有书面形式，纪律一般是经过一定组织机构制定和批准，并以文件形式存在和下发。其次是约束力不同。纪律具有强制性，必须执行，并以处罚为支撑；规则以认同的、自愿为主，主要依靠人的素质和道德来维持。再者是两者目的有所不同，纪律主要是维持管理秩序与稳定，具有强烈的社会性，而规则主要是为了人们生活或者活动正常开展，规范各种活动，例如体育规则、游戏规则，是在个体幸福生活的保障基础上和谐社会生活。纪律的本质是恐吓与害怕，规则的本质是认同与内化。纪律的制定通常是为了让一方绝对服从另一方，不能质疑，更不能挑战。它不一定符合人性和道德，它的服务对象主要是纪律的制定者，是纪律制定者以纪律之名限制服从者行为的工具。规则的制定是符合人性和道德诉求的：它保护弱者的权益不被侵犯，它防止强者为所欲为。纪律与规则的不同在于他律与自律，这是本课题的研究结论与实施规则教育的出发点。

因此，本课题研究过程中，我们提出的规则教育的理念——“成为一个崇尚规则幸福的人”，就是基于对“规则”的基本理解，强调了对“规则”的崇尚，以及规则的目的。

（二）掌握规则类型，以利于教师规则教育中有正确选择行动的可能

在我们规则教育行动研究中，发现师生对规则的类型十分陌生，因此常发生缺乏对相应规则的把握，导致规则意识薄弱。我们从四个方面增强师生的规则类型的把握。

1. 从“规则”的来源，规则可以分为以下三类：由规律演化而来的规则、由强力确定的规则、共同协商而定的规则。

2. 从形式来分，可以分为以下三类：显性规则、隐性规则、元规则。

3. 从规范作用来分，可分为约束性规则和倡导性规则。

4. 从规范作用来分，可分为普通规则和具体规则。

只有掌握了规则的类型,才能更好地制定与遵循规则。

(三) 厘清规则教育的基本认识

课题组认为,规则教育是指培养学生规则意识与规则践行,学会制定规则的教育。规则教育应该促进学生在践行规则中发展,而不是用规范窒息、限制或惩罚学生,使之泯灭宝贵的个性与年龄特质。规则教育无论是规则的制定还是规则的执行,都要本着以儿童发展为目的,平衡学生的权利与义务,让学生幸福成长,从而推动公民价值观的发展。

规则教育有着丰富的内涵,现在简要介绍如下。

(1) 规则教育是一种自由的教育。苏霍姆林斯基的这句名言告诫我们,规则必须为生命的自由发展服务。

(2) 规则教育是一种平等的教育。规则面前人人平等,在孩子的小心田里播种平等的种子。

(3) 规则教育是一种尊重的教育。规则教育的原点在哪里,是尊重,是对规则敬畏感的培养。

二、建构了学校“六维度”规则教育的范式

(一) “六维度”规则教育的概念与特征

1. “六维度”规则教育的概念

“主要概念诠释”是基于概念具有严格固定内容,如果我们能较为正确地把握有关概念,其“区分的图像越彻底,就越有利于我们进入一个精细无限的领域,否则总是把一个事物归结为另一个事物”。本项目有一系列概念需要明晰与界定,避免“放在篮里都是菜”、张冠李戴的情况,从特定概念的本意出发,把握其基本内涵,指导我们的实践。

“六维度”规则教育模式运用系统设计的思想和技术对教育目标、教育内容、教育方式、教育过程等教育因子进行整合,把握这些要素的关系,确立其基本结构。“六维度”规则教育模式是在一定的教育理论与社会学理论指导下,为实现“六维度”规则教育目标,对构成“六维度”规则教育的要素和因子做出比较稳定的简化组合方式及其活动程序的构架。“六维度”规则教育模式的操作定义是依据规则教育的理论,从“学习、交际、生活、活动、创新、担当”六个内容维度上以相适应的策略与方法展开的规则教育。“六维度”规则教育的提出使学校实施规则教育有了十分明确的内容。

2. “六维度”规则教育的特征

本课题通过研究规则教育特征，解决教师在实施规则教育中的教育思维问题。我们常发现教师把其他教育当成规则教育，导致客观上取消了规则教育。把握特征是把握规则教育本质的可靠路径。

(1) 主体性。规则意识与能力是个体的道德与心理融合的品质。学生的规则品质的形成与发展必须以学生的参与为前提，以学生的自我感受、领悟、践行为目标。规则品质培养就是要培养人的主体性规则品质，即培养学生具有规则的主体意识、规则的主体能力的人。

(2) 整体性。“六维度”规则教育模式从规则品质培养的目标上、内容上和形式上表现出很强的整合性，依托各种活动等实施规则品质培养的整合。规则品质培养的内容是一个整体，规则品质的认知、情感、行为是不能割裂进行教育的。规则品质培养的形式多样，而且具有内容上的匹配性和方式上的相融性。

(3) 阶段性。规则教育有着自身的内在规律，有着层次性与程序性，应该遵循由易到难的原则。规则教育也必须遵循学生心理发展的规律，规则教育内容与形式应该根据不同年龄段学生来具体确定。

(4) 实践性。规则品质培养的实践性在本质上是教育的过程性与实效性，强调促进学生的道德行动，不是喊口号式的从概念到概念。“六维度”规则教育强调通过一定的活动，就是突出实践性。

(5) 多开端性。“六维度”规则教育不是只有一种开端，而是具有多种开端的特点。规则品质的知、情、行几方面既互相交互，又具有相对独立性，这就需要我们的规则教育要依据学生具体情况与所处的境遇，确定“六维度”中的一个合适维度的规则作为教育切入口，因人而异选择最合理的内容与方式，作为规则教育的开端。

(6) 差异性。“六维度”规则教育的提出，正是基于不同的学生群体与学校校情的特殊性而建构其相应的内容与形式。要关注同一规则品质在不同学生身上发展程度的差异，同一学生身上不同的规则品质发展也不均衡，要根据学生规则品质发展的个体内差异采取不同要求，运用不同的方法践行教育。

(二) “六维度”规则教育的基本框架

1. “六维度”规则教育模式的三个层面

“六维度”规则教育模式从以下三个层面建构。

一是理念层面。这是“六维度”规则教育的核心理念，反映“六维度”规则教育的基本理论基础，表明“六维度”规则教育的目标指向。

二是内容层面。这是“六维度”规则教育的基本结构，阐述模式的组成板块与基本要素，以透过板块与要素的内容指向，表明“六维度”规则教育运作的机理。

三是操作层面。这是模式运作方式的表述，主要包括“六维度”规则教育运作的原则与要点。

“六维度”规则教育的基本结构

理念层面	一个核心理念：成为一个崇尚规则幸福的人 六维度：学习规则　交际规则　生活规则 活动规则　创新规则　担当规则
内容层面	两个基点：主体体验、规则践行 三项内容：规则意识　规则能力　规则遵循
操作层面	四项原则：人文关怀原则　内化自律原则 理解遵循原则　民主参与原则 五项策略：自主建构策略　循序渐进策略 方法适切策略　体验践行策略　整体融合策略 四条路径：学科教学　校园活动 环境滋养　象棋特色项目

“六维度”规则教育的理念、内容与操作这三个层面是互相关联的一个系统。从“六维度”规则教育理念出发，建构“六维度”规则教育具体的内容以及相应的操作路径、策略与方法，突出在教育过程中创设活动情境、条件与环境，让学生丰富规则学习经历，获得规则践行的经验，养成良好的规则品质。

2. “六维度”规则教育模式的结构要素

(1) 核心理念：“成为一个崇尚规则幸福的人”

“六维度”规则教育的核心理念：“讲规则为了幸福，讲规则才能幸福，成为一个崇尚规则幸福的人。”

(2) 六个维度

按照规则的内容可以简要地概括为“六维度”,即六个方面的规则:学习规则、交际规则、生活规则、活动规则、创新规则、担当规则。这六个维度的规则从多元角度解析了规则教育的内容。学生的角色表现是多样的、多层次的,其应该遵循的规则也是多元且复杂的,应该让学生在这六个方面逐步积累规则意识,增强规则能力,获得相应领域的践行规则经验,具有良好的规则品行。

(3) 两个基点:主体体验、规则践行

我们确立的“六维度”规则教育的两个基点。

基点一:主体体验。“六维度”规则教育是一种道德教育,需要通过主体的道德情感体验,让学生把规则的概念转变为道德信念,以道德感情滋养规则的道德信念。

基点二:规则践行。“六维度”规则教育不是灌输规则的概念与条文,而是重在培养学生的规则品质,尤其是规则能力。

这两个基点表征的是“主体—规则”主客体结构与“体验—践行”心理结构。

(4) 三项要素:规则意识、规则能力与规则遵循

这三个要素分别从规则品行的知、情、行三个心理方面建构了规则品行的内在结构,这是规则品行的内容结构要素。

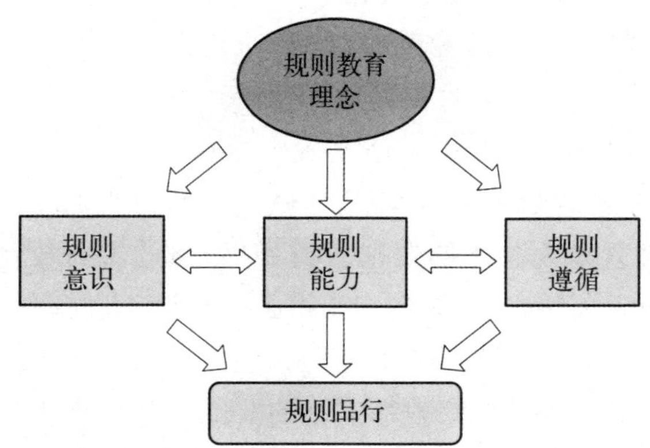

规则意识、规则能力与规则遵循分别从规则品行的知、情、行三个心理方面建构了规则品行的内在结构,对规则的体验、认同、践行形成了人们的规则意识。规则意识是指学生对规则认知与践行的警觉,是

规则遵循的前提,规则意识是规则品质建构的基础。规则能力是规则意识转化为规则遵循的中介,只有不断提高规则能力,才能使学生从遵循规则中获得幸福感。遵循规则的实践活动是人的生存方式。创造规则是一种人生智慧,遵守规则是一种人生态度,运用规则是一种人生艺术,敬重规则是一种人生美德。这三个要素是交融并互相制约的。

(5) 四项原则

通过课题实践我们形成了"六维度"规则教育的四项基本原则:民主参与原则、人文关怀原则、理解遵循原则与内化自律原则。

规则教育原则对规则教育实施的科学认识和教育思维起着重要作用。这些原则体现了工作教育的价值取向、目标指向与实施的准则,这些原则是直接影响规则教育方式的总体思路。

(6) 五项策略

我们根据规则教育的两个基本视角——主体与环境、学习与教育,确定"六维度"规则教育策略,总结与概括了五项基本策略:主动建构策略、遵循渐进策略、整体融合策略、方法适切策略、践行体验策略。

(7) 四条路径

我们学校在规则教育中,主要通过四条路径:学科教学、校园活动、环境滋养、象棋特色项目来实施。这四条路径主要是根据农村学校教育的特点与学校教育特色,明确了途径,要让学生践行。

三、"六维度"规则教育的实施

(一)"六维度"规则教育的目标

"六维度"规则教育的目的是促进儿童个性化与社会化和谐发展,成为一个崇尚规则幸福的人。通过规则教育让学生增强规则意识,提升规则能力,发展遵循规则品行,从而做一个真善美的人。"六维度"规则教育强调确立以人为本的规则教育目标,通过规则教育使学生成为一个崇尚规则幸福的人,从规则中获得人的尊严、人的幸福。

(二)"六维度"规则教育的内容

规则教育的内容是规则教育实施的要点。我们认为规则教育内容可以从两个维度上思考:一是规则教育内容的指向范畴上分类,二是规则心理结构上的教育内容分类。

从规则教育内容指向的范畴进行分类,大致可以分为:学习规则教育、交际规则教育、生活规则教育、活动规则教育、创新规则教育与担当规则教育这六个方面，也就是“六维度”规则教育的建构所在。

这“六维度”规则分别从学生生活与学习中，在校内外，包括家庭、社会中会遇到的规则。例如，生活规则，既包括校内生活，如午餐规则等，也包括社会上的交通规则和家庭中的卫生规则等。这六个维度的规则从多元角度解析了规则教育的内容。学生的角色表现是多样的、多层次的，其应该遵循的规则也是多元的，让学生在这六个方面逐步积累规则意识，增强规则能力，获得相应领域的践行规则经验，具有良好的规则品行。

从规则心理结构上的教育内容分类，可以从规则意识、规则能力与规则践行，也就是从规则教育的心理结构上确定工作教育内容。

(三)“六维度”规则教育的路径

规则教育的路径是多元的，有普遍采用的共性路径，也有根据特定的条件采取的校本化(个性化)的路径。本课题总结了学校开展“六维度”规则教育的四条路径。

1. 学科教学中的规则教育

学科教学是规则教育的主渠道。学科教学中的规则教育有两个方面：一是课程教材中有着规则教育内容，这是比较直接显性的；二是教与学的过程中应该遵循规则的教育。我们应该在教学过程中培养学生的课堂学习规则、师生关系规则、考试规则、作业规则等。这些规则是学生在学习中经常涉及的，因此在这些学习过程中开展规则教育，是十分有效的途径。

同时要将规则教育变为学生的一种行为习惯，规则习惯也反映了规则品行的状态，规则习惯越好，则表明规则品行越好。正是日常行为的普遍性，规则教育理应融于日常行为养成之中。从规则的高度开展日常行为规范养成可以更好地提升日常行为养成教育的品质。我们培养学生遵循规则的好习惯：日常行为好习惯、学习好习惯、品行好习惯、健康心理好习惯、自我保护好习惯，这些习惯的养成都需要遵循一定的规则。结合我们学校的校情，制定了钱圩小学行为习惯和学习习惯双十条，每个班级根据自身情况营造班级文化，让学生能主动接受“热爱班级”这一规则，形成“视班级如家”的意识等等。

2. 活动中的规则教育

学生的每一天都充满了多种活动，这些活动中也存在很多规则需要我们学生去遵守，比如在游戏中有游戏规则，在竞选时有竞选规则，在操作中有操作规则，在探究中有探究规则……同时每年学校都会开展很多大型活动，如六一儿童节、中秋节、重阳节活动等等，不同背景的活动中都存在着规则，通过这些活动逐步培养学生的规则意识。通过活动将规则的认知转化成学生容易接受的规则体验与践行，潜移默化地影响他们。

3. 环境中的规则教育

环境充满着人与自然的关系、人与人的关系，以及人与社会的关系，这些关系都需要依靠规则来调节关系之间的活动，形成公平公正的次序。正所谓家有家规、校有校规、社会有社会的规矩。学生生活在环境之中，在生活的环境中有着很多规则。环境无时无刻不在影响学生的规则意识、规则能力与工作的遵循。生活的环境要求学生遵守的规则很多，比如交通规则、垃圾分类规则。规则教育走进家庭、走进社会，让学生投入尊老、爱老活动之中。

4. 象棋特色项目中的规则教育

我校把象棋项目作为规则教育的途径，“楚河汉界育新人，弈海棋林修身心”，在象棋教育中也存在着很多的规则。苏联著名教育学家苏霍姆林斯基就认为，细腻的观察力、对事物的概括能力、发现问题和解决问题的能力、对美的事物的感受能力，以及孩子们的交往能力、合作精神等都能由学习棋类来完成。正因为对象棋教育功能的这种认识,我们学校将象棋列为我们学校的特色项目,并以此推进规则教育。

下象棋是一种智力竞技体育,也是一种人际博弈,规则在象棋中更显重要,赢得磊落,输得服气,公平公正中获得弈棋的愉快。象棋中除了基本下棋规则外还蕴含着很多其他规则,如下象棋的礼仪规则、诚实规则等,这与做人一样,要尊敬师长,做人要诚实,绝不能投机取巧,弄虚作假。中国象棋能培养学生的规则品行,有助于培养孩子懂规则、守规则。我们学校广泛开展象棋活动,并在其中整合规则教育,获得了积极的教育效果,不仅象棋活动成绩斐然,而且参与象棋活动的学生守规则讲诚信,选手更显得儒雅气定。

(四)"六维度"规则教育的载体——教育活动

学生在各类活动中学会遵循规则,规则教育不能靠嘴巴来教育,也不能让学生成为规则的嘴巴。在规则教育中,不少教师主要以谈话、规则传授为主要形式,常忽视活动在规则教育中的作用,如何开展工作教育值得探讨。

思想家卢梭认为儿童具有活动的基本冲动和自由的意志。杜威把活动作为教学的基本方法,要求儿童从"做中学",从自己的生活和经验中学习。皮亚杰认为,活动则是主体与客体之间的唯一联结点;智力不仅是认知的机能,而且是一种真正的活动;认识是智力活动的结果,而知识又是认识活动的结果。建构主义认为,儿童通过活动作用于外部世界,同时通过内化过程建构起自己内部的认知结构。这些关于活动的理论对于我们建构"六维度"规则教育的活动载体提供了理论依据。

规则教育活动里的行为既包括外显行为,也包括内隐行为。遵循规则的行为属于外显行为,规则活动的内隐行为是心理的内在机能,例如对规则的记忆、情绪、认知、反思等。规则的外显行为受内隐的心理活动所支配。内隐的心理活动通过行为才能起作用和得到表现。丰富规则教育中的活动,强化活动的规则体验,感悟规则的价值与规则的遵循,使规则活动成为连续作用的过程。

把握活动的两种不同行为表现形式,有利于我们把握规则教育中的活动,可以避免只重视外显的行为,而忽视机能行为,在"六维度"规则教育中追求外在的"热闹",看来学生动得很多,但是缺乏教育价值,也可以避免只重视内在的机能行为,而忽视外显行为,导致学生学习缺乏实践性，无法获得深刻的体验。"六维度"规则教育应该不断拓展学生外部活动范围，而且应该拓展学生内部活动深度，从记忆为主延伸到理解、创新适应等方面。学生在活动中需要不断地经历内外部活动的相互转换，这种转换对于学生规则素养的发展来说极为重要。

"六维度"规则教育活动的操作要点。

1. 把握"六维度"规则教育活动的内涵

"六维度"规则教育以活动作为其教育的关键，而不是以"规则知识体系"作为其本质。在规则教育中必须把握好规则教育的内涵特点：

(1) "六维度"规则教育活动是非文本学科性课程；

(2) "六维度"规则教育活动价值取向是让学生获得直接经验；

(3) "六维度"规则教育以活动为主要形式，强调亲身体验生活的现实与践行；

(4) "六维度"规则教育是以学生的生活为学习内容，掌握运用规则解决实际生活问题的能力。

2. 把握"六维度"规则教育活动的指向

"六维度"规则教育指向规则体验与规则经验。规则体验是指学生在教师的引导下，在规则活动中主动参与、亲身经历，获得对规则事实和经验的理性认识及情感体验，在体验和践行中提升规则品行。在规则教育中，要引导学生积极体验规则的产生和形成过程、体验规则与现实世界的关系、体验如何制定与践行规则、体验自己对规则的情感与态度等。规则经验是通过规则践行中获得的一种理性经验，也是学生规则学习过程中不可或缺的一种重要资源。在学生的规则学习过程中，规则经验能够促进规则学习。学生规则经验形成过程是建立在经历、体验基础上一个主动建构的过程。最大程度地发挥经验的积极作用，帮助学生更好地解决遵循规则与制定规则问题，发展学生的规则能力。

3. 正确选择与运用"六维度"规则教育中活动类型

根据"六维度"规则教育的教育目标与学习内容的特点与要求，我们在设计中主要采用的规则教育活动方式为：体验性活动、践行性活动、解决问题性活动。

(1) 体验性活动

体验性活动是一种学习者自身对于规则方面学习内容的体验，获得感性认识的活动。对规则的这种内心体验是形成认识、转化为规则行为的原动力。体验活动类型多种多样,应该根据活动课程的目标与内容选择适当的活动类型。体验可以分为直接体验,例如制作、操作、现实生活等;模拟体验,例如场景模拟、人物模拟等。

(2) 践行性活动

践行活动一般指把有关规则的认识通过活动转化为行动结果。重要的是在生活现实中去履行规则,把握履行规则的方式和途径。学生在践行性活动获得的不仅是机能技巧性的外部活动结果,而且还伴随外部活动而产生的心理机能上,例如,规则观念、规则思维以及规则品行的变化。

(3) 解决问题活动

解决问题活动是使学生直接面临实际的涉及规则的问题,以学习和生活某个规则问题为中心的活动方式。这可以是在具体情境中遵循规则或者为某些特定任务制定特定规则的解决问题活动。解决问题活动的目的在于使学生在寻求解决问题的过程中,学会综合地、关联地运用规则以及规则观念、思维分析和思考问题,并从中获得解决问题的经验。学生的解决规则问题活动的结果会是多元的,因此要组织学生交流,共同比较问题解决的差异,并注意关注问题解决的社会价值。

在实际规则教育中,经常采用上述类型的组合实施,以期提高"六维度"规则教育的效益。

4. 坚持"六维度"规则教育活动的基本要求

我们在开展"六维度"规则教育时,对教育活动的设计与实施提出了五个方面明确的要求。

(1) 体验性。规则教育活动中最有价值的不只是体现在它的结论性知识中,更在于规则意识与能力在学生身上的发现和发展过程之中。"六维度"规则教育活动更多地要让学生通过活动过程对规则获得亲身体验。在体验中才能真正理解规则、增强规则意识,获得遵循规则能力过程体验。

(2) 实践性。"六维度"规则教育以实践为基础,不能只重视规则的记忆与认知,而忽视规则意识与能力形成和发展的过程。遵循规则具有很强的情境性,应该通过创设遵循规则的具体情境,让学生获得真实遵循规则的体验以及真正的践行。

(3) 能力性。"六维度"规则教育强调规则能力的培养,实践活动是个体规则能力发展的必要基础。学生在践行规则活动中使规则知识转化为规则能力，包括制定规则与遵循规则能力。

(4) 生成性。以“活动”为基本特征的“六维度”规则教育必须改变教育计划在这教育过程之前和教育情境之外的预先规定，必须改变学生只是既定活动的接受者和吸收者。规则教育的活动应该关注在活动过程中、活动之后的学生行为的生成，使活动成为“经历”“体验”，使活动过程成为规则教育内容持续生成与转化，获得“经验”，成为一种动态的、生长性的活动。

(5) 融合性。“六维度”规则教育活动应该注重规则内容联系学生经验和生活实际，关注规则教育与其他教育的彼此关联，相互补充。“六维度”规则教育活动要体现规则内容与社会生活、学生经验的整合，加强了规则与其他教育之间的相互融合，从而改变规则教育特立独行，削弱其教育效能，建构了具有融合特征的规则教育活动。

四、建构了“六维度”规则教育的“原则—策略—方法”教育轴

课题研究中，我们确立了以“原则—策略—方法”为教育轴的“六维度”规则教育的操作体系。正是通过建构这样一个教育轴，使本课题研究的重点六维度规则教育方法(术)有一个“道”的引领。这个教育轴是建立在这样的认识上，使具体的“六维度”规则教育的实施既有高位的引领，也有具体的可操作性。

规则教育的策略是“应该做”的规范，原则是“应该是”的规范。“应该做”就是说策略是直接针对人的行为的，直接告诉有关主体应该做什么。“应该是”是说原则不直接针对人的行为，而是直接针对策略，规定了策略应该是什么，策略应该符合原则。

(一) “六维度”规则教育的原则

“六维度”规则教育的原则是实施规则教育的法则或标准，集中反映规则教育一定内容的活动的指导原理和准则，也是规则教育的规律性要求，贯穿于具体规则教育实施之中。规则教育原则较之规则教育策略、方法，更直接地反映出规则教育的本质、内容、要求和规律性。因此，我们以“六维度”规则教育的原则统领教育策略，并以教育策略引领教育方法，这样使教师在开展“六维度”规则教育过程中，能从系统操作上关注具体的教育行为，避免碎片化，也可避免“只知其然，而不知其所以然”，增强规则教育的自觉，使教育行为更趋合理。

1. 民主参与原则

民主参与原则是指规则教育实施的全过程中尊重学生的主体地位，尊重其应有的权利，要让学生主动参与规则的制定、实施与评价活动。

民主参与原则强调“自由：规则之善”，学校规则是为了保证学生自由发展的规则，以民主观念来开展规则教育，要通过学生参与规则的制定，使规则教育发挥其保障、巩固和扩充民主的作用。

贯彻民主参与原则要注意以下几点。

(1) 学校的课堂规则、活动规则等应该由师生共同制定。

(2) 在规则教育的整个过程中要认真听取学生的意见。

(3) 在工作教育中教师与学生要建立友好的关系。

(4) 要鼓励学生参与规则的制定，摒弃强硬的灌输与规训。

(5) 教师要注重引导学生学会制定规则。

(6) 教师要积极反思学生参与规则教育的状况。

2. 人文关怀原则

人文关怀原则是指以人文关怀的精神与态度，实施规则教育，关注学生的身心健康发展，促进学生社会化与个体化协调发展的教育原则。

康德的“人是目的”的科学论断，为规则教育指明了预期结果与发展方向。反之，无视人或反人的规则教育，将规则本身作为目的，单纯以学生无条件地服从规则为制高点，着眼于眼前利益，蓄意追逐急功近利的行为，其流弊在于将手段和目的相混淆。用规则引领学生的行为，是因为规则具有合乎或引领人性的光辉，能够产生向上、积极、正向的意义，有助于学生领悟道德规则与纪律精神。

贯彻人文关怀原则要注意以下几点。

(1) 规则教育要力戒功利化的短视行为，确立人性关怀的服务观念。

(2) 坚持“人：规则之本”，不能盲目关注学校管理效能。

(3) 要把握规则的目的与手段的关系。

(4) 要坚持“教有规则，爱无条件”。

(5) 在规则教育中提供适应性的支持。

3. 理解遵循原则

理解遵循原则是指要通过适宜的方式，让学生认知相关的规则，并在认同的基础上践行遵循的教育原则。这条原则强调规则教育必须坚持认知与践行的统一,这条原则强调知规则是进行规则教育的开始,要从知规则开始,懂规则,直至守规则,作为教育的落脚点。

贯彻理解遵循原则要注意以下几点。

(1) 教师要把握规则知行的转化过程。

(2) 要运用浅显易懂的方式,让学生从知晓规则向践行规则提高。

(3) 守规则要从学生日常生活中守规则做起,养成遵守规则的习惯。

(4) 规则知行的转化很重要的一环是增强学生的规则意识。

(5) 坚持学生从理解规则到遵循规则的长期性,关注过程性。

4. 内化自律原则

内化自律原则是指规则教育要注重学生个体对规则的认同,把规则的遵循变成自觉的行动,实现"从心所欲不逾矩"的发展层次与境界。内化自律原则强调"规则教育的关键在于内化于心,外化于行"。

学生对规则的认同及将其植根于心,这是有效规则教育的基本条件。激发孩子内心对规则敬畏的情感与坚守的意志,有利于规则的内化,使孩子从遵从他律到自觉自愿地去践行规则。遵循规则也意味着规则不再仅仅是一种外在的强制,规则就由他律变成了自律,也就实现了从规范向素质的转变。

贯彻内化自律原则要注意以下几点。

(1) 要培育学生对规则的认同心态,强化规则教育的亲和力。

(2) 教师要给学生参与制定规则的权利。

(3) 给予学生充分的知情权、话语权、监督权和选择权。

(4) 规则教育要强化学生的自觉,要让学生做到把日常规则行为内化为自身的行为习惯。

(5) 要依据不同年龄段学生的特点,营造融洽的规则教育氛围。

(二)"六维度"规则教育的策略

"六维度"规则教育的策略建构是在策略思想基础上形成的。"六维度"规则教育策略思想是体现规则教育规律与教育原则在教育中普遍适用的方法思想。"六维度"规则教育的策略思想从方法论角度看,是体现规则教育的方法思想,并以此引领实践的较为宏观的方法,对解决"六维度"规则教育任务指出一种路径,一种预先的思考。"六维度"

规则教育的策略思想是规则教育思想应用于教育方法之中,对规则教育方法起着规律性的引领,对“六维度”规则教育策略的认识和逻辑思维方面起着重要作用。

策略思想不同于策略,策略是具体的操作形态,而策略思想是直接影响规则教育行为的总体思路。策略思想制约策略,进而制约具体的方法,方法是为实现策略服务的。把握“六维度”规则教育策略思想有助于从整体上把握“六维度”规则教育的策略与方法。

通过实践研究,进行了分析概况,提出了“规则教育理念为导向,以支持性、融合性教育为手段,推进‘六维度’规则教育的实现”的策略思想。其内涵如下。

(1) 这个策略思想是基于对规则教育与支持性教育的概念认识及其价值认识,即支持性教育与规则教育具有一致性,这两者的价值指向都是为学生的核心素养发展提供良好的环境与条件。

(2) 这个策略思想是建立在对支持性教育与规则教育的要素、结构剖析基础上,把握来自支持性教育的要素、结构与规则教育的功能性协变,生成“六维度”规则教育,彼此互相整合发挥相同功能,并叠加增强规则教育功能,为学生的核心素养发展提供十分有力的条件。

(3) “六维度”规则教育中教师应该为学生提供支持性的教育,促进学生的发展。因此,“六维度”规则教育的策略是从教师开端,关注教师的教育举措,属于教育策略。

“六维度”规则教育策略是指教师实施规则教育,有意识和有目的地采用措施的总体。“六维度”规则教育策略体现在教师对规则教育过程(行为)全面把握与自觉调适的能力、各种教育方法理性选择与运用上。本项目主要提出五项“六维度”规则教育策略,便于把握“六维度”规则教育的操作。这些策略是策略思想的具体化,具有可操作性。这些策略的建构,一是突出建构方式上的操作性,不是概念化的;二是运作方式上多元要素整合性,发挥综合功能;三是作用方式上强化持续性,在建构“六维度”规则教育过程中稳定地表现出来。

1. 自主建构策略

自主建构策略是指在规则教育中要让学生自主制定规则、选择规则、接受规则,并主动遵循的策略。这项策略强调规则的制定、选择、接受与遵循不能依靠强制,而是要充分民主,让学生自主建构。

规则的主体是制定与遵循规则的人,也是作为道德活动的主体,对规则活动显现出独立的、积极的、自主的、自由的认识和行为方式。学生的规则行为的产生必然是其规则道德品质的主体性表现。学生规则学习的过程是建立在经验基础上的一个主动建构的过程。

在运用自主建构策略实施规范教育时,要注意以下要点。

(1) 尊重学生是规则建构的主体。儿童在共同生活中的规则应该让学生共同选择与制定,要关注规则的学生认同与可接受性。

(2) 引导学生规则学习从被动接受到主动建构。学生通过自己的活动实现对其生活中规则的建构。

(3) 关注学生需求型规则。需求型规则是满足学生社会生活中能正常开展活动、进行交往的保证并对自己有利的,学生会把这种规则当作自己内在的需求。

(4) 重视关注规则内化,将一个本不属于自身的规则转化为自身的认知与行为。

(5) 改变说教式规则教育。转变简单和粗暴,甚至训斥的方法,从学生的自我建构出发,关注儿童的内在动机。

2. 循序渐进策略

循序渐进策略是指规则教育要遵循规则教育规律以及学生的身心发展,在规则教育内容与形式上循序渐进的一种实施策略。

循序渐进策略强调规则品行的发展是一个逐步从简单到复杂的过程,强调要依据学生对规则的认知与行为能力的发展水平开展相应的教育活动,教育活动所指向的规则有学生可接受性,层次性循序渐进,在学习中提高,在提高中巩固,逐步有序发展。

实施循序渐进策略要纵向递进、温故知新、分层渐进、巩固提高,做到"纵向层次递进,横向螺旋推进"。

(1) 纵向递进。规则教育在内容上要按照规则内容分阶段实施,在规则意识、规则能力方面逐步递进,达到规则教育目标。

(2) 分层渐进。根据学生具体的规则认知与规则能力的具体状况,将规则品质目标,分解为若干个层次,不断引领学生规则品质的发展。

(3) 温故知新。规则教育要长期坚持,规则行为习惯养成需要常抓不懈。

(4) 循序渐进。规则教育应该从简单到复杂,从点到面循序渐进地进行,不断提升。

(5) 巩固提高。规则品质不仅有一个成熟发展过程,要特别关注不断发展提升,防止出现退化。

3. 方法适切策略

方法适切策略是指规则教育的方法要与教育目标、教育内容相适宜,以期达到规则教育目标的策略。规则教育应该以教育最优化为导向,"最优化要求全面考虑教学和教育的规律、原则、现代形式和方法,现有途径以及所教班级和个别学生的特点,并在此基础上使教学教育过程能按既定标准发挥最有效的(最优化)的作用"(巴贝斯基),规则教育方法应该不断适应学生的实际,进行方法创新,不能墨守成规。

运用方法适切策略时,我们要注意以下几点。

(1) 规则教育教学方法是动态变化的,不是简单地照搬或复制。

(2) 不同的规则有着不同的特质,规则教育方法应该与之适应。

(3) 关注规则教育方法的合理性。规则教育方法应该与其内容相匹配。规则要注意语言的简练、条理清晰。

(4) 规则教育方法要关注适用的差异性。这个差异性表现在规则的差异与学生个体的差异。

(5) 在开展规则教育中要尊重与允许学生对规则的不同意见。

4. 体验践行策略

践行体验策略是指规则教育要遵循教育心理学的原理,让学生通过对规则的体验,进而践行,培养学生的良好规则品质。规则要让学生自觉地遵循,必须让规则的概念通过体验与践行,转化为对规则的信念。学生的规则品行以及其水平最终以其规则践行作为标志。单靠灌输规则的道德知识和规则条文,不可能转化为学生的规则品行。

在规则教育中运用体验践行策略时,我们要注意以下几点。

(1) 关注学生对规则的深度体验。要使规则体验中理性与感性相互融合,提升体验深度。

(2) 在体验规则的基础上,积极发展践行性规则,提高学生执行规则的能力。

(3) 关注在生活中践行规则,以内养外。学生规则品行践行活动是不断地将"规则"内化的过程,也是不断将自己已有的规则品行外显的过程。

(4) 关注规则体验践行的道德性。以遵循规则行为主动地履行道德义务和责任。规则品行的发展需要在一定情境下结合道德行为的强化。

(5) 要关注规则的体验与践行的结合,促进学生的规则体验向规则经验转化。

5. 整体融合策略

整体融合策略是指要从整体上把握规则教育的要素,并加以整合,系统地实施规则教育。

六维度规则教育是一个综合教育系统,其理念层面、内容层面、操作层面以及各自的要素必须互动、整合。这些要素的整合与互动有层次性,而且表现为特定形态的纵向的和横向的联系形式或者方式。规则教育内容上与形式上是多元的要素组成的一个教育系统,并以各要素整合产生系统功能。规则教育不仅要注意具体的教育方式和教育内容,而且更要系统观照和适应教育的整体效能。

运用体验践行策略时,我们要注意以下几点。

(1) 规则教育的整体融合要关注教育目标的引领作用,并以教育目标对规则内容、规则方式在教育过程中进行整合。

(2) 规则教育应该是综合的,避免单一的教育方式思考。多种教育方法的整合增强教育效果。

(3) 规则教育融合于生活之中,通过学生发现生活中人、事、物的关系中的规则意义,唤起学生对规则的价值认同,形成和提高学生规则品行的道德认知、情感和行为的教育活动。

(4) 关注规则教育内容的丰富性要求其各要素融合地转化。各方面的规则在个体上有着共同的结构要素——规则意识、规则能力与规则遵循,包括对规则的认知、规则的情感、规则的行为融合转化,使学生有可能达到的规则能力水平转化成达到的水平。

(5) 关注规则教育的开放性。努力开拓规则教育的渠道,创设规则教育的环境与条件,让学生在大自然、大社会的各种规则活动中体验、践行规则。

(三) "六维度"规则教育三十五法

规则教育根本的策略就是能为学生提供一些真实的生活背景,让他们到这些背景中去活动,去冲突,去体验,去逐渐形成正确的规则认知和良好的行为模式。让他们在亲近自然、融入社会和认识自我的体验中获得真正的发展。规则品质强的人，自律精神也强，容易适应群体生活，也容易适应社会生活，“成为一个崇尚规则幸福的人”。

从“六维度”规则教育的原则、策略出发，我们从规则的六个维度上形成了一系列教育方法，并通过归类、提炼，建构起相应规则维度的教育方法群，以此并探索如何有效地提高规则教育的成效，积累一些具体操作方法。

（以下“六维度”规则教育的案例参阅专著）

1. 学习规则的教育方法群

学习规则是指涉及学习的规则，并能以这些规则规范个体学习与群体学习行为的规则集合。学习规则不是学习方法，学校规则是保障学习合规合理进行，是调节学习行为符合道德的规范，属于道德范畴的，例如不允许考试作弊等。学习方法是关于如何受学习科学有效进行的方式，是属于科学范畴的，符合学习规律的问题。这就需要通过一定的学习规则来引导学生顺利、合理地进行学习。

学习规则教育的操作要点如下。

(1) 要建立系统的学习规则。学习规则应该包括课堂学习规则、考试规则、作业规则等。也要建立不同的学习形式规则，例如，小组学习规则、实验室学习规则、社团学习规则等。

(2) 要在学习情境中让学生深度体验学习规则。

(3) 学习规则要依托并融于学习的整个过程之中，并在其中践行。

(4) 关注学习的规则意识直接影响学习规则的遵守。

(5) 教师在教学时要防止重知识教学，而忽视学习规则的培训。

序	方法名称	方法界定解释	操作要点
1	教学情境法	创设一定的教学情境，让学生体验教学情境所蕴含的规则，增强学生的规则意识与工作能力的方法。	4 项
2	儿歌熏陶法	教师把唱游课上对学生演唱的要求以及规则创编成精简、形象生动、具有韵律感的儿歌进行教育的方法。	5 项
3	乐器敲击法	在音乐学习过程中，学生依据乐器的敲击规则敲击乐器，正确演奏，养成准确敲击乐器规则习惯的方法。	3 项

续 表

序	方法名称	方法界定解释	操作要点
4	宽容激励法	教师对学生的不符合规则,但属于非恶意的行为,要采用宽容的态度,引导学生明理,激励学生逐步改变非规则行为,养成遵守规则的良好品质的方法。	4 项
5	游戏融合法	由部分或全体班级成员作为参与者,在遵守一定规则的前提下,相互竞争,在游戏的氛围中潜移默化融合规则教育,并达成预期目标的方法。	3 项
6	游戏整合法	在教学中依据教材的可能性与规则教育的相关内容整合,进行学科规则教育的一种方法。	3 项
7	表扬强化法	根据学生的实际表现情况,给予一定的表扬。在表扬规则中,教师通过不同形式、不同程度的表扬,以便让学生熟悉与遵循这一规则的方法。	3 项
8	激励明确法	在宽松、和谐、愉快的气氛中,使学生以自信、自强、进取的态度去遵循规则的教育方法。	3 项

2. 交际规则教育方法群

小学阶段是儿童走出家庭与人交往的第一时期,是孩子学会适应生活、学习,学会人际交往、融合于群体生活的基础阶段。他们迫切希望得到交往,与外界联系,与小朋友一起玩耍一起成长,交际情绪舒畅,得到愉快的心情和品格。交际活动是学生社会化的基本途径。学生的交际活动包括与老师的交往、与父母的交往、与同学的交往、与其他与之关联的人交往。人际交往必须遵循一定的规则,这就需要学生在各种交往中把握规则,以各种规则促进人际交往得以正常进行。

交际规则教育的操作要点如下。

(1) 引导学生遵循人际交往的人伦有序。

(2) 培养学生掌握体现人际交往规则的礼貌用语。礼节是人际交往的规则,这些规则的核心是尊重、仁爱与诚信。

(3) 培养学生遵循诚信规则进行人际交往。

(4) 要引导学生遵循人际交往的尊重规则,说话要有分寸,有条理,不能嘲笑别人。

(5) 要引导学生注意良好的异性交往。

序	方法名称	方 法 界 定 解 释	操作要点
9	细节关注法	在英语交际化学习中关注学生的各种细节，引导和帮助学生掌握交际规则，从而使学生用英语交际的能力得到进一步发展与提升的方法。	5 项
10	由面及点法	针对某位学生或者某个小群体违规行为，对全班或者全校学生进行针对性的教育，从而使违规的学生意识到自己的违规行为并且及时改正的方法。	3 项
11	歌唱感染法	通过演唱歌曲或者听赏乐曲来感受与体验音乐所描绘的情境、表达的情绪，理解音乐所表达的做人的道理，培养学生养成某方面与人的交际规则的方法。	3 项
12	情境践行法	创设具有一定情绪色彩的、以形象为主体的场景，以引起学生一定的规则态度体验，从而帮助学生理解相关规则的内容，促进学生遵循规则的教育方法。	3 项
13	表扬激励法	采用语言或动、态势语及奖品表扬激励的手段来激励学生在学习活动中自觉遵守规则的一种方法。	4 项
14	文明借阅法	文明借阅法是指通过学生图书馆阅借书与阅读过程中，培养他们遵循公共图书馆中借书与阅读中的人际交往规则的一种方法。	4 项

3. 生活规则教育方法群

真实的生活世界是规则教育丰富的源泉，“回归生活”是学校规则教育的必然趋势。规则广泛存在于生活之中，存在于一日生活的各环节中，它与生活事件的开展、效果都有紧密的联系。我们的任务就是对学生进行适时的规则价值引导，把生活中点滴的规则经历提升为学生自觉的规则经验，从而发展规则品行。只有发自内心地自觉践行这些规则，学生的各方面生活才会更加和谐美好。

生活规则教育的操作要点如下。

(1) 教师要充分结合真实的生活情境，如卫生、交通、环境等开展生活规则教育。

(2) 生活规则教育要充分利用环境的熏陶作用。

(3) 要协同家长培养学生的家庭生活规则能力。

(4) 要组织学生在社区教育活动中提高社区规则能力的发展。

(5) 注重班级生活的规则教育，引导学生共同制定、认同、遵守班级规则。

序	方法名称	方法界定解释	操作要点
15	知行统一法	把对规则的认识与践行统一起来，促进学生正确认识规则的重要性，能够在生活中、行动中主动遵守规则的方法。	5 项
16	角色扮演法	让学生通过角色扮演，学会设身处地地为他人着想，以理解至上来进行规则意识的培养的方法。	4 项
17	关心生活法	通过生活活动，让学生学习关心自己、关心他人、关心社会和关心学习等方面规则的教育方法。	3 项
18	榜样示范法	以榜样人物在规则方面的高尚思想、模范行为等影响受教育者的规则品质形成的方法。	3 项
19	榜样激励法	通过树立遵守生活规则的榜样，让学生对比分析自己在遵守规则上的不足，激励他们进一步努力的方法。	3 项
20	内化自觉法	通过呈现实际的事例，激发孩子内心对规则敬畏的情感与坚守的意志，并让其在实际生活中逐渐内化，从而养成自觉遵守规则习惯的方法。	3 项
21	情境体验法	在具体的情境中，学生体验特定规则的重要性以及如何遵循，提高学生规则意识的方法。	3 项

4. 活动规则教育方法群

本课题这里所说的活动是特指学生各类体育、艺术、科技等活动。一个活动的进行需要很多规则去支撑，学生掌握活动规则能帮助他们更好地完成任务，提高学生能力。教师应该寓教于乐，凸显这些活动中所寓指的规则。在这些活动中培养学生制定规则与遵循规则的能力。体育、艺术、科技等活动都有着特定的规则，依靠这些不同规则促使活动正常、有效开展。

活动规则教育操作要点如下。

(1) 要把握与制定经常性活动与临时性活动、综合性活动与单项性活动的不同规则。

(2) 艺术、体育、科技等不同的活动应该确立不同的规则。

(3) 各项活动应该有具体的活动规则。

(4) 依靠规则提高学生在活动中的自主性,让学生在活动中能合理地进行选择活动的内容、方式、时间、地点与人员等。

(5) 依托规则确保学生的活动主体地位,教师的主导作用。

(6) 通过规则促进每一个学生都参与,抛弃那种只顾少数学生而忽略大多数学生的规则。

序	方法名称	方法界定解释	操作要点
22	班级文化法	通过班级环境的布置和班级文化的建设,让学生能主动接受“爱班级,成就更好的自己”的规则,形成“视班级如家”的规则意识的方法。	4 项
23	寓教于乐法	把规则教育的内容融合到内容上健康、形式上生动活泼的文娱活动之中,让学生更容易接受规则品质的培养,在轻松愉快中建立规则感的方法。	4 项
24	结果体验法	在体育活动中,让学生体验遵守规则与违规的不同结果,增强学生遵循规则的体验,达到促进学生自觉遵守规则的方法。	2 项
25	游戏体验法	在体育活动中,教师通过学生对体育游戏中的规则体验,增强学生遵循规则的意识与能力,实现教学目标的方法。	3 项
26	举证明规法	利用各种例子来证明遵规守规的重要性及必要性,并通过实践来检验遵规守规教育带来诸多好处的方法。	3 项
27	褒贬结合法	用批评与表扬相结合的方式,促进学生规则意识养成,以及表扬巩固遵守规则行为习惯的方法。	4 项

5. 创新规则教育方法群

学校应将规则意识的养成与创新精神的培育进行有效的整合。如果学校的教育仅仅追求对知识的传承与复制,学生只会“衰减”,至多“仿真”,无法获得进步与超越。创新规则是学校中相当薄弱的,一是创新规则意识缺乏,二是创新规则稀少。学校需要确立创新规则体系,促进学生创新品质的培养。

规则将因创新而焕发生机,因积极介入学生创新素质培养而丰富了规则内容,拓展了规则践行渠道,深化了规则功能,增强了规则的吸引力、融合力和实效性。另外,创新教育会因规则的介入而强化创新品质的培养。创新精神需要规则意识的保障。没有规则意识的创新犹如脱缰的野马,会把人类引向歧路。

创新规则教育的操作要点如下。

(1) 规则意识的养成与创新精神的培育进行有效整合。开展规则教育时要保护学生的创新精神、创新能力的发展。

(2) 学校要确立鼓励学生创新的规则,营造独立思考的规则环境支持。

(3) 要建立维护创新精神的规则,明确鼓励探索求异精神与求是求实精神的创新规则,建立促进学生创新能力发展的规则。

(4) 要建立鼓励创新人格发展的规则。确立有利于培育善探索重发现的创新人格、自主自强自信的独立人格、敢想敢说敢为的正直人格的创新人格的规则。

(5) 在校规、班规中确立鼓励求真创新的规则,明确具体的行为表现,提倡应该怎样做,可以做什么,不能做什么。

(6) 创新规则要创新。学校的创新制度、规则需要认真建立与完善,需要不断创新,以适应创新教育的需要,也不能为了"创新"而"率性而为"。

序	方法名称	方法界定解释	操作要点
28	融合创新法	制定一些规则适应体育教与学的需要,促进学生体育素质提高的同时,增强学生规则制定与遵循规则的能力的方法。	3项
29	自主探究法	是指在数学教与学过程中,制定与实施自主探究的一些规则,促进学生学习的创新精神与能力的方法。	2项

6. 担当规则教育方法群

担当是中华民族的优良传统。担当意味着担负任务、承担责任,承担的不利后果或强制的义务。从本质上讲担当就是责任感。担当既要求为自己承担责任,又要为他人承担义务责任、为自己承担的工作任务承担责任,为社会福祉承担责任。这四方面的担当有着很多相应的规则来确保个人与群体承担责任与义务,因此要以担当规则来支持学生履行担当责任,厘清遵循担当责任边界的规则,使每一项任务与岗位有人担当,使人人在生活中有担当。

担当规则教育的操作要点如下。

(1) 要通过规则让学生明确担当与责任的关系,明确担当的边界。

(2) 在任务担当中确立任务规则。要引导学生共同制定相关任务的规则,分清责任,将规则培养融入这些任务完成的体验和践行中。

(3) 要重视担当过程中的规则的支持,把担当规则的制定与履行列入评价标准。

(4) 确立必要规则鼓励学生有失败的担当,更要有责任后果意识。依据有关规则,帮助学生承担失败责任。

(5) 制定与执行担当规则时,要注意责罚相当,鼓励担当,也不能逃避责任。

序	方法名称	方法界定解释	操作要点
30	自我体验法	学生在承担任务、参加活动中,对担当规则进行直接感受,并进而增强规则品质的一种方法。	3 项
31	关注全体法	在教育过程中关注群体学生遵守规则的责任意识,从而培养学生担当起个体所承担工作或者任务的方法。	2 项
32	角色扮演法	既是要求学生扮演一个特定的任务、岗位角色来体验对角色的规则要求,并对做出合理的担当行为的结果获得感悟,提高遵循担当规则能力的方法。	5 项
33	启发正视法	是指当学生背离一定规则时引导学生认识到违背规则,达到学生正视自己的违规,并积极改正的方法。	2 项
34	正向激励法	对学生遵循规则的行为进行正面强化,使学生以一种愉快的心情继续其规则行为,巩固与发展规则习惯的方法。	3 项

续 表

序	方法名称	方 法 界 定 解 释	操作要点
35	先扬后抑法	对待学生在履行担当规则时出现的不符合担当规则的态度与方法问题时,根据情况,采取先肯定鼓励后批评指出,提高学生担当责任与履行规则的方法。	3 项

第一章　规则教育的价值

第一节　世界离不开规则

一、文明社会离不开规则

公正、公平、和谐的社会环境是文明社会的重要标志，而这种社会环境的形成与维系需要健康的社会道德体系和社会规则体系的共同作用，每一个公民都是这两个体系的建设者和实践者。作为所有人共同遵守与约定俗成的制度章程或行为准则，规则是人类的道德基准和文明底线。不以规矩不能成方圆。在法国社会学家涂尔干看来，遵守规则是人的一种基本美德，是个体道德社会化的重要表征。

我国加入WTO(世界贸易组织)首席谈判代表龙永图曾说过这样一个故事：瑞士一个小孩在厕所冲洗设备已损坏的情况下，仍一个劲地努力，力图冲洗清洁，他认为这是他的义务，这是社会的规则，必须自觉遵守。龙永图讲这个故事意在说明中国加入WTO后必须遵守有关规则，但从另一方面折射出小孩规则意识的强烈，所受规则教育的成功。

英国哲学家洛克在《政府论》中认为，法律规则与其说是限制还不如说是指导一个自由而有智慧的人去追求他的正当利益。因此从这个意义上说，规则是保护和扩大自由。自由和规则是一个共同体，规则能保证自由的实现；自由又促进规则的完善。

在生活当中，“规则”一词随处可见。结合相关文献可以看出，规则的含义基本包含两点：第一，由国家和社会集团所制定的，在特定范围内要求其成员遵循具有一定约束力的、成文的行为准则；第二，一种得到大众承认的具有普遍性的社会行为规范，这些规范中既包括要求人们需要做什么,也包括不做什么的一些不成文的规定。大到整个世界,小到一个家庭,都离不开规则。

我们生活的世界离不开规则,随着社会与时代的不断发展,国与国之间的交往与交流也更加密切,相关的规则也随着国家与国家的交往与合作建立起来,国与国之间也存在贫富强弱之分,可以想象,如果没有规则的约束,当人类的文明还没有发展到很高的程度,即可以用自身的道德水平就可以控制住自身的行为,那么势必会出现一些侵略、占领、吞并的情况。即使在当今,全球仍旧有一些国家倚仗自己的大国势力公然违反国际公约。因此,世界的繁荣进步与人类的和平发展,离不开规则的约束,也离不开各国规则意识的建立。

为了使全球各国都能在政治、经济行为上有一个统一的准则,全世界建立联合国,由联合国出台《联合国宪章》。《联合国宪章》既是联合国的基本大法,它确立了联合国的宗旨、原则和组织机构设置,同时也是规范成员国在政治、经济、文化、科技、社会等在人类基本道德规范的基础之上进行发展的原则与方法,它明确了成员国的责任、权利和义务,使得各个成员国在共同的规则框架下发展自身的实力外,也要遵守规则,按照《联合国宪章》的规定处理国际关系,并努力促成世界的和平与安全。

随着全球一体化的进程不断加速,世界各国对于规则的制定也越来越详细,经济的发展使得各国的贸易也变得更加频繁,因此形成了许多经济一体化的区域,这也促成人们对于规则的重视程度越来越高,以WTO这个具有全球性的世界贸易组织为例,为了让世界上越来越多的国家在经济上可以相互协作,共同发展,WTO严格制定世界贸易组织海关制度规则、世界贸易组织的关税规则、市场准入规则、原产地规则协议,以实现其目标——建立一个完整的,包括货物、服务、与贸易有关的投资及知识产权等内容的,更具活力、更持久的多边贸易体系。

无论是政治上的战略决策,还是经济上的共同发展,全球各国要想获得共同的发展,就需要规则的维护,只有在规则的制约下,才能获得发展,规则不是为人们带来障碍的阻力,而是全人类和平发展的前进动力。因此,世界离不开规则,人类离不开规则。

规则的建立并不是凭空产生的,而是在某一群体当中个体认知基础上自觉遵守愿望的基础上建立起来的,规则反映了人的契约精神,正因为人是群体性动物，同时又是有主观意识的个体，才可以在共同的精神之下，实现并促成现代社会的分工与合作。可以说，规则是人在社会化进程中形成的反映文明程度和时代精神的内容，它可以促成人的理性能力与个性的发展，同时人们只有遵守共同的规则，才能真正实现自由与创新。

从历史的视角来看，人类社会的发展是与规则及规则意识的演进密切相关，规则及规则意识的演进是人类社会发展的内在保证。纵观人类社会发展的历史，我们不难看出二者之间的这种内在关系：当社会规则较完善、社会规则意识较强时，社会的发展就显现出欣欣向荣的景象；而当社会规则被破坏、社会规则意识缺失时，社会的发展就显现出萧条没落的景象。其原因就在于，社会发展所需要的稳定、公平、文明需要规则及社会成员的规则意识来保证，而社会成员的自由最终也需要规则及社会成员的规则意识来保证。

二、规则在我们身边

散文家张丽钧曾说过："世界上如果真有所谓的天堂和地狱，那么，天堂的规则应该比地狱的规则更详细。"德国是世界上最讲究规则的一个国家，德国人认为只有规则守护的世界，才能被称之为"天堂"。换个说法来看，正是因为世界在共同的行为道德准则的基础上，才能获得自由平等的发展。

从全球化的角度缩至我们每一个人，在我们的身边，规则也无处不在，俗话说，"国有国法，家有家规"，"没有规矩，不成方圆"。大到全世界，小到一个有生命有智慧的个体，只要生活在一个群体当中，就要学会遵守大家共同制定的约定俗成的规则。规则不是用来压制人们自由的手段，而是为了更好地促成人类自由发展的途径。规则可以实现人们的利益公平公正，使权利和义务达到平衡，这样才能使个体获得持续健康的发展。正如马克思关于法律价值的说法："法律不是压制自由的手段，正如重力定律不是阻止运动的手段一样……恰恰相反，法律是肯定的、明确的、普遍的规范，在这些规范中，自由的存在具有普遍的、理论的、不取决于别人的任性的性质。法典就是人民自由的圣经。"我们也可以将规则套用其中，规则也是一种不由人的任性性质而决定的规范，遵守规则会保护、实现和促进人的个性自由，个性自由必须要有规则意识来保障。

现代社会当中，每个人在家庭中，在学校中，在社会中，都需要遵守规则。在家庭中，父母子女互相尊重是规则，长辈对晚辈的养育爱护既是爱的表现，也是承担着延续人类文明的规则的表现。而在学校，学生需要遵守学校的校规，好好学习，遵守纪律，尊敬师长，与同学友爱相处，这些也是遵守规则的表现。而到了社会，则需要遵守更多的规则，如遵守交通规则是对他人和自己生命的尊重，遵守公共场合的规则，不大声喧哗、不乱涂乱画、不吸烟吐痰则是人类文明的象征。对于一个国家来说，要想让全体公民过上富足、安康的生活，也需要制定出严格的政治规则和经济规则等，这些规则的制定可以使人们有法可依，在约束和规范人们行为的同时，更能有效阻止不法分子或者破坏分子对人们正常生活和工作的破坏，保证人们在有序的国家制度下获得安定的生活。

家有家规，校有校规，处处有规则；交通规则，足球规则，事事有规则；政治规则，经济规则，遵循着规则。

第二节　规则意识缺失的严重性

规则意识，是指发自内心的、以规则为自己行动准绳的意识。如遵守学校的规章制度、遵守国家法律、遵守社会公德等等的意识。拿排队打个比方：排队的次序是规则，每个人都可以排队是民主，那么每个人都愿意排队就是规则意识。没有这个意识，民主和法治都是空的。这个最基本的意识和人性与良心有关，和道德与信仰有关。

一、规则意识缺失的危害性

（一）规则意识缺失会影响社会稳定

规则是社会成员公认的有关行事与行为的规范和准则。国有国法，家有家规。大到法律、法规，小到礼仪、礼节，都属于规则的范畴。没有规矩，不成方圆。规则的首要功能与终极目的是要规范社会成员的行为，从而实现社会运行的稳定性。当大家都遵纪守法，彼此和睦相处、礼遇有加，社会秩序井然，就很少会出现社会治安和社会矛盾问题；再如，大家都遵守交通规则，各行其道，相互礼让，交通秩序井然，就会大大减少交通事故和人身伤亡与财产损失；又如，大家都遵章守制，诚实守信,遵循交易规则,市场秩序井然,就不会出现坑蒙拐骗、假冒伪劣的不良经营行为,等等。如此,则社会的发展就有了稳定的保证。但是,规则本身不会自动发挥这一功能,也不会自动实现这一目标,它要体现在社会成员的行为之中才是有效的。这有两种基本途径:一是制度的强制推行,如法律法规的惩戒等;二是社会成员的规则意识。诸如法律法规等的惩戒具有强制性和威慑性,能够立竿见影。但是人们应该认识到,其一,法律法规等惩戒性手段只能告诉社会成员不可做什么与不能如何做,而不能告诉社会成员应当做什么和应当如何做;其二,法律法规等强制性手段只能迫使社会成员遵守最低的规则标准,而难以引导社会成员去自觉遵循较高层面(如道德层面)的规则标准;其三,缺乏遵守规则的主体自觉性,而且监督和运行成本较高。而规则意识则是从社会成员的价值观念入手,使对规则的遵守深入到社会成员的头脑之中、根植于其观念之中,进而把规则融入其行为之中,并由此形成一种遵守规则的习惯。这种习惯一旦形成,便会使遵守规则成为社会成员的主体自觉行为,使得社会成员遵守规则就像呼吸空气一样自然而然,不遵守规则反而感到不习惯。这实际上已经超越了一般"羞耻感"与"内疚感"的层面和意义。显然,社会成员规则意识的形成对其行为的规则性约束将是长期持续的,无疑会极大地提高社会成员对社会规则的践行程度和质量,进而持续地保证社会稳定。而这种意识的缺失,势必会导致社会的不稳定。

(二)规则意识缺失会丧失社会文明

文明是一个国家发展的保证,也是一个城市发展的体现,但文明建立在对社会规则的践行之上,并最终体现为社会规则意识的确立和强化。试想,一个连基本社会规则都无法践行的人,一个连规则意识都没有的人,又如何能够说他是文明的。由此推之,一个连基本规则都无法推行的社会,一个连公民的规则意识都没有形成的社会,又怎么体现它是文明的。也就是说,规则与对规则的践行是文明的基础,文明则是规则意识确立和强化的体现。规则意识的缺失,导致了对国家文明的质疑。如新闻经常报道有游客不文明旅游,随意进入禁区、随意在景区的树木、建筑物等上刻划,对旅游规则意识的缺乏影响到了对城市文明、国家文明的印象。

那么现实社会中,公民的规则意识到底如何呢?在大街上,我们会经常看到行人与车流交织的凌乱场景,特别令人触目的是那些夹杂在滚滚车流中横冲直撞的年轻人。面对这种景象我们会焦急地问:规则到哪里去了?一年当中我们常会听到关于考试作弊的新闻和旧闻,有成人教育的,有高考的,有中考的,有各类测验的——考试的规则不是没有,规则的内容不是不知,违规的后果不是不重。既然这样,为什么作弊现象还是纷至沓来,我们只能说是规则意识在中小学教育领域已经缺失和淡化,只能说作为法制社会基准的规则意识的存在危机已给和谐社会的构建造成了致命的冲击。

(三)规则意识缺失会阻碍社会公平

在合理制度框架和规则背景下,规则意识使践行规则成为习惯,合理的规则是公认的,必然代表着最广泛的公民的意愿和意见,也当然蕴含着公平之义。因此,讲究规则、遵守规则、践行规则当然就是公平的公共条件,大家都在日常行为中自觉遵章守制,在规则面前一律平等,这本身就是公平的行为。相反,践踏规则,甚至凌驾于规则之上,本身就是对公平的蔑视和践踏,也是对那些践行规则的人的极大的不公平。另外,大家都习惯性地按章行事,循规蹈矩,就会自然而然地秩序化、有序化,还会进一步固化为一种循规蹈矩的文化习惯或氛围。前不久,新闻报道一位女乘客,明明买的是站票,却很彪悍、野蛮地占座,让有座票的男乘客站着,并无视乘警劝阻,最后落得拘留五日处罚。那位女乘客就是严重的规则意识缺失,这对于买座票的男乘客是极不公平的。如果任由其发展不处理,整个社会就会丧失公平,最终人人效仿而一发不可收拾。

(四)规则意识缺失会限制公民自由

自由是公民永恒的追求。一般而言,出于本性,人们都倾向于追求绝对的自由。但追求绝对的自由,必然会妨碍和侵犯他人的自由,这反过来必然会招致别人和社会的反对与制裁。为了保障每个公民的合理自由不受妨碍和侵犯,社会就要制定一系列规则,以规范公民的行为。这正如荀子所言:"人生有欲,欲而不得则不能无求,求而无度量分界则不能不争。争则乱,乱则穷。先王恶其乱也,故制礼仪以分之。"这就是说,人人都在追求欲望的满足,如果不制定规则,社会就会乱套,其结果是谁也得不到好处。我们经常听到某某在某国不遵守旅游规则被限制人身自由,虽然身为同胞会有些同情,然其也是自食其果。因此,规则实质上是保护公民的自由；相应地，如果公民都具有规则意识，自觉按规则行事，则无论是对自己还是他人都是有利无害的，也唯其如此，每个公民才会真正享受到自由。

由此可见，规则意识的缺失是一个家、一个国乃至整个社会的悲哀。作为一个现代公民，规则意识应根植于我们的内心。然越来越多的媒体曝光：中国人规则意识严重缺失！“冠生园月饼”事件，“房地产买卖”黑幕……商场里的“货真价实”“童叟无欺”的永恒规则一次次被打破。而我们的甲 A 赛场呢？“假球”“黑哨”也无不是一波未平，一波又起；乘车不买票，不排队，闯红灯不遵守交通规则的现象更是随处可见。我们每天随意走在街上，仿佛踏入了毫无规则的“动物世界”，正是因为平时不注意规则，忽视遵守规则习惯的养成，国人在国外的不文明行为屡有发生，给国人的形象抹黑，以致在中国人出境游的主要目的地国——法国、德国、日本、泰国、新加坡等地出现用简体中文标出的警示牌：“中国人，便后请冲水”“请安静”“请不要随地吐痰”……当越来越多的中国游客走出国门时，“中国人”却成了不文明的代名词。所以，一个国家，只有规则是远远不够的，重要的是要让每个公民有遵守规则的愿望和习惯。有位教育家曾说过，良好的习惯是人在其思维习惯中所存放的道德资本，这个资本会不断增长，一个人毕生可以享受它的“利息”。中国知名品牌海尔，在它的厂区上下班时工人走路全部靠右边走，没有其他企业员工潮进潮出的现象，完全按交通规则。遵守规则于一个企业的发展如此重要，何况是一个社会呢？社会是一个整体，人与人之间遵守规则，会使生活变得愉快、和谐和安定。

规则意识的最高要求是遵守规则成为人的内在需要。在这种境界中，遵循规则已成为人的第二天性，外在规则成为人的内在素质。从规范向素质的转变，对于个人来说，意味着规则不再仅仅是一种外在强制，从而在某种意义上使人获得了真正的自由。按孔子的话来说，这就是“从心所欲不逾矩”。大家可能觉得这种要求太高，因为能达到这种境界的是孔圣人，其实不然。在国外，几乎人人都能做到这一点。中国入世首席谈判代表龙永图曾经讲过这么一件事：“我有个中国同事在联合国任职，他的孩子从小在瑞士长大。有一次大家在日内瓦湖上划船，我们代表团有个成员喝完可乐以后，顺手就把可乐瓶扔到湖里了，这在国内司空见惯。可是这个在瑞士长大的小孩当时脸色都白了，告诉了他的母亲,好像扔可乐瓶的人犯了很大的罪恶似的。"很多朋友去日本旅游、去英国旅游,回来都会由衷感叹:整个国家留给他们的最大感触是文明、遵规。这种现象不是一蹴而就的,而是一个民族几代人的努力才能改观的。

一家有规则一家强,一国有规则一国强,天下有规则天下强。愿我们都能遵守规则,每个人都能敬畏规则如同敬畏生命,并使之成为一种习惯,从心、从愿;从小、从老。相信明天的我们不用再无奈地叫喊着规则意识的缺失、教育的缺失……

二、规则教育的认识误区

规则精神的异化会导致规则教育的偏差,学校教育管理不同于其他社会管理手段的一个本质特点就是其教育性。这也是规则教育的精神所在,虽然一切校园环境包括规则都理应符合育人取向,但现实教育活动中,学校规则的"天然权威"不断受到争议与质疑,规则的价值不仅没有被发掘,甚至被歪曲理解进而步入歧途,成了反教育的工具,丧失了其内在诉求,学校规则已然异化。

规则教育中主体偏移。"学校规则在遭受抨击的同时,竟然毫无违和感地展现出等级权威的态势,用于调和交往双方的规则竟会是一方完全缺席的状态!规则被教育者当作权柄一样握在手中,强势地没收了属于受教育者的部分权利,让学生臣服于各种生硬的命令之下,学生丧失了主体地位,成了管理的客体、规训的对象。其实这种种命令与监督只能获得短暂的效果,因为学生没有身为规范主体的体验,不能将道德规则内化为自己的属性。"(宋晔、王佳佳:学校规则教育的伦理学反思,中国德育,2015.07)

(一) 规则教育目的论的功利化

任何事物的存在与发展均指向一定的目的,但若违背事物运行规律,无限夸大或不择手段地追逐目的,便走向了反面。在学校管理中有时会本末倒置,将规则视为目的,事实是"规则本身丝毫没有为我们提供目的"。(麦金泰尔:伦理学简史[M].龚群,译.北京:商务印书馆,2003)在规则教育中,如果认为规则教育是一种线性的过程,权衡规则教育的尺度和基准,应以学生能否在短期内表现出与规则教育所期望的外在行为,因而在规则教育中喜欢走捷径,想要立竿见影的效果,在剥离学生丰富人性的内涵中刻意地诱导学生听话、顺从和配合,以为这样就达到了规则教育的目的，并以此作为个人先进评选、职位升迁或谋求政绩的资本。此种做法，腐蚀了规则教育的价值，实际上削减了规则教育“使人成为人”的目的性，异化为压抑人性和求稳保全的工具，陷入功利主义的泥潭。

学校规则也绝不能代替目的，更不能凌驾于目的之上。在它不安于位的那一刻起，学校规则就丧失了其应有的教育性，异化成压抑学生天性的帮凶，异化的校规只看到学生行为是否符合学校规章制度，极度压缩学生的生理、心理的空间，而不管规则是否合乎人性，是否在履行它促进学生天性发展、道德成长的职责。“规则之上，或者说是秩序至上的理念氛围充斥着整个校园，控制着教育者的思维，把保证学校秩序作为学校规则的首要甚至是唯一目的。规则造就秩序，但现在秩序至上的倾向却显得本末倒置，受教育者成为了秩序之后的次要目的，我们应该清醒地认识到永远不能让人依附于规则成长，而应该让规则依附于人逐渐完善，否则规则会失去其内在价值，因为他们的价值正是在为学生发展提供条件的过程中实现的。”(宋晔、王佳佳：学校规则教育的伦理学反思，中国德育，2015.07)规则地位的僭越也说明了教育者如今只是在盗取规则权威、片面地利用规则资源，使学校规则的本体价值被遮蔽，呈现去道德化和非人性化的倾向。

(二) 规则教育决定论的异化

在决定论的语境中，因果效应在规则教育中的表现便是“规则总是有效的”“规则决定一切”“规则高于一切”，施教者认为只要建立了规则或制度便可万事大吉，就可达到自身所设想的结果。而且，不少人持乐观的技术决定论，认为技术就是解决规则教育现存问题的试金石，通过技术理性地可以提高规则教育的效果。霍布斯更是直言不讳地指出，人类的最大利益，就是各种各样的技术。对技术的崇拜，使得不少教育工作者用高科技手段维护过时、陈旧的规则以及低效率的制度，漠视规则本身的正当性，导致失效或无效规则俯拾皆是。

卢梭曾精辟指出：“人是生而自由的，但却无往不在枷锁之中。自以为是其他一切的主人的人，反而比其他一切更是奴隶。”(徐金海：论学校规则的伦理取向[J]. 湖南师范大学教育科学学报. 2009.4)在浓厚的功利主义的情结下，规则教育的终极目的并非指向学生的自由发展，反而约束和限制了学生的发展。目的论视域下规则教育的功利化，将学生视为遵守和执行规则的工具,学生成为规则的奴隶,在规则教育中扮演着道具或摆设的角色。此种"无人"或"人的缺席"现象,严重违背了人们创设和使用规则的初衷。

有些教师不顾学生的心理发展水平和认知风格,强求不同年龄阶段学生接受同质的规则教育,引发规则教育同质化与学生需求多样化的矛盾,不仅无法实现预期的目标,反而伤害了真正意义上的规则教育,异化了人们对规则教育的期盼。决定论视域中规则教育的异化,既无法保证规则本身的正义性或合道德性,也无法体现规则教育的针对性、具体性和有效性,冲击、腐蚀、瓦解着规则教育的魅力、动力与活力,其所带来的不良症候或危害不可小觑。

(三) 规则教育机械论的泛化

机械论者认为,机械运动是唯一运动的规律,事物的运动是以机械的形式展开的,自然界一切物体包括人体都是某种机械。这种疏离个体内在的思想世界、遮蔽人的主体意识及主体性发挥、标榜人与自然截然对立的思想投射在规则教育中,便是将学生视为一个客观对象存在的规制与外化的过程。在此种不良心态的驱使下,会有教师认为规则越多越好,越有益于培养儿童良好的行为与习惯,因而制定了数目众多的规则,"不准""不得""不许""不能""不要"等限制性语言充斥在规则教育的各个环节,他们惯于利用威慑的手段或强制性力量阻止违规行为的出现,总是"用各种办法尽量把少年'控制住'……不让他离开自己,怕他一旦单身独处时,就会在坏榜样和各种诱惑面前站不住脚"(苏霍姆林斯基.少年的教育和自我教育[M].北京出版社,1984)。"教师一旦缺席或撤销了外力的监督,学生可能会变本加厉,反其道而行之,滋生众多的'哪里有压迫,哪里就有反抗'的屡见不鲜的偏激行为或越轨行为,便是一个有力的讽刺。"(冯永刚:规则教育的偏失及匡正,中国教育,2015.7)机械论语境下规则教育的泛化,规则完全成为外在的价值尺度,使得教师仅从自身的角度"自上而下"地考虑和制定规则,制约了学生参与规则制定的主体性与自觉性,遏制了学生的探究精神与批判意识,无法使学生以积极主动的姿态参与到规则活动中,引发中小学生的抵触与反叛心理,落入貌合神离、阳奉阴违的形式主义窠臼中难以自拔。

第三节　规则教育的教育价值

一、规则教育,社会进步的必然需要

(一) 规则教育增强人们的规则意识

良好的规则意识是一个合格公民的基本素质之一,是每个公民追求和谐发展的目标之一,是新时期社会和国家发展的必要保障。谁漠视规则,就会漠视生活;谁理解规则,就能理解生活。在全球化的今天,规则无处不在,无处不用,从这个意义上说,作为学校德育工作核心内容之一的规则教育应在广度和深度上加以拓展,这是每个教师应当深思的。

古语有云:"预则立,不预则废!"规则是人类社会特有的与人类道德、行为、规范相关的契约,是人类总结归纳在人类社会出现以后人们在精神与道德方面通过共同的制约而促成社会文明发展的因素后沉淀下来的相关条文,其中既有以文字说明形式存在的规则,也有虽无成形文字但是却成为人们约定俗成所遵守的规则。无论是哪种规则,都是人们在长期的生产实践当中总结出来的规律或者经验,是对全体人类或者某一社会、某一团体的共同发展都有益的,因此人们需要通过自觉或者不自觉来遵守这些规则。

规则意识应该是公民意识中一项最基本的要素。通过有效的规则教育可以更好地发展人们的规则意识,包括生活中的耳濡目染的教育和学校中的教育,人们对于国家和社会的各种社会规则,包括法律、道德、宗教、风俗习惯等有更深刻的认识,因此也可以自觉地认同与遵守这些规则,从而形成较强的规则意识。从另一个角度来说,在规则教育中也涵盖某些对法律规范的教育,使人们可以从法治的角度进一步去明确对规则价值的认同,并且将规则内化为行为准则,从而形成一种规则意识与法律意识。无论是积极地遵守规则,还是消极地服从规则,其中都涵盖了公民的公德意识,也就是说,通过规则教育,也会在无形中提升公民的道德素质水平,从而使人们通过发自内心的遵守规则进一步促成全社会对规则的认同和自觉遵守,从而进一步推动规则的建设和完善。

（二）规则教育推动人们的主体意识

对于一个国家和社会来说，遵守规则是每个公民在享受国家和社会给予的权利的同时应该尽到的义务，而对于个体来说，遵守规则不但是自身应尽的义务，也是对维护自身利益与他人利益的一种行为。因此，只有当生活在某一区域或者国家的人们具有高度的规则意识，并且可以在实际的生活生产中努力遵守规则，才可能共同推动这一区域或者国家在社会、经济、文化等方面的高度发展。从某个层面来看，规则虽然不是促成国家或者社会进步的全部因素，但却是一个重要的因素，遵守规则使人们可以生活在一个更加有秩序和规范的社会当中，而一个规范有序的社会反过来会给人们以充分学习和发展的环境。

规则是人们在日常生活、学习、工作中必须遵守的科学的、合理的、合法的行为规范和准则。它是人与人之间、组织与个人之间、组织与组织之间彼此的约定。遵守规则是个体的人要立足社会必须具备的基本素质，更是国际交往中保证平等、诚信、交往成功的基础。如果一个社会当中有绝大多数的公民都具有较强的规则意识，并且在生活中可以做到自觉遵守规则，那么这些公民也会是具有较强责任心的个体，他们会对自己国家与社会的进步产生深切的关怀，这种关怀意识和主人公的集体主义精神也会促使他们为了维护社会的公平和正义而敢于抨击不文明的行为或者现象，他们会将同违反规则行为进行斗争视为自己应尽的责任和应当履行的义务。

"规则教育形成了教育活动的秩序，为教育自由提供了稳定的制度环境，确保教育自由沿着正确的航道稳步前行。反之，倘若缺失规则的指引和规约，不同的教育主体在追逐自身自由的过程中不可避免地损害他人的自由，极易陷入人人向往自由但人人均迷失自由方向的沼泽，教育自由难以体现。在学校教育活动中，规则教育是以保障和推进教育自由而存在的，绝非束缚或肃清教育自由的人为设计与创造。"（冯永刚：规则教育的偏失及匡正，中国德育，2015.7）

（三）规则教育形成共赢的良性循环

当全社会的成员都对规则意识有明确的认识，并且具有积极主动地参与到规则建设与完善的过程当中，那么他们自然而然地会对原有的规则做到自觉遵守。在这个过程中，人们会对既定的规则进行审视，无论是哪一个时期或者哪一个社会，规则都不是一成不变的，而是随着时代的发展与人们生活的变化作出相应调整的,所以人们应该遵守的是可以促成人类文明发展的规则,而不是制约人的发展和人的行为的规则。

当一个国家和社会的大部分成员都具有这样的意识,这个国家和社会就会变得越来越文明,在文明与民主的氛围中,会催生一切促成社会发展的因素,随着社会的不断发展,文明不断地提升,人们的规则意识也会越来越强烈,这样就会形成一种社会发展与规则意识相互促进和推动的良性循环。

社会发展对公民规则意识的诉求日渐强烈。公民规则意识是现代社会不可或缺的标志,是衡量社会文明程度的重要标准。公民如果有较强的规则意识,就能提高遵守规则的自觉性,正确行使自己的权利和履行义务,能在日常生活中提高同违反规则的现象作斗争的勇气。

我国经济改革以市场经济的发展正在越来越深化,市场经济是开放经济,市场体系必须有统一的调整手段和相应的规则。经济活动中的市场规则、经济规则意识的诉求也越来越强烈。市场运行有众多的规则,如生产资料市场规则、金融市场规则、劳动力市场规则、技术市场规则等。但是就是有人丧心病狂破坏规则用毒奶粉、假疫苗伤害人民,乱砍森林、排放污水等破坏生态。市场经济有效运行的内在要求必须有一个经济规则系统,只有遵循经济规则,人们才能立足社会,获得经济生活的保障。

二、规则教育,教育发展的必然需要

(一) 教育发展需要规则引领教育治理

规则教育是个体认识社会、了解社会并融入社会的初始,是促进个体社会化不可或缺的重要环节。一个没有规则的社会一定是一个失序、紊乱的社会。同理,缺失规则的教育,个体的行为举止便无章可循,文明素养和良好习惯难以有效养成,不仅无法稳固已有的道德建设成果或教育绩效,反而会制造新的教育纠葛与道德纷争,延缓、阻滞或中断正常的教育活动。由此可见,规则教育的重要性与必要性不言而喻。

《国家中长期教育改革和发展规划纲要(2010—2020)》中明确提出,要“培养大批具有国际视野、通晓国际规则、能够参与国际事务和国际竞争的国际化人才”。对于一个国家而言,特别是国家教育政策的制定者,都需要熟悉国际教育规则。尤其是在全球各国间的交往与联系日益频繁和密切的当今时代,教育作为一个国家发展与进步的重要决定元素,更是要融入国际化的轨道。因此,教育的发展也离不开规则,特别是国际规则的引导,在发展教育时,既符合本国实际国情和规则,同时也要吸纳世界先进国家,特别是在教育体制和教育理念具有成熟体系的发达国家的先进经验,从中做到取长补短,这是在遵守教育规则的基础之上,促成国家教育力量的不断发展,并且进一步实现教育强国的理想的重要措施和战略性目标。一方面,我们需要在教育中不断地引入先进理论;另一方面,我们也要在学校的教育当中注重引入规则教育,包括人类共同的规则与本国公民应该教育遵守的规则,从而使教育和教育对象都通过规则的引入与学习而获得共同的发展。

国家的发展与进步离不开人才,而人才的培养离不开教育,规则教育也是人才教育的重要组成部分,未来的人才竞争和国家竞争中,只有那些懂得遵守规则,并自觉遵守规则的国家和个人才能够真正在全球的发展浪潮中拥有一席之地,因此,教育的发展离不开规则的引领和治理,而人才的培育也离不开规则的引导与规范。

规则教育:推进教育自由不可或缺的制度支撑。崇尚真知、追求民主、推进自由是教育的基本使命与责任担当。尤其是实现教育自由,是一代代教育工作者不懈的追求。杜威指出,自由是教育的前提和终极目的,教育"要更多地给予个人以自由,把个人的潜力解放出来,这个观念和这个理想是自由精神永远存在的核心;它是和过去一样正确的"。从形式而言,规则和自由似乎是彼此对峙,水火不容。因为规则约束了个体的自主行为,羁绊了教育自由前进的步伐。透过现象究本质,不难发现,规则与自由实则难以割舍,二者统一于以人为主要对象和目的的教育实践活动之中。一如哈耶克的洞见:"人不仅是一种追求目的的动物,而且在很大程度上也是一种遵循规则的动物。"规则教育形成了教育活动的秩序,为教育自由提供了稳定的制度环境,确保教育自由沿着正确的轨道稳步前行。反之,倘若缺失规则的指引和规约,不同的教育主体在追逐自身自由的过程中不可避免地损害他人的自由,极易陷入人人向往自由,但人人均迷失自由方向的沼泽,教育自由难以体现。在学校教育活动中,规则教育是以保障和推进教育自由而存在的,绝非束缚或肃清教育自由的人为设计与创造。

（二）规则教育：让孩子更文明

规则教育更好地促成青少年儿童的发展。朱熹说，“圣贤千言万语，教人且从近处做去”。通过规则教育可以帮助学生养成良好的行为习惯，从而为更高层次的道德行为和体验奠定基础。

小学阶段是社会性和各种能力迅速发展的阶段。因此，在小学期间对他们进行学习能力以及规则意识的培养，将会促进幼儿的终身发展。而当今社会的家庭成员，由于教育观念的问题，对孩子的早期教育大幅度地倾向于智力投资，而往往忽略了道德品质、社会性能力等非智力因素的启蒙与教育。久而久之，孩子就表现得缺乏自制力，行为自由散漫，不愿受拘束，不能很好合作，易争执，发生攻击性行为等任性自私、不守规则的表现。为了让孩子能更好地适应小学以及更加长远地学习和社会生活，必须从小开始对他们进行规则的培养，建立规则意识，逐步明白规则既方便别人，又方便自己。新纲要中提出，小学生应理解并遵守日常生活中的基本的社会行为规则，并要求教师在共同的生活中以多种方式引导幼儿认识、体验并理解基本的社会行为规则，学习自律和尊重他人。

规则教育可以帮助人们形成一定的法治意识、规则意识，可以使人们更好地在未来的生活当中明确了解自己所拥有的权利和应履行的义务。如我国教育部出台的课程标准中，对于规则教育进行了明确的规定和指导，这对于规则教育来说是一种很大的推动作用。课程标准中关于规则教育的内容，都是以当今时代的发展和社会文明进步的需要作为背景，从中提炼出符合社会主流意识标准的价值观进行规则教育的具体化，使学生可以将规则教育与自己的实际生活联系起来，加强规则教育的效果，促成学生规则意识的内化。具体的教材内容如人民教育出版社《品德与社会》三年级第一学期第三单元设计的《我和规则交朋友》，上海科技教育出版社《品德与社会》三年级第二学期第一单元的题名为《维护公共秩序》，上海教育出版社九年级第二学期《社会》教材的专题3也是《熟悉社会规则》等，这些内容都与人们的实际生活息息相关，也可以从中引申出更为广阔的内容，因为规则本身就涵盖了许多生活领域，这也给教师的发挥提供了很大的空间，学生也可以通过这些具体的规则教育了解规则的含义，规则对于人们生活的重要性以及遵守规则可以为个人和他人带来的积极影响。通过规则教育，可以增强学生的公民意识和规则意识，提升学生的集体主义精神和主人翁意识，使学生进一步理解作为国家的公民应尽的义务和应承担的责任。

规则教育帮助学生适应社会生活。哈贝马斯认为，现代社会的结构已经实现了公共转型，公共生活成了现代生活的主要形式，这意味着现代人的时间更多被公共生活领域消费。在学校开展规则教育的最重要的价值就是学校具有比较典型的公共生活的形式，学校生活也是一种团体生活，通过在学校生活中的规则教育，可以在满足个体社会交往需要的基础之上，学会适应遵守既定的规则体系，从而使学校这个大团体中的各个成员之间的交往行为得到有效的调节和规范，也就是说，通过学校开展的规则教育，可以更好地发挥隐性教育的作用，使学生从日常的学习与团体活动中对规则形成潜意识的印象，使规则的内化程度更高。

儿童的规则意识和执行规则的能力是儿童社会性适应的基本内涵，关系到个人生活幸福和将来的事业成功，因此，对儿童进行规则教育具有现实意义，而且也受到普遍的重视。

（三）教育的发展离不开规则的支持

通过规则教育，使正处于世界观、人生观与价值观形成和发展过程中的学生逐步认识到学校教育有内在的、固有的、不以人的意志为转移的必然次序或稳定联系，明确教育教学活动中何者可为，何者不可为，为个人的行动提供了预期，是个体行为的指引系统，预防或根除了教育失序或违规行为。规则教育中包涉的价值准则和行为规范，为学生个人需求与学校纪律要求、师生员工之间、家校合作之间的矛盾或纠纷提供了规范和整合的运行机制，对规则的共识及共同遵守，可协调与化解冲突，营造稳定的教育格局，增进教职员工与学生之间的协同意识、平等观念和集体精神，孕育教学民主、教学相长的良好教育格局，为个体的自主选择与自由发展开辟宽广的发展时空。因此，规则教育既是中小学生身心健康发展的外在保障，也是教育有序发展、教育民主化的重要表征。遵循教育规律或规则办事，是教育由必然王国向自由王国推进的逻辑前提。

学校开展的规则教育首先就是以学校规则为基本的教育内容，学校群体规则是公共领域的“游戏规则”，这种规则既反映了整个集体的共同信念或者说是要共同遵守的信念，同时也以一种团体默认的形式达成共同契约并在群体当中发挥约束集体行为和提升个体道德行为的作用。这种规则的制定是在遵守整个社会需要共同遵守的规则基础之上制定的，需要符合社会对于个体的行为和道德规范的要求，但同时这种规则也具有一定的特殊性，即它同时又以校园这个公共领域中每个个体的生活经验以及全部成员的共同需要为前提，通过这种规则对于每一个处于群体中的个体进行约束的同时，也在为个体和群体的共同发展提供良好的外部条件和团体氛围，从而使个体在和谐的集体生活当中完成由这个小公共领域向社会这个大公共领域过渡的过程。

三、规则教育，生态文明的必然需要

生态文明，是指人类遵循人、自然、社会和谐发展这一客观规律而取得的物质与精神成果的总和，也是指人与自然、人与人、人与社会和谐共生、良性循环、全面发展、持续繁荣为基本宗旨的文化伦理形态。

（一）规则教育可以促成可持续发展

随着工业文明的推进和科学技术的进步，人类社会创造了超过以往所有时代的物质财富，改造自然的能力空前强大。征服大自然，榨取大自然，单向地向大自然索取成为传统工业文明的主流意识，带来了资源枯竭、环境恶化问题。

从 20 世纪 70 年代开始，发达国家开始注重将国家经济的发展与环境保护结合起来，并通过环境立法、对环境标准严格要求、加快产业结构调整等一系列政策，促成了环境质量的改善。不同的国家虽然有不同的法律体系、社会制度、文化习俗、自然条件和经济科技水平，而且在环境污染的程度和特点上也不同，对于改善环境方面所采取的手段也不尽相同，但是从各个国家对于环境保护重视以及防治的手段和策略来看，都是通过立法或者相应的标准规范来加大环境的保护和治理力度。从这一点我们可以看出，要想从根本上改善环境，促成人类的可持续发展，都需要人们遵守相关的法律法规。

生态文明的建设是人类社会发展到一定程度和水平的产物，也是人类从道德层面上整体提升的一个标志，生态文明涉及非常广泛的领域，包括政治、经济、文化和社会等，康德说：“人是目的，人要永远被当作目的来看待，决不仅仅被当作手段来使用。”规则为人而生，规则之本只有经由“人”才得以彰显，规则教育可以从一个比较基础的层面促成

个体对所生存的空间及生态文明进行比较深刻的思考,从而使个体了解到只有国家和社会的每一个个体努力遵守规则,在规则的约束下,共同维护生态环境的不断优化,才能真正使人获得发展,使社会文明得到更大进步。

(二) 规则教育可以促成人与自然的和谐共处

人与自然的关系是一个永恒的话题,自然为人类提供栖息和繁衍的场所,生命与人类的出现也在改变着自然,在人类社会高速发展的今天,人与自然的和谐相处更显得珍贵与重要。人类社会的发展离不开自然提供的资源,在利用资源的过程中,人类也在不断地认识和适应自然,同时也在不断调整与自然的关系,但最终人类与自然的关系是以和谐共处为发展趋势的。

因此,人类社会是在遵循自然规律、尊重自然的前提下获得发展的,如果人类不懂得遵守自然法则,那么就会使自然遭到破坏,人类自身的发展也必然会受到影响。大自然本身也存在着一定的规则,这套规则不以人的意志为转移,人类如果强行破坏这套规则,也会受到相应的惩罚。为了使人们更好地遵守自然规则,人们会在这套自然规则的基础之上,融入人类社会的规则,并在规则教育的作用下,尽量使全人类,使世界各国都可以遵守与自然和平相处的共同约定。人与自然的和谐相处不会使人类社会的发展受到阻碍,相反,还会使人类因为与自然共存而获得自然慷慨的馈赠。因此,规则教育可以促成人与自然的和谐相处,使人们自觉遵守自然规律,从而建设更加强大美好的生态文明。

(三) 规则教育可以促成人类文明的幸福延续

人是万物之灵,之所有人有灵性,是因为人类有爱,有爱使人幸福,亚里士多德在《尼各马科伦理学》中所说:"只有幸福才有资格称作绝对最后的,我们永远只是为了它本身而选择它,而绝不是为了其他别的什么。"幸福是人类的生命指向,为了心灵的充盈与精神的飨足,而不只是种种狭隘的世俗目标,它建立在对存在意义的体悟之上,代表着更加卓越的生活与更完善的生命。

生态文明最根本的目的是使人获得幸福,规则意识的培养并不是作为一种控制手段,禁锢人们的思想,而是为了让人们向着更加幸福的方向发展所体现出来的一种自律精神。幸福是人们追求的终极目标,规则就是推动这种目标加速实现的动力。

因此,规则教育是使人们形成正确的规则意识,对于遵守规则有比较理智和成熟的认识,规则教育可以促成生态文明的发展,从而实现人的发展,并进一步帮助人获得延续幸福的能力。

第二章　学校规则教育的探索实践

第一节　走向规则教育

一、规则教育蕴含的道德意义

遵守规则是现代人的重要品质，也是现代社会道德的重要德目。规则教育是社会现代化发展的基本要求。这为学生一生发展奠定良好道德品质基础。政治上要讲规矩，经济上要讲规则，社会生活也要讲规则。各种规则应该是道德的具体体现。规则教育是法治社会建设的需要，也是学校教育培养现代人的需要。

皮亚杰的儿童道德发展理论认为，道德首先表现为一套规则系统，而不是一组美德，其次这套规则系统是理性建构的产物，重要的不是儿童对规则的遵守，而是儿童对遵守规则的意识反映了他们特定的道德理性能力。[张小莲：皮亚杰儿童道德发展理论对儿童规则教育的启示，宁德师专学报(哲学社会科学版)，2009 年第 4 期]

在传统的行为规范教育中强调的是纪律教育。纪律是在一定社会条件下形成的，要求人们在集体生活中遵守秩序、执行命令和履行职责的一种行为规则。纪律是指惩罚；纪律是指通过施加外来约束达到纠正行为目的手段；纪律是指对自身行为起作用的内在约束力。(参照《思想品德》七年级下册)纪律具有社会性、历史性、阶级性和强制性的特点。纪律的他律作用，纪律强调约束和限制，倾向于对行为的规约与铸造，纪律必然带有强制性，是以行为的限制、服从为前提的。

学生从入学起就开始接受行为规范，当行为规范变成使教学和师生关系处于一种僵化状态，教师站在讲台上就是讲解、提问、呈现、灌输,学生则背着双手坐成一排一排听记、回答、应对、接受,这样导致教学的主体——学生的主观能动性乃至个性受到抑制,将充满人性美、最富有个性的学习和创新活动变成了枯燥、机械、虚假的应试训练,这种失落学生个性的罪魁祸首,正是没有灵魂的纪律制度。

学校需要有一定的纪律,学生也需要有一定的纪律约束,但过分地强调纪律,必然会扼杀学生好动的个性和活泼的天性,必然会束缚学生的思维空间和想象能力。在课堂上,教师能不能大度一点儿,豁达一点儿?能不能给学生一个比较自由的空间?能不能给学生一点儿言行的灵活性和自主权?是否允许孩子不坐端正?再比如:我们能不能允许对已经掌握了教学内容的学生学习课外内容?微软公司提出"星期五"工作法,即员工上班可以不穿套装,他们可以穿适合自己个性的衣服,因为心理学家经过研究发现,上班穿统一服装会影响工作效率!从而使每个人的个性得到很好的发展。

如果没有这种僵化的传统行为教育,学生就会有主动参与学习的积极性,学生就会觉得学习不是一种负担,而是一种乐趣,学习气氛就会活跃起来。在这种和谐的教育环境中,师生相互宽容、相互探讨,消除了学生对教师权威、意见与批评的顾虑,心理轻松、自在、愉悦,各抒己见而不担心违反所谓纪律,敢于进行非逻辑性的"异想天开",求异性的"见异思迁",发散性的"举一反三",才能培养学生的创新思维。传统行为规范教育这种只重视角色教育而忽略对人自身教育的结果,必然是重共性轻个性、重义务轻权利、重服从轻自主、重外在的纪律轻内在的能动。传统的行为规范教育个性受压抑,而使得个性没有得到全面、健康发展的人,就不敢"为天下先",就只会去做那些别人做过的事,而不会去做别人不做的事。没有个性就没有独特性,没有独特性怎么会有另辟蹊径的创造性?!当一个民族压抑个性形成习惯时,是多么可怕,这个民族怎么能创新?而纪律就会极大地限制个性的发展。

学校教育要从注重外在的行为规范转向内在的规则教育。福柯认为,纪律就是一个评价体系,"是一个监督、筛选和奖励机器"。(米歇尔·福柯.规训与惩罚[M].北京:生活·读书·新知三联书店,1999)相反,真正意义上的规则强调的内容指向个体的主观认同和发自心灵深处的拥护,如忠诚、关怀、"己所不欲,勿施于人"等指向内心法则的领域。因此,在学校规则教育就是从纪律,主要关注的是外显的行为,走向道德,侧重关照学生的内心世界和灵魂层面的自主道德。

我们的教育要从规定走向约定,这也是纪律教育与规则教育的仰赖形式之分。纪律的要求一般是由上至下的,包含一种强制的作用力。纪律具有明确的条文、规范,有明确的行事准则,这一点也常束缚了学生的自主性,使得纪律教育具备他律性,而缺乏自主性。对于纪律来说,常常具有限制性,不存在变通性。教育者便成为实在的权威对象,这必然导致权威的权力下移和权威力量的弱化。规则,具有道德意义,是有约定形式的行为自主,是靠一种群体意志共同促成的结果。这种群体意志便可称为"权威"。权威是规则教育中的法宝,是使人心所向的原因。这种作用力不再是简单粗暴的支配技术,而是依靠一种条文的形式,以一种人们主动沿袭、不断生成与更新的习惯等方式,让人们团结协作。

在学校中,规则教育利用环境、各类案例和权威引导,帮助个体达成内心与思维的完善和发展,从而完成道德自律,当走向社会时,学生才能做到"从心所欲不逾矩"——道德自由。在学校教育中,纪律是初步的道德教育,是对道德知识的宣讲、传播,以及对道德行为的简单规约,更是对道德舆论的控制和引导;规则则是在纪律教育基础上的升华,是对道德知识走向现实化的模拟,是学生走入真实道德生活的桥梁,是学生由道德他律到道德自律并最终走向道德自由的标志。纪律与规则二者在促进个体道德品质的发展上有一个渐进的过程,是相互助益、不可分割的两个步骤。可以说,纪律与规则是帮助个体道德品质逐步提升的两个重要进程。正是因为规则所蕴含的道德的权威性,能让纪律的规定得以落实,使受教育者得以从"小屋"(纪律)扫起,继而扫"天下"(道德),得以从道德他律向道德自由靠拢。教育大师叶圣陶先生有句名言,"凡为教,目的在于达到不需要教"。

二、学校教育中规则教育的凸显

规则教育,简单一点来说,就是教育学生"不能做什么"。了解法律常识、具备公德心、诚信待人,这些都属于规则教育的要求。对比"纪律教育",规则教育没有那么多的强制性要求,没有过多地用"纪律"来限定学生,而是更多地寻求学生思想行为上的接受、理解,让学生潜移默化地遵守规则。就这点来说,规则教育比纪律教育又向前迈进了一大步。

规则教育也应该是我国基础教育的重要内容。这是个体认识社会、了解社会并融入社会的初始，是促进个体社会化不可或缺的重要环节。守规则的生活应该从学校的规则化生活开始，应该作为学生文化修养评价的重要维度。判断一个人有无组织性、纪律性就看其是否守规则，能否按规则办事，这是对一个人德行修养的重要观照，体现着学校德育的重要内涵。此外，规则教育还有着十分广泛的内涵和空间。从内容来看，主要有交通规则教育、环境保护教育、社会公德教育、垃圾分类教育、安全常识教育等；从区域上看，主要有自理规则、班级规则、学校规则、家庭规则、社会规则等方面的教育。当前，上述内容正作为专题性教育内容开始融入学校日常教育中，但更多的只是为了应付上级的检查而做的应对而已，并未形成一种自觉的行为。由于缺乏良好的课程规划，且未能受到学校足够的重视，规则教育的实施效果并不理想。例如，学校虽然聘请了当地警官担任“法制校长”，但更多的只是专题报告，缺乏合理的教育方式，也没有形成常态化的要求，因而收效甚微。

规则教育是一种全社会共同的事业，需要家庭、学校和社会三方联动，共同努力。而作为规则教育主体之一的学校责无旁贷，应该高度重视、积极构建规则教育的培养策略，为未来社会培养合格的公民服务。一是从“知、行、信”三个层面规划规则课程。一方面，课程是学校教育的心脏，需要将规则与各种显性和隐性的课程整合进行开发，融入各个学科和相关学校教育活动中；另一方面，通过张贴标语、学校长廊文化等隐性课程进行构建，将规则教育融入常规的教育教学活动之中，组织起所有可能的力量参与规则教育的内容设计、课程实施和相关评价。

二是建设规则文化，引领大家“知规则、信规则、行规则”，让守规则成为学校成员的共享信念和共同行为。知、信、行属于不同的层次，我们需要在每一个层面设定具体的课程内容和操作体系，做到提升认知、引领行为和培植相应的信念。首先，要将规则教育内化于常规教育教学中，培育大家的规则共识；其次，引导大家把守规则当作人生的信念，使其自然而然地以此作为个人行为的准则；最后，将内化于心的规则信念，转化为外化于形的自觉行为。当守规则的文化形成之后，学生、教师和家长生活其中，自然就能做到自觉坚守。

三是将规则教育融入学校的空间设计中。学校空间设计是规则教育的重要影响因素。规则生活需要空间环境的支持。反观当下学校空间布局，最为突出的问题在于学校活动空间功能不清，缺乏独立的功能分区，学生只能在走廊、楼道、操场和运动场混合活动。同时，由于多数学校空间拥挤，客观上为规则教育的实施制造了障碍。为此，更加需要有明晰的规则去保证学校教育活动的实施。规则教育应该在活动中习得，过规则的生活才能培育守规则的习惯。

四是需要建构一种相互提醒的同侪文化。同侪文化是个体成长中的重要课程，同伴之间的相互学习与监督是提升规则意识的重要路径。学生是正在成长中的个体，兴趣、爱好、态度、价值观等方面处于初步塑型期，他们交往频繁，时常聚焦，彼此间有着很大影响，甚至有可能超过父母和教师的影响。因此，学校要充分利用同侪文化的影响力，积极构建守规则的同侪文化，创设需要有规则维系的各种校内外活动，引导学生过有规则的同伴生活，才能形成有规则的共同体，使每个学生都能得到最好的发展，在相互学习与监督中自觉"知规则、信规则、行规则"。

五是尊重生命个体发展的规律。我们知道，每一个孩子都是独一无二的生命个体，每一个孩子的成长环境都不尽相同，这些个体生命在性格、习惯等方面就存在着差异，因此，教育的手段和方法就要因人而异。学校教育更应关注这点，教师要有教育的智慧，不能把对一个学生的成功教育经验生硬嫁接到另一个学生身上，那样做有时不但没有教育效果，反而可能会给学生留下心理上的阴影和伤害。关注个体差异，因材施教，需要教育的智慧。"每个孩子都是花的种子，只不过花期不同，有的花，一开始就很灿烂地绽放，有的花，还需要漫长的等待……"让我们秉承对生命的尊重，对教育规律的认同，以一颗对规则教育的虔诚之心，静待春暖花开。

规则教育是守护社会精神文明的底线，是良好社会秩序赖以存在的重要基础，内在地反映了一个国家或群体的文化取向。今天学校有什么样的规则教育，未来社会就有什么样的文化秩序和精神文明。显然，我们还有很长的路要走。

第二节 国际规则教育的借鉴

《国家中长期教育改革和发展规划纲要(2010—2020)》中明确提

出,要“培养大批具有国际视野、通晓国际规则、能够参与国际事务和国际竞争的国际化人才。清华大学何茂春教授在“教育要遵循国际规则”一文中指出,“教育创新莫过于理念和法制的创新,没有这两点,谈其他的创新都是小创新,不是大创新。大创新是什么?是今天全人类都遵守的教育开放、透明、平等的游戏规则,就是非歧视的规则,就是权利和义务平等的规则。”

一个国家规则意识的强弱从侧面反映出这个国家文明程度的高低。规则意识是当今和谐社会的发展要求,我们要通过对国外文明社会规则意识以及国内外规则教育的对比,提出要加强学校规则教育,强化公民规则意识,努力使社会成为一个人人都遵守规则的高度文明的社会。

世界上许多国家十分注重规则教育,借鉴各国规则教育,有利于我们学校开展规则教育。

一、瑞士人讲规则世界公认

琳达带一条小狗回瑞士。按照瑞士法律,养狗需要到宠物协会登记,并交纳 80 瑞士法郎。她想今年只剩下不到两个月的时间,为省点钱就一直没给小狗办领养证。可是她女儿觉得按照规章制度给小狗办证是理所应当的事。面对女儿纯真的要求,琳达觉得省这笔钱很惭愧。“瑞士人极讲规则,这是世界公认的。这里的学校没有政治课,但同学们都很遵守规矩,热爱自己的国家。在小学低年级时,瑞士老师就对孩子们进行遵守交通规则和保护环境的教育,但不是讲大道理,而是具体教他们怎么过马路、遇到紧急情况怎么处理、如何帮助家长进行垃圾分类、在公共场所如何保持文明举止等。”[郑鲁、孙希:中外规则教育对比,中小企业管理与科技(上旬刊),2009.7]瑞士的小学校要求每个孩子都准备一双干净的鞋子放在教室里,孩子在户外活动后回到教室必须换上干净的鞋子,以保证教室的清洁。在教室门口,每个孩子都有一个小格子,上面贴有姓名。孩子们进教室前都会将自己的外衣和杂物整整齐齐地放在自己的格子里。所以,每个小孩从小就养成了整洁和爱护环境的习惯。在瑞士,城市交通是否顺畅与马路的宽度不相干。瑞士的城市都坐落在阿尔卑斯山脉的山旮旯里,马路狭窄,多数是双向单车道,但交通之顺畅居然世界闻名,诀窍全在行人与车辆的默契和单行线设计的合理。

瑞士的规则教育从小抓起,从生活着手,具体明确,孩子们容易学,也容易模仿。

二、挪威最适宜人类居住的国家

从 2001 年以来,挪威多次被联合国评为最适宜人类居住的国家。挪威的宜居,不但在于自然环境的优美,更在于挪威人从小学开始就接受的规则教育所创造的人文之美。在挪威人看来,孩子是挪威的未来和希望,只有孩子懂得并且遵守规则,挪威才能以强大的软实力屹立于世界民族之林。因而,挪威从小学开始就对孩子进行规则教育。挪威人认为:"规则是文明社会的标志,是一个社会得以健康运行的润滑剂。"(Svein Kyvik. The Merger of Primary School in Norway[J]. Elementary Education,2009(1): 56.)

挪威的小学生所分类的垃圾,整齐美观,废旧报纸、图书之类的垃圾,挪威小学生会将其捆绑得井井有条;锋利容易伤人的垃圾,挪威小学生会用布或者纸张小心包好;饮料瓶之类的垃圾,挪威小学生会把里面的水分控干;杀虫剂的瓶子,挪威小学生会在其上面扎个孔以避免爆炸。挪威小学生通过教育,知道什么时间该扔什么垃圾。挪威道路两边没有垃圾箱,只在特定的地方设有专门的垃圾回收站。一到特定日子,挪威人就会把垃圾送到政府指定的回收站。挪威小学生送到垃圾回收站的垃圾袋,其袋口捆绑得非常结实,目的就是为了防止乌鸦之类的动物把袋口弄开。挪威的垃圾分类教育从小学抓起,在挪威取得了良好的效果。挪威根本没有垃圾遍地、污水横流的现象,即使大型的群众聚会结束之后,地面上也找不到垃圾。

挪威用小学生易于接受的方法进行社会公德教育。挪威人告诉小学生在旅游景点不要乱刻乱画,旅游景点就如同人,乱刻乱画会让其感到很痛苦的;在公交车上见到老人和孕妇要让位,老人就如同家里的爷爷奶奶,为家庭辛苦了一辈子,应该受到这样的待遇;小学生当年也曾经在妈妈的肚子里待过,如果妈妈在公交车上出现意外,还没有出生的孩子就非常危险;在公众场所不要大声喧哗,不要在排队时加塞;如果小学生在学习时有人在一边吵闹,他肯定不能专心学习;如果小学生在排队时有人在他前面加塞,他肯定会感到不舒服;在街头见到有人需要帮助,要施以援手,因为小学生也随时会有需要别人帮忙的可能。挪威小学不但教育学生要注意社会公德,而且还教育学生见到违反社会公德的事情要及时制止，因而，在挪威，一旦有人违反社会公德，马上就会招致民愤。挪威小学的老师经常带学生去进行一些实践活动。在活动的过程中，老师身体力行，结合实际情况，适时地对学生进行社会公德教育。

挪威小学规则教育富有成效，对挪威小学生的未来发展影响深远。在挪威人看来，孩子是挪威的未来和希望，只有孩子懂得并且遵守规则，挪威才能以强大的软实力屹立于世界民族之林。因而，挪威从小学开始就对孩子进行规则教育。

三、严谨著称于世的德国

德国人经商也严格遵守诚信规则。无论是在大城市，还是中小城市，商店里的商品没有假货。你所购买的东西，不必担心是假冒伪劣商品。德国除了政府制定了严厉惩处制假者的法律和措施外，关键是销售者能讲究信誉，遵守诚信经营之道，真正把顾客当作上帝来看待。

德国人的讲规矩举世闻名，无疑这和德国孩子从小就接受系统、正规的“规则教育”息息相关。在德国人看来，“规则教育”既是对孩子“意志力”的训练，又是德国式素质教育的有机组成部分。德国大文豪歌德在一篇回忆录中就提到，在他开始蹒跚学步之前，曾在床上违反了妈妈的“不准将小脑袋伸进床栅栏”的规矩，导致小脑壳尴尬地进退两难——他还动情地声称，这可是他接受的因不守规矩引发的第一个教训，实在是“永世难忘”啊！

德国的规则教育深入浅出，从生活事项做起，随时随地，无处不在，循序渐进，同时不忘尊重孩子个性，不搞强迫体罚。每每在孩子着手做事之前，老师或家长便会把种种“规则”向孩子讲明，同时也允许孩子提出反面意见。在“规则”允许范围内的自由，孩子便可以根据自己的个性或意愿去做他喜欢做的任何事。实际上，这样孩子往往不仅工作完成得较顺利，而且相关的“规则”也遵守得较好。

四、规则，自由孕育其中

提起美国教育，我们会想到永远充满鼓励、自由轻松的学习氛围和朋友式的教师。美国中小学生无论是席地而坐、参加大型活动，还是课间换教室、上校车等，极少有交头接耳、嬉戏打闹、搞小动作的现象，有的是专注、热情、耐心、自觉和自然。每一个活动区域都是安静、有序的，每一个学生都懂得发表看法前要倾听别人的发言。即便是小学生，也无需老师的提醒和监督,便会在上完手工课后自然地把剪刀、橡皮泥等工具放回原位,把垃圾带走,让一切恢复原貌。"良好的待人接物、学习生活习惯源于美国学校对规则教育的重视、对规则意识的培养、对行为的导引以及对规则和自由关系的辩证统一的认识","规则,自由孕育其中"。"美国一直是一个倡导个人权利和自由的国家,但同时也极为强调个体对他人的尊重和对规则的遵守。有了彼此共同认可的规则,才会有每个人的自由。"(苏虹:规则,自由孕育其中——美国规则教育观察及启示,人民教育,2012. 1)他们注重的 CORE RULES(核心规则)如下。

1. Respect: Be respectful of yourself, others and property.(尊重:尊重你自己、其他人和财产。)

2. Responsibility: be responsible for your learning, actions and environment.(责任:对你的学习、行动和环境负责。)

3. Pride: Be proud of yourself and your school.(荣誉:为你自己和你的学校感到自豪。)

4. Safety: Be safe in all you do.(安全:确保你所做的事情都是安全的。)

这些规则和要求都非常具体,可操作性强,又润物细无声,让孩子随时都能感受到正确的行为要求,并且许多要求让人感到亲切,充满鼓励和人性关怀。Nobody cares if you can' t dance well. Just get up and dance.(没有人关心你跳得不好,站起来,舞起来就好。)Of all the things you wear, your expression is the most important.(你的神情胜过你的穿戴。)同时在活动中,教师始终以积极的态度、亲切的语言、充满智慧的行动,鼓励孩子自觉遵守规则和要求。

美国学校的规则教育重视规则的具体适合孩子。中小学生的年龄范围从 5 岁到 18 岁,即便规则要达到的目标相同,其表述的内容、方式也应该是不同的。从小就好像为小孩子的成长搭了个支架,孩子只要按照规则去做,天长日久就会养成好习惯。而且规则的指向性明确,规则始终指向具体行为,即便是学校核心价值这种宏观表述也要指向具体行为。小学一年级教室里看到以下规则:"我的双手是温柔的,我的话语是善良的,我认真倾听,我可以控制自己。"这些规则明确表达的是对学生积极正面行为的期望,传达的是深层的尊重自我和尊重他人,帮助孩子树立有能力遵守规则的信心。把遵守规则和荣誉感相结合，规则的目的只有一个，那就是培养学生们学会尊重自我，尊重他人，有责任心。

美国学生规则侧重于在具体情境中对学生提出具体行为规范，指向可考查的具体行为，行为导向明显。美国学生规则注重的是个体在学校生活中的权利与义务，围绕学生在校的具体生活，从交往、纪律规范、问题处理等细节展开。美国学校的规则教育强调务实的精神。

五、日本的“不给别人添麻烦”

日本人具备良好的社会规则意识和井然的国民秩序，给世界人民留下了深刻的印象。而这得益于日本家庭和学校从小给儿童灌输的“不给别人添麻烦”这一理念。

儿童社会规则意识的形成，首先要让儿童认识到社会上存在的各式各样的规则，这也是所有教育的基点，正所谓“没有规矩，不成方圆”，从公民个体到国家整体，都需要规则与法治。

“不给别人添麻烦”，这句话出现在日本小学生《社会生活教育》第一章第一节。让别人不快、让别人担心、让别人操心，都属于“给人添麻烦”的范畴。日本人不轻易表露自己的悲哀，反而对因自己的悲哀而让别人担忧和牵挂表示歉意。此外，不给别人添麻烦也可以解释日本人的忍耐力和自律，在其 2017 年第 2 期课程育德精神中，随地吐痰、大声喧哗、插队、乱扔垃圾等都被视作给别人添麻烦的行为。当这种社会行为规范变为大多数人的自觉意识以后，少数“不拘小节”的人也会慢慢自律起来。因此，在“大地震”来临时，“一切都很特殊，他们却仍然排队，有条不紊”。

日本的这些研究成果告诉我们，要促进儿童的社会性发展，就应结合与某种生活内容或生活方式相应的社会性教育目标，挖掘日常生活中不同活动的内容和方式的教育价值，培养儿童的规则意识。

第三节　钱圩文化孕育规则教育

《一个书香世家的千年回眸》——金山钱氏家训中记载道“欲造优美之家庭，须立良好之规则”。家训是指对子孙立身处世、持家治业的教诲,它是中国传统文化的重要组成部分,也是家谱中的重要组成部分,它在中国历史上对个人的修身、齐家发挥着重要作用。

“内外六间整洁,尊卑次序谨严。”这句话的意思是说,想要家庭幸福,就必须建立良好的家规。家的里里外外都要干净整齐,长幼尊卑的次序也一定要严格遵守。这句话强调了规则教育的重要意义,对于孩子们来说,可以大致理解为要遵守规则。这句话中的“六间”指的是家族聚居的地方,“尊卑”指的是家里的主仆之间的关系。虽然这两者在今天已经失去了原有的价值,但是重视规则教育这一点还是值得我们认真思考的。

家规和家训都是强调整饬的规则,“内外六间整洁,尊卑次序谨严”说的也是规则的问题,只是更加微观。规则是运行、运作规律所遵循的法则。比如每件物品都有一个位置,每件物品都在它的位置上,这就是规则。而对于社会来说,每个人都有一个位置,每个人都在他应有的位置上,这也是规则。

在我们生活的周围,规则无处不在。每天早上,公交车开始按照固有的间隔一趟趟地发车,公路上的车辆和行人虽多,但都按照红绿灯的要求在有序地运转。“没有规矩,不成方圆。”可想而知,一旦失去了规则,我们的生活将会是什么样子。在我国古代,规则的遵守是通过硬性的法律和隐性的礼仪来实现的。从个人到家庭,从社会到国家,从生产到生活,从言论到行为,无不为礼文化所包容、所调整。秦砖汉瓦,编钟乐舞,宫室殿庭,天坛圜丘,是礼的物质遗存;汉唐明清的众多礼典是礼的精神遗存;事长以礼,尊师以礼,是礼的规范遗存。这些礼与各种法律一起维护着社会的基本秩序。父母要想使自己的孩子成长为一个守纪律、有作为的人,就要让孩子明白秩序与自由之间密不可分而又相互依存的关系,让孩子们理解:自由是在一定的秩序之内才可以存在的,如果没有秩序的约束,将无自由可言。

钱永刚是我国著名科学家钱学森的长子,他长期从事计算机应用软件系统的研制工作,是高级工程师、上海交大兼职教授。钱学森和夫人蒋英对孩子的教育非常严格,当然,这种严格的教育多数都是通过言传身教来实现的。钱永刚在接受记者采访时曾说:“如果说我们家有什么教育秘诀的话,那就是‘不教育’。我们家要说‘言传’,几乎没有,主要靠‘身教’。”事实正是如此,钱学森为国家的科技事业作出了巨大的贡献，可是他本人却一直穿一件黄色的军装，外面披着黄色的大衣。他的衣服虽然很旧，但是却非常干净。他的书房也是如此，不但干净，而且整饬有序，很少出现东西找不着的时候。航天工业部财务司前任司长亓英德回忆说，钱学森是很有生活情趣的人，喜欢听古典音乐，家里收拾得干干净净。“钱老每天早上起来打扫卫生，还会自己刷马桶。”有一次，家里的炊事员很郑重地对钱永刚说：“你父亲是个有学问有文化的人。”接下来炊事员所说的一番话让钱永刚印象尤为深刻。他说：“你看你父亲每次下来吃饭，都穿得整整齐齐，从来不穿拖鞋、背心。这是他看得起咱、尊重咱！”这番话让钱永刚感慨万分。在钱学森夫妇的影响下，钱永刚也养成了重视秩序的好习惯。他和父亲一样，一直保持着吃饭要穿戴整齐的习惯。钱永刚还非常勤劳，从很小的时候，就每天都会打扫楼前的空地，早晚各扫一次。钱学森夫妇严格的家教，对钱永刚的健康成长可以说是居功至伟。

《钱氏家训》作为钱家先祖后唐时期吴越国王钱镠留给子孙的精神遗产，对钱氏家族的后人来说可以说是无价的宝典。这篇家训分个人篇、家庭篇、社会篇和国家篇，教导一代又一代的钱氏族人修身、齐家、治国。可以说，《钱氏家训》不只是钱氏后人的行为准则，更是留给每个中国人的宝贵精神遗产，是我们每个中国人都应该认真学习的成长训言。

而钱氏族人自己对《钱氏家训》更是推崇备至。钱永刚有一次在接受记者采访的时候，还特意说起了自己名字的来历。他告诉记者，由于钱家支脉较多，故曾有家规，从第 30 代孙起启用家谱“继承家学，永守箴规”，而这八字箴言也因此成为钱学森一家的家训。“永健（钱氏族人，2008 年诺贝尔化学奖获得者）的子女，至今还都是按照这个原则来命名的。”由此可见《钱氏家训》在钱氏族人心目中的地位。

中国现代著名史学家钱穆先生幼时家贫，就是赖以《钱氏家训》，才得以读书识字。1895 年，钱穆出生于七房里的长房——“五世同堂”之家。无锡钱氏有条家规：良田十万亩，每房儿子，均可分得一万亩；有了孙辈，则从各房儿子的土地里再分，代代沿袭。由于人丁兴旺，到钱穆的父亲钱承沛时，“五世同堂”之家已日益贫寒。但是族人遵照《钱氏家训》的教导，对他们家进行提携，钱穆才实现了自己的启蒙教育，并进一步成长为史学大家。

钱学森和蒋英夫妇对孩子的教育之所以成功，可以说正是家规和家训的巨大影响使然。他们保持家庭整饬洁净的做法,也正是遵从秩序的表现。

自由和规则就像天平的两端,自由过多,秩序就会变得混乱;而假如秩序那一头"管"得紧,人们的自由感就会相应减少。所以在自由与规则之间,必须寻求必要的平衡,尽量做到两全其美。而从单个人来说,同样也要寻找守纪律和发挥自己个性之间的微妙平衡。

科学研究表明,孩子在出生后的几个月内,就会进入规则感渐增的时期。很多父母会发现,自己的孩子常常有喜爱整齐的倾向。孩子们尽管年龄小,无法用言语明确表达自己的意思,但是如果将他们置身于混乱之中,他们也会经常表现出痛苦的情绪。可以说,孩子们比大人更容易察觉秩序的混乱。

因此,作为学校教育者,我们应当抓住这个契机,尽可能多地培养孩子的规则感和纪律性。如果孩子从小就能养成重秩序、守纪律的习惯,那么就会像拥有坚固地基的建筑物一样,能够在将来的成长过程中构筑稳定的人格。虽然规则不代表善良,却是通往善良的必经之路。因此,人生初期的规则感很重要,它将对孩子的一生产生重大影响。

俗话说:"没有规矩,不成方圆。"父母要让自己的孩子守纪律、懂规则,就要从他们的日常生活抓起,要通过家庭的日常生活让孩子懂得,任何事情都有一定之规。在家里要让孩子知道,家里的各种用品、物件都有固定的摆放位置,每次使用后要物归原处;每日的饮食起居要有规律,要按时就寝和起床,按时进餐。而在学校,教师就应该对孩子加强纪律教育,要懂得提高孩子遵守纪律的自觉性,这种自觉性有利于孩子个性的充分发展和整体素质的提高,对孩子的学习也能起到较大的促进作用。不少孩子就是因为纪律观念淡薄,迟到、旷课,最后才导致丧失学习积极性,成为落后生,甚至走上违法犯罪的道路。因此,家长也好,学校教育也罢,一定都不要放松对孩子进行守纪律、懂规则的教育。

第四节　钱圩小学的规则教育探索

一、从体育规则上升到规则教育

钱圩小学多年来以篮球、象棋运动特色著称金山区学校。《新民晚报》曾刊文“动静之间，钱圩小学阳光体育有‘动静’”盛赞钱圩小学体育与规则教育的融合。“更重要的是，中国象棋能培养学生的规则意识，孩子能体会到，一个人必须遵守棋则，无论是比赛、学习还是未来进入社会工作、为人，都得规规矩矩，有条不紊。”(新民晚报，2016 年 11 月 23 日 B3 版)

2003 年学校开展了“基于农村小学开设中国象棋特色课程的校本研究”，并被立为区级课题。自此，学校从学校管理、教师队伍、课程教学、学生发展、校园文化等方面致力于项目研究。2008 年至今，学校的中国象棋一直是金山区青少年民族文化技艺培训重点项目。2010 年至今，学校的象棋课程是区校本课程区级共享课程，在一定的区域里发挥着引领作用。象棋校本课程更是学校的龙头课程，“以走好起始一步，走向精彩人生”的理念为指导，使每一个学子在课程中“获得一个新知，习得一种技能，获得一个精神动力，悟得一个做人道理”。自象棋教学开展以来，学校逐渐形成了鲜明的特色，象棋也成了学校的一张名片。

近年来，学校学棋氛围形成，棋艺稳步提高，学校的棋文化正在形成。学校象棋项目被评为 2006—2017 年度金山区学校艺术教育特色项目，多次被评为上海市象棋教学优秀单位，学校先后被评为全国中小学棋类教学实验课题实验基地、先进基地、示范基地，并荣获金山区第四届运动会暨第一届市民运动会体育道德风尚奖。学校的象棋拓展教研组被评为金山区优秀教研组，在金山区拓展探究课程评比中，《儿童学象棋》获一等奖，《象棋入门》于 2013 年被评为金山区示范课程，《关于农村小学开设中国象棋特色课程的校本研究》评为金山区第六届教科研成果三等奖。自 2010 年始，学校作为象棋科目的龙头学校，发挥资源优势，通过科目教研组活动，让区内兄弟学校更多的教师参与课程的开发与实施，“共建共享，共同提高”。

象棋是中华民族的优秀文化遗产，它以丰富的历史内涵，精彩纷呈的竞技和强烈的艺术魅力，深受人们的喜爱。在象棋活动中，蕴含着我国人民的聪明智慧，体现着生活的哲理和做人的启示，发生人与人之间感情的互动。为了传承中国象棋文化，发挥象棋教育功能，钱圩小学特确定中国象棋教育为该校的办学特色，提出了“以棋培德、以棋促智、以棋冶情、以棋养性”的学校棋文化工程的战略构想，以“创建学校特色，打造教学精品”为目标，以追求“学校内涵发展，师生和谐成长”为宗旨，引领学生充分认识丰富多彩的棋类世界,将棋文化教育与学生学习、学会做人教育相结合,从而推进素质教育,不断提升学校办学品位。

发挥体育中国象棋教育功能,培养学生的良好品德。

(一) 在棋局中领悟人生哲理

棋文化博大精深,文化的传播非一日之功。活动是棋文化建设的重要载体,是师生交流、展示的舞台,让学生感受到"棋"乐无穷,并从中感悟到各种棋文化和棋人生。

中国象棋教学与学生思想品德的培养紧密结合在一起,通过下棋,让青少年明道、明理、明人生。中国象棋教学不仅仅只是教会学生摆棋、下棋,更重要的是让他们懂得怎样把下棋与人生结合起来,这就是棋道与人道的融合,让他们从棋局中领悟真谛——人生的哲理。

(二) 在棋局中找准自己的位置

在象棋教学中,我们经常运用大棋盘反复多次讲解中国象棋的各种开局法、单个战术手段、战术组合、实用残局、实战对局,要特别注重强调让学生快速出动棋子,占领主要道口。俗话说:"三步不出车,屎棋。"意思是要尽快出车,否则对方攻过来就很容易输棋。如今的青少年,物质生活丰富,在生活上、学习上总是懒懒散散,让他们从象棋的开局中明白:开局犹如人生的起步,找准自己的位置,走好人生的开局,千万不要让自己输在起跑线上。

(三) 在棋局中学会处事认真

以前学生的作业本上,不是这个错误就是那个错误,特别是男孩子,都比较粗心大意,计算失分大。"哎呀,老师,我知道,这是抄题的时候抄错了。""哎呀,老师这道题我只想了第一步。"学象棋过程中让他们逐渐养成:凡事想得多一点、深一点,错误就会少一点。因为,从某种意义上说,象棋就是比的谁犯的错误少,谁犯的错误多。在同一起跑线上的人,谁犯的错误越少,赢的可能性就越大;谁犯的错误越多,赢的可能性就越小。

(四) 在棋局中学会与人相处

在中国象棋教学中,我们会发现棋子之间的和谐统一,任何一个棋子无不为整个棋局负责。单独来看,有的棋子能力突出,有的棋子能力平庸,但无论能力如何,它们都要为整个棋局服务。在中国象棋课教学中我们就可以把这种"顾全大局""和谐统一"的思想根植于学生的内心，在潜移默化中培养学生的集体观念、团队精神。

（五）在棋局中培养坚强意志

针对当代青少年比较娇气，唯我独尊，对挫折的承受能力较差等毛病，我们可以在中国象棋的教学过程中，有目的、有针对性地培养他们的思想品质。比如如何面对失败，如何面对胜利，如何尊重对手，如何反躬自省等，从而将隐性素质目标显性化，对青少年的品德素养进行长期的、直观的雕塑。在学习活动中，只有智力不行，有了学习的热情也不够，还必须有坚持到底的意志，才能克服大的困难，使学习取得成效。我们开展棋类教学活动，就是力求通过中国象棋这一独特的逻辑思维形式，探索实施以棋育人，促进学生全面发展，实施素质教育，培养一代又一代的“四有”新人。

二、提升规则教育，让学校发展更上一层楼

我们深知，追求不断地发展应该是学校前行的保障。在象棋教学从特色项目发展为学校特色后，继续传承和发扬象棋文化，挖掘象棋文化内涵，推动学校内涵的发展是学校今后的主要研究内容和发展目标。我们在创建学校体育特色过程中，感受到体育不仅是增强体质，而且是增强学生的精神品质，体育注重规则。《奥林匹克宪章》赋予奥林匹克精神的内容是“相互理解、友谊长久、团结一致和公平竞争”，这就意味着通过体育讲规则，实现体育精神。2016 年我们学校提出了“指向学生发展核心素养的规则教育行动研究”。

众所周知，中国象棋文化不仅是我国优秀传统文化的精粹之一，还是中华民族乃至全人类的宝贵文化遗产，其历史渊源和文化底蕴悠久、深厚。她是一个斗智不斗力的游戏，她既讲究“智、信、仁、勇、义”，更讲究棋规棋品。棋盘棋子的制作有规可循，每一子的行走依则而进退，更有胜、负、和之规定，甚至每一步的时长，每一局的回合数皆有规定。还有对观棋、下棋者的品行约束：“观棋不语真君子，举棋不悔大丈夫”等。这些规则已经通过课程的实施传递给了孩子。如何让这些规则内化为孩子们自觉遵守并主动维护的规则意识，形成良好的品格，成为真正的现代公民，是我们开展规则教育的终极目标。

同时学校的教育发展也要求我们关注规则教育。我们学校现有学生 68％属于随迁子女，这些孩子心地善良，但是由于原籍与上海的文化差异与生活条件差异，行为习惯、规则意识也表现出差异。但是我们要实施公平教育，追求城乡教育均衡发展，对于全体孩子要实现同样面向未来的教育。培育正直、善良守信、克己的优良品质是我们不可推卸的责任。

其次，学校象棋特色项目的实施已经遇到了瓶颈，要想把学校特色发扬光大，进一步成为学校文化，必须把体育活动所蕴含的价值与意义深入开挖。象棋活动中蕴含着规则教育，同样篮球中也有规则教育，所有体育活动独有规则教育。我们学校从学校教育特色中感悟了体育活动为儿童所喜欢，规则教育应该融于所有的体育活动之中，同时我们更应该把规则教育整合于学校各项教育活动之中。

为此，学校提出了“指向学生发展核心素养的规则教育行动研究”。“规则教育”的探索既是基于社会发展及未来人才的核心素养对学校教育提出了更高要求而采取的积极应对的需求，又是基于学校在新形势下寻求特色项目新的突破的需要。其实践意义就在于：通过对“规则教育”理论的追溯研究，旨在将其融入学校教育的全过程中，对推动校园人与自然、校园人与社会、学校与社会的和谐共生，为培养适应和促进生态文明社会所需要的未来人才做出新的贡献；其理论价值就在于：在丰富学校教育内涵，实现学校自身变革的同时，打造出自己的办学理念，展示出鲜明的办学个性，形成独特的学校文化，创生出鲜活的经验，为基础教育改革提供可复制的案例。

教育部提出的“核心素养体系”这一概念对未来人才特点有着明确的指向。2015 年 3 月 30 日，教育部在《教育部关于全面深化课程改革落实立德树人根本任务的意见》中提出了“核心素养体系”这一概念，并将其置身于深化课程改革，落实立德树人目标的基础地位，成为下一步深化工作的“关键”因素，是我国未来基础教育的灵魂。

2016 年 9 月，中国学生发展核心素养研究成果发布会在北京师范大学举行。会议指出学生发展核心素养，是指学生应具备的、能够适应终身发展和社会发展需要的必备品格和关键能力。中国学生发展核心素养，以科学性、时代性和民族性为基本原则，以培养“全面发展的人”为核心，分为文化基础、自主发展、社会参与三个方面。综合表现为人文底蕴、科学精神、学会学习、健康生活、责任担当、实践创新六大素养，具体细化为国家认同等十八个基本要点。这六大素养不是指适用于特定情境、特定学科或特定人群的特殊素养，而是适用于一切情境和所有人的普遍素养。它的根本出发点是全面贯彻党的教育方针，践行社会主义核心价值观，落实立德树人的根本任务，突出强调社会责任感、创新精神和实践能力，促进学生全面发展，使之成为能够适应未来社会的人才。这框架中的社会参与一方面，重在强调能处理好自我与社会的关系，养成现代公民所必须遵守和履行的道德准则和行为规范，增强社会责任感，提升创新精神和实践能力，促进个人价值实现，推动社会发展进步，发展成为有理想信念、敢于担当的人。这直接指出了学生应该具有规则意识，而我们的教育就是要培育学生的规则意识。

我们学校经过多年的努力，在实践的基础上提出了“六维度”规则教育，取得了积极的成效。

张照龙：把象棋文化融入课程管理，彰显“规则教育”

“中国象棋文化在钱圩小学生根、发芽、开花，已经持续十年之久。在这十年的坚守中，我们把象棋文化融入了课程管理之中，不仅打造了具有区域影响力的校园文化，还提升了规则教育的理念。”日前，记者来到金山区钱圩小学，就象棋文化的发展与学校办学理念、办学目标之间的关系，与学校校长张照龙进行了深入对话。

记者了解到，自 2006 年起，钱圩小学开始开展中国象棋活动，至今已度过了十个春秋。用校长张照龙的话来说，那就是学校以象棋为办学特色，并不是为了培养专业棋手，而是希望在钱圩小学中，“人人会下象棋，人人都能下一盘完整的棋”，以此来普及和推广中国象棋这项中华传统艺术。

“为此，我们将中国象棋作为钱圩小学一年级至三年级学生的必修课，每周一课时，由学校专门成立的象棋文化课题组授课，系统学习棋具、棋事、棋理等中国象棋知识。经过几年的发展和完善，《儿童学象棋》这门校本课程已经从金山区的‘精品课程’进阶为‘示范课程’。”张照龙告诉记者。

校本课程的完善和发展提升了全校学生对于中国象棋的兴趣，也让张照龙开始反思，接下来是否要把这一课程特色进行辐射，不仅仅局限在课堂之中，而是要把课程衍生为文化，把文化输送进家庭，最后融入立德树人的全过程中，并与学校的办学理念和办学目标相衔接。"为此，我们在每年的1月和6月组织'百人家庭象棋赛'，邀请50对家庭进行对弈。还把每年11月设为'象棋文化宣传月'，邀请象棋大师单霞丽进校园举行'微报告'，并与学生进行'车轮大战'，还开展班级象棋擂台赛、'我与象棋名人'讲故事比赛、象棋知识测试等活动……"

在张照龙看来，在这个过程中，比赛已经成为学校育人方式的缩影，不仅彰显了学校的"规则教育"，强化了学生勇于竞争、不怕挫折的体育精神，还让家庭生活变得更为丰富，促进了家校合作，增进了亲子情感，更让象棋文化走出校门、走向社会。

张照龙告诉记者，之所以要强调中国象棋背后的体育精神和德育内涵，其目的正是为了学生持续性的发展，以及全方位素养的提升。"如果说学生最初在课堂中学习怎样下象棋，是为了学到下棋的方法和技巧的话，那么如今我们更希望把象棋作为一个育人载体，对学生进行品质教育和规则教育，通过增强学生的抗挫能力、合作能力、竞争能力，以及协调性和灵敏性，让学生面对挫折不轻易低头和服输，进而反过来在学习上，养成良好的习惯。"

"我希望，通过在校园中打造愈发浓郁的象棋文化，让学生们的人格得到进一步完善，气质得到进一步提升，精神生活得到进一步满足。未来，我们还将把打造体育文化强校作为'十三五'规划的重要目标，让小象棋发挥出大作用！"张照龙强调。（时报记者臧莺）

第三章　规则教育的基本认识

第一节　规则的基本认识

一、规则的概念与特征

(一) 规则是什么

规则是人们在日常生活、学习、工作中必须遵守的科学的、合理的、合法的行为规范和准则。它是人与人之间、组织与个人之间、组织与组织之间彼此的约定。北京国防工业出版社 1990 年版《英汉辞海》中把 rule 解释为"① 一种规定的、被提出来的或自己遵守的行为或行动准则;② 某一宗教团体的创始人规定其成员所遵守的教规或规定;③ 一种具有规则约束力的公认的传统做法、风俗或习惯;④ 支配某一公共或私人的团体行动或约束其成员行为的规则或法规"。当今世界最权威的百科全书《不列颠百科全书》在其网络版中将"rule"作如下释义:

"① a prescribed guide for conduct or action ② the laws or regulations prescribedby the founder of a religious order for observance by its members ③ an acceptedprocedure, custom, or habit. a usually written order or direction made by a courtregulating court practice or the action of parties; a legal precept or doctrine."(① 一种行动指南;② 宗教创建者指定其成员遵守的法律或规章;③ 公认的程序、习俗或习惯;④ 由法院做出的用以规范法庭实践或政党行动的通常是书面形式的命令或指令;合法的规则或学说。)

"规则"的概念可以有两个层次,其一,国家和社会集团所制定的、在特定范围内要求其成员遵循的具有一定约束力的、成文的行为准则。

其二,一种由群众共同制定或得到大众承认的具有普遍性的社会行为规范。规则要求人们做什么,也可以是禁止人们做什么的不成文的规定。作为所有人共同遵守与约定俗成的制度章程或行为准则,规则是人类的道德基准和文明底线,不以规矩,不能成方圆。在涂尔干看来,遵守规则是人的一种基本美德,是个体道德社会化的重要表征。

"规则实质上是一种契约,是所有个人与整个社会签订的一种契约。这个契约是保证社会高效、有序、公正运行的必要保障。"(徐广振:从小树立规则意识——未成年人思想道德建设系列谈之二,延边教育学院学报,2005 年第 3 期)"作为契约的一种形式,规则的产生必然是基于成员间平等的权利,是全体成员共同意志的表现。他还认为,规则是法律制度在日常生活中的表现,它一方面通过制定统一的行为规范,维护正常的社会秩序,另一方面用公正的制度和规则平等地对待团体中的每一个人,体现了权利与义务的统一。"(房玮:社会科学中的规则教育研究[D].华东师范大学,2010 年 4 月)在对规则本质的理解中,公平(包含人道)、权利与效率必不可少,它们共同构成了一个规则的完整内涵。

规则是为了全体人类,是为了一个个人,不是为了部分人。遵守规则是人们要立足社会必须具备的基本素质,更是国际交往中保证平等、诚信、交往成功的基础,对规则的认识是不尽一致的。有些人似乎更崇尚"规则是死的,人是活的,规则是人定的"。任何事情都可以有例外,都可以有变通,甚至常见"原则上"一词。所谓"原则上"的含义就是:给不讲原则留个后门。在有的人眼里,善于规避规则似乎是一种"能力"。一个执掌规则的人,如果学会网开一面、下不为例、特事特办,法外施恩,才被认为"会处事""会做人"。而真正讲原则、守规矩的人,却被讥讽为死板、迂腐,没有开拓精神。在这种文化背景下,规则常常被灵活掌握,法律也显得到处有空子可钻,秩序可以被随意打破,依法治国也只能流于形式。(梁邦福:论规则教育,景德镇高专学报,2007 年 3 月)在我们的身边,这种规则意识缺失的现象随处可见,小到闯红灯,大到行贿受贿等等。因此加强规则教育是我们的当务之急。规则是社会秩序的前提和保障,任何社会都要有规则,但是只有规则是不够的,有了规则还要人们去遵守。

(二) 规则的特征

"规则"作为一个特定的概念,具有自己的特征。

1. 规范性

规则的规范性是指对个体或者群体、组织乃至国家的行为的规定性，什么可做，什么不可做。无论是由国家、集团所制定的成文的行为准则，还是公民约定俗成的社会行为规范，都是有章可循的，都是参与规则活动的人必须共同遵守的。

规则的规范性包括制定规则的规范性、遵守规则的规范性、评估规则执行的规范性。规则规范体现在规则的明确性，即规则的内容明确、具体，且可直接适用。

2. 公正性

规则对他所有适用对象都是平等的、无偏私的，不能出现规则的双重标准。规则的公正性的核心是以人为本，任何规则要有利于人民。公正性也是指规则的合法性，即体现人民的意志，具有广泛的民意，要达成共识，共同遵循。

规则的公正性从道德规定性角度看，规则的本质是利他的。在道德范畴，符合道德规范的行为总是有利于他人的。遵守规则意味着替别人着想，同时要限制自己不合规范的行为。

3. 一致性

规则对其所有适用对象的标准是一致的，不会因为社会阶层、贫穷富有、宗教信仰的不同而改变标准。规则的制定与遵循必须摒弃"刑不上大夫，礼不下庶人"的封建陋习。在规则面前毫无例外，人人遵循，人人平等，"天赋人权"。

规则的一致性还体现在规则遵循的连续性，不能随意修改规则导致规则异化。规则的一致性在规则与其相关的规则体系的一致性，有着内在的合理关联。

(三) 规则类型

掌握规则的类型为的是更好地制定与遵循规则，更好地维护相关群体、社会的稳定、安康。

从"规则"的来源，规则可以分为以下三类。

1. 由规律演化而来的规则。有一部分规则是人们在社会生活中自然形成的、社会成员自觉遵守的规律。

2. 由强力确定的规则。一般来说，各种规则都是由权威主义单方面制定的。

3. 共同协商而定的规则。一些组织的规则是由组织中的大多数人按照少数服从多数的原则共同协商制定的。

从形式来分可以分为以下三类。

1. 显性规则：也叫明规则，是指有明文规定的规则，主要是指以正式文件形式出现的法规和行为准则。

2. 隐性规则：也叫潜规则，它是指看不见的、明文没有规定的，约定俗成的，无局限性，却又是广泛认同、实际起作用的，人们必须“遵循”的一种规则，其可弥补明规则的不足之处，合理之处应当予以弘扬，不合理之处即应扼杀于摇篮之中。

3. 元规则：它是规则的一种，是相对于“潜规则”“明规则”而言的。由暴力竞争的胜利者说了算，换句话说，在挑选规则的时候，拥有叫对方得不偿失的伤害能力的一方，拥有否决权。

从规范作用来分，可分为约束性规则和倡导性规则。

1. “约束性规则”的作用是约束人们的行为，是人们必须遵守的、最底线的标准。

2. “倡导性规则”是指高于道德底线或者法律规定的标准，是以倡导更加文明的社会为目的的标准。

从规范作用来分，可分为普通规则和具体规则。

1. 普通规则

普通规则是人们在日常生活、学习中必须遵守的合理的行为规范和准则。普通规则往往更具包容性，涵盖学生的很多行为。例如：尊重他人，爱护学校，有礼貌，乐于助人，保持教室或餐厅整洁，在图书馆保持安静，等等。普通规则的优点在于其包容性和灵活性，缺点就是老师得向学生具体解释这些规则，尊重他人就是不能打人，不偷东西，不打小报告，不给人起外号，不传闲话，不骂人等等。

2. 具体规则

具体规则是组织与个人之间、组织与组织之间制定的科学合法的有一定章程的规范和准则。具体规则更有针对性，每一条都对应一个具体的行为，例如，准时上学，不迟到，不使用低俗或有侵犯性的语言，上课铃声响了就做好一切准备，等等。具体规则的好处是他们可以清晰地传达老师对学生具体行为的期望，不足之处就是这类具体规则不可过多，一般最多不要超过五条，制定的时候必须很谨慎。

(四) 规则功能

1. 规范行为

社会由种种规则维持着次序,人的行为是一种在一定的范围内才可以得到许可的行为,才是可行的行为,而不是一种完全的无拘无束的行为。这种许可包括自然界的许可、社会的许可、他人的许可。

2. 稳定秩序

俗话说没有规矩,不成方圆。有了规则,人们心中才有一个底线,才明白什么能做,什么不能做,避免错误的发现,从而稳定社会秩序。化解冲突:当有冲突发生时,提供判断对错的标准,通过规则的评判,冲突双方才能知道谁对谁错,从而解决矛盾。

3. 自律自重

在权威约束性的交往关系下,人们产生神圣化、外在化的规则意识,其行为是通过模仿而建立的表面遵守,这是他律的道德。在协作性的交往关系下,人们产生自主性的规则意识,表现为对规则的真正遵守,这是自律的道德。自主性比纪律性更能产生对规则的尊重,原因在于规则表达了非强制性的一致同意。自我的自主性得到肯定是以肯定别人的自主性为条件的,因此,自主性普遍化就是相互尊重、相互承认的关系,而权威和单向服从是无法普遍化的,因为我要求你服从我的权威和你要求我服从你的权威是矛盾的。

第二节　规则教育的基本认识

一、规则教育的概念与内涵

(一) 规则教育的概念

我们认为,规则教育是指培养学生规则意识与规则践行的教育。规则教育应该促进学生在学习规则中发展,而不是用规范窒息、限制、取消人性,使之泯灭宝贵的个性与年龄特质。规则的设置不是为了禁止或惩罚学生。无论是规则的制定还是规则的执行,都要本着教育的目的,都是为了保证教育、教学任务的顺利开展,平衡学生的权利与义务,让学生在其中有所得,从而推动公民价值观的发展。

我们学校开展规则教育不仅是基于社会发展及未来人才的核心素

养对学校教育提出了更高要求而采取的积极应对的需求,又是基于学校在新形势下寻求特色项目新的突破的需要。

冯永刚教授指出:"规则教育是教育由必然王国向自由王国挺进的逻辑前提。受功利主义以及科技理性的宰制与僭越,目前我国的规则教育现状堪忧,存在着功利化、异化与泛化等流弊。确立完善人性的规则教育观,凸显规则的正义性与适切性,引导学生从被动服从到主动建构规则,从而为规则教育注入生机。"(冯永刚:规则教育的偏失及匡正,中国德育,2015.7)

(二)规则教育的内涵

规则教育有着丰富的内涵。

1. 规则教育是一种自由的教育

"教育上的重大问题之一就是如何把服从必要的约束与孩子的自由发挥的能力结合起来",教育要让儿童"习惯于一种对他自由的约束,同时又指导他正确地使用自己的自由"。规则教育有别于传统意义上的常规教育,它强调对主体的尊重,正视规范与自由的关系。道德的特性在于自由,道德的成长不是外部施加影响或驯服的结果,道德的成长是生命的一种自我超越。学校实施规则教育不仅注重提高生命善的价值,而且注重以自由的方式,以道德生命的舒展方式实施道德教育。这就是主体道德教育的真谛所在,让道德的生命自由成长。"最高的规范就是自由",苏霍姆林斯基的这句名言告诫我们,规则必须为生命的自由发展服务。

2. 规则教育是一种平等的教育

所谓平等,指的是人们在法律或规则面前人人平等。信息时代赋予和谐社会的一个显著特征就是,人们普遍表现出对不平等的特权的痛恨与蔑视。对于发生在河北大学的车祸,引发了一场网络轩然大波。对于"我爸是李刚"的流行,看似幽默搞笑的背后,其实是人们自发形成的对腐败贪官阶层的一种声讨,也是对公民平等权的维护。规则教育选取儿童生活中的细节进行以行为训练为特征的教育,就是在孩子的小心田里播种平等的种子。

3. 规则教育是一种尊重的教育

规则教育始终伴随着人的成长,从走进小学的第一天起,学校规则教育就和儿童结缘了。教育的原点在哪里,是尊重。规则教育与尊重是相伴而生的。从某种意义上来理解，规则教育就是尊重教育，是引领人们对社会规则的尊重，对生活中他人的尊重，是一种敬畏感的培养，这对于儿童的一生都影响深远。

二、规则教育的特征

规则教育具有以下基本属性：总体性与专业性；思辨性与实践性；追溯性与展望性；普适性与特殊性。

1. 主体性

规则意识与能力是个体的道德与心理融合的品质，这就决定了规则意识与能力的主体性，这是必然的。学生规则品质的形成与发展必须以学生的参与为前提，以学生的自我感受、领悟为目标。杜威认为，教育的起点和中心是儿童。他还指出，作为能动的主体的儿童，同对于儿童的社会要求的外部如何结合起来的问题，乃是教育理论和实践的中心课题。(钟启泉：现代课程论，上海教育出版社，1989.4)规则品质培养中学生的个人经验差异很大，具有较强的个体特点。规则品质培养的主体性体现在两个方面：一是规则品质培养的内容上，二是规则品质培养的形式上。

规则品质培养就是要培养人的主体性规则品质，即培养学生具有规则的主体意识、规则的主体能力的人。学生规则品质主体性是在教育过程中逐步发展起来的，教师的主导作用是为了激发和引导学生的主体性。规则品质培养的内容强调从学生规则品质发展需要组织，而不是简单或者唯一地按照规则品质内容排列组织。用规则的知识逻辑体系组织教育内容较为常见，原因是“大道理”内容是相对固定的，容易把握，但难以适应不同个体的学生。在实施规则品质培养时采用的教育方法要体现学生的主体，特别是在一定的情境下的道德体验必须是学生自身的体验，其他人是无法代替学生的亲身的体验与经验的积累。规则品质培养应该是学生主体的深刻感悟与积极行为。

2. 整体性

规则品质培养的整合性表现在从整体角度看待规则品质培养，坚持全面、联系和发展的观点，组织规则品质培养活动。规则品质的认知、情感、行为是整体的，不能割裂进行教育。要促进学生规则品质的发展，必然要知行统一，因此本校的“六维度”规则教育模式从规则品质培养的目标上、内容上和形式上表现出很强的整合性，依托各种活动等实施规则品质培养的整合。

规则品质培养具有很强的指向性,因此规则品质培养首先是规则品质培养目标的整合性,规则品质培养目标不仅要实现规则品质的认知目标,还要关注规则品质能力目标,更要关注规则品质情感目标。学生的规则品质行为是规则品质认知和规则品质情感的外显体现,规则品质行为受到规则品质能力和规则品质伦理的制约,因此规则品质培养必须首先培养目标整合,为规则品质培养内容和规则品质培养形式提供引领。

规则品质培养的内容是一个整体,因为规则品质是一个整体。从整体上认识规则品质,突出规则品质培养内容的整合,正是基于规则品质培养的综合性,便于我们的规则品质培养可以引导学生从多侧面、多层次、多角度开展规则教育,达到与生活的紧密结合。规则品质培养在形式上也要求从整体角度上把握,本身就体现了规则品质培养的整体性。规则品质培养整合性要求在具体的规则品质培养中,运用多种途径、形式与方法,从规则品质的互相联系和制约的整体的视角出发,让学生从感性认识开始,引发学生感悟,提高学生规则品质发展的自觉性。单一的途径和方式是不能满足具有丰富性、实践性很强的规则品质培养内容。规则品质培养不同于一般的知识传授,规则品质行为不同于一个简单的行为,需要多种形式调动学生参与、引起学生的规则品质感知、激发学生情感的感受和审美,提升学生道德的判断能力、促进学生道德行为的生成。这必然要求规则品质培养的形式多样,而且具有内容上的匹配性和方式上的相融性。

3. 阶段性

规则品质培养时要充分注意阶段性,这主要表明规则品质的培养要充分关注外部条件的差异。这主要体现在学科知识、技能,特别是规则品质有着阶段性。在低年级、中年级与高年级的规则教育有着内在规律,有着程序性,应该遵循由易到难的原则。规则品质培养必须遵循学生心理发展的规律,规则教育内容与形式应该根据不同年龄段学生来具体确定。要注意年龄层次,不同的年龄阶段有着其自身明显的具体要求,不能随意降低要求或者拔高要求。同一规则品质发展水平会随着年龄的增大而发展,对不同年级的学生在规则品质上的要求与培养方法应该不同。学生规则品质有着年龄段的差异,因此对不同年级的规则品质的培养应该有所侧重，发展水平要求也应该不同。

4. 实践性

规则教育具有强烈的实践性。规则品质培养的实践性在本质上是教育的过程性，也体现规则品质培养的实效性，强调不是从概念到概念，而是要求规则品质培养需要促进学生的道德行动。“六维度”规则教育强调通过一定的活动，就是突出实践。以实践为基础是基于一切真知来源于实践。灌输式的规则教育会使学生产生错觉，以为只要学会耍嘴皮子就是“学会”或者具有规则品质。规则教育强调促进学生把伦理道德的认知运用到生活实践中去，在生活中完善自己的规则品质。规则教育突出了实践是认识的基础。在规则品质培养中，不能只重视认知和认知的结论，而忽视规则品质形成的过程，以及在一定的情境中把道德认知的践行，并在不断践行中逐步稳定为规则品质。实践高于认识，因为它不但有普遍的规则品质，而且还有直接现实性的规则品质。

“六维度”规则教育总是处于动态环境之中，而不可能被人为地控制在静态之中。教师不能把学生以及规则品质教育内容看作静止的事物与人物，或者把规则品质培养视为可以简单重复实施的活动。教师应该通过教育活动使规则品质培养联系社会实践活动，把规则品质培养实践放到社会实践过程中去进行，而不能使之脱离实践。学生的规则品质培养活动必然是以现实生活中的实践为基础，学习的目的是为了有益于他们的生活。

5. 多开端

规则教育是以规则的认知、情感、行为的心理过程为其特征的，也就是说学生规则品行的形成是不能离开规则的道德认识、道德感受、道德动机、道德行为的心理，这些都要得到相应的发展。尽管规则品行水平提高并非是这些心理成分的机械总和，然而每一心理要素都对规则品行动力系统的形成与发展产生影响。心理学家经过大量的实验研究，认识到人的思想品德教育具有多开端性，这就是说“六维度”规则教育可以从知、情、行的任何一种心理要素着手，展开全面的规则教育。“六维度”教育不是只有一种开端，而是具有多种开端的特点。知、情、行几方面既互相交互，又具有相对独立性，这就为“六维度”规则教育过程的多种开端提供了可能性。社会生活的复杂性，使人们对社会的规则表现呈现纷繁复杂的状况,学生由于各自所处的环境,所具有的生活经验以及道德发展水平差异,因而他们的规则品行的发展也不相同。这种不平衡经常在理与情、言与行、动机与效果、稳定与波动等方面表现出来。这就需要我们的规则教育要依据学生具体情况,依据所处的境遇,确定"六维度"规则教育从什么地方着手,就不能机械地一定从认知开始着手。我们应该坚持从实际出发,因人而异根据每个学生的实际情况,选择最需要、最迫切、最能奏效的方法,作为"六维度"规则教育的开端。

6. 差异性

规则教育的差异性要求在培养学生规则品行时在实践层面上关注灵活性,可以根据学校教育现状而灵活地开展规则教育。规则教育无论内容与形式也不是一成不变的,会根据不同的学生群体与学校的校情的特殊情况而不断加以修正和调整。

每个学生都是独一无二的,都有其自己存在的价值,都能以其独特的方式对社会做出贡献。每个人都具有不同的品德光谱(王鋐,2012),也显示出独特的认知特征,各种道德品质在各自水平上表现出不同,而其组合与表现方式各有差异,这就显现出不同人的道德面貌。正是不同的品德光谱,也显示出不同的学生在规则品质上的差异。教师要根据学生规则品质发展的个体差异进行教育。要注意学生个体同一规则品质在不同学生身上发展速度差异,对不同的学生应该根据具体情况提出不同要求,运用不同的方法。规则品质在学生个体表现是指学生的表现呈现出不同个体、不同年龄、不同层次的差异性,应该采用相应的教育方法和手段,发挥其特长,优化其缺点,使他的规则意识、规则能力得到发展,这要求我们在规则教育时要遵循学生个体内在差异。

规则教育的差异性是承认其具有普适性的基础上,对于学生的品格成长有着基础性、普适性意义,并影响其他品格的形成。我们需要培养的规则品行的普适性应该体现人的需求能否满足,人类最基本的社会道德、人的价值观等,所有人类都认同的规则,而不是指向杀戮、欺诈、阴谋、欺压等丑恶人性的规则。规则品行的根本在于对人性的思考,只有真正认识到人类的根本属性,尊重人性的自然规律,然后采用理性思考的方式,建立起人和人、群体与群体相处的办法,这是放之四海而皆准的自然的非人为定义的真理在人的身上的体现,即人性善的表现。规则品行是与涉及重要的公共道德，有其客观的、可以展现的价值，是促进个体与整个社会的善的品格。

三、规则教育的理论基础

(一) 社会学的理论视角

1. 社会契约论

“规则实质上是一种契约，是所有个人与整个社会签订的一种契约”，那么规则发展的过程也就可以理解成契约形成与完善的过程。“社会契约思想首先由古希腊的伊壁鸠鲁提出，而后经霍布斯、洛克发展，由卢梭在《社会契约论》一书推向顶峰，最后罗尔斯提出的公平正义论丰富和发展了社会契约思想。”

社会契约论最核心的一个观点就是区分了国家与政府(国王)的关系，国家的主权在人民，政府只是人民的受托方、法律的执行者，是统治者与被统治者的一种契约。在不同国家和不同学者的眼里，契约的含义不尽相同。“西方大陆法系国家普遍认为，契约为一种合意，依此合意，一人或数人对于其他一人或数人负担给付、作为或不作为的债务。英美法系国家则认为，契约是指当事人之间基于合法之对价而达成的作为或不作为某一行为的协议。”(卓泽渊：法治的意识基础：契约精神与宪政精神[J].江苏行政学院学报，2004 年第 5 期)

契约之所以能够从经济领域扩展到宗教、法律、政治和伦理等多个领域，根本原因就在于它自产生之初就蕴含着伦理精神。武汉理工大学的杨先保老师把契约精神的核心内涵归结为“意识自治与契约自由原则、平等原则、权利原则等”。(杨先保：政治视野中的契约精神——社会契约论的挑战与复兴[J].华中科技大学学报，2006 年第 3 期)

契约精神强调“契约主体的独立自主和平等精神”，人们在缔结契约上也享有完全的自由。人们可以选择缔结或者不缔结，可以选择与这个人或者那个人缔结，可以选择缔结的内容和形式。这一过程自始至终都必须贯穿着意志自由，只有自由的契约缔结才是合理、有效的。最后，从缔结契约的主体来说，契约双方必须都是独立自主的个体并享有同等的地位。“因为协议本身就隐含着达成协议之前的意见是分离的或歧义的，契约双方有自己独立的理性、欲望和要求。”(陈秀萍.契约的伦理内核——西方契约精神的伦理解析[J].南京社会科学，2006 年第 8 期)独立自主、关系平等的主体才能在缔约的过程中做到意志自由,从而最大程度地保护相关方的利益。

社会契约论认为,人原本处于一种自然状态,享有平等的天赋权利,可以自由地追逐自己的利益,然而这种完全自由的逐利方式也带来了人与人之间的冲突与斗争。为了摆脱自然状态的弊端,人们基于自愿原则,通过缔结契约的形式成立共同体,把自己的部分或者全部自然权利让渡出去,形成公共权力,即建立政府和国家。“我们每个人都以其自身以及全部的力量共同置于公意的最高指导之下,并且我们在共同体中接纳每一个成员成为全体之不可分割的一部分。”“但如果公共权力不能保护或者侵害了人们的自然权利,人们就有权终止原有契约,重新缔结。在社会契约论的视域下,公民对于契约的遵守是一种为了实现自身利益主张的承诺,通过合理让渡自己的权力来获得更多的保障和真正的自由,它反映了平等、权利,人们对于自由的意志和对于利益的需求。”(房玮:社会科中的规则教育研究[D].华东师范大学,2010.4)

作为契约的一种存在形式,规则也必然要体现出这些基本概念。在契约理论的发展历程中,自由、平等、权利与效率是不可忽视的关键词。规则结成的首要条件就是主体的自由与平等,只有自由与平等才能保证规则制定与遵循过程的公平性。这也意味着规则教育,公平是契约的基本内涵。由于规则的结成是个体权利凝聚成共同权利的过程,保护全体成员的共同利益是契约的目标,因此,权利无疑是一个贯穿契约始终的重要概念。规则通过形成共同权力,维护秩序,提高群体行动的效率来达到保护共同利益的目标,这也使得效率成为契约的另外一个重要追求。社会契约论启示在开展规则教育时,必须充分关注规则主体的平等权利与义务以及规则的公平正义的思想。

2. 主体间性论

主体间性(Inter-subjectivity)是20世纪西方哲学中凸显的一个范畴。它的主要内容是研究或规范一个主体怎样与完整的作为主体运作的另一个主体互相作用的。A.莱西在《哲学辞典》中将“主体间性”定义为:“一个事物是主体间的,如果对于它有达于一致的途径,纵使这途径不可能独立于人类意识……主体间性通常是与主观性而不是客观性相对比,它可以包括在客观性的范围中。”

个体愿意做出规则承诺的基础是彼此间的一种平等关系。在这种平等关系下，人们承认彼此间存在的平等的权利与义务关系，尊重他人同样的人格尊严和需要，规则是这种伦理关系的自然表现。权利与义务产生的基础在于公民的主体性。笛卡儿“我思故我在”的论断确立了哲学研究中人的主体性地位，从而开启了近代哲学主体性思考的大门，人代替上帝成了万物的主宰。然而，随着主客观二元对立局面的形成，个人把自己之外的所有事物都客观化，这样的肆意妄为带来了一系列的环境危机和消极影响。随后，胡塞尔在现象学中第一次提出了“交互主体性”的概念，通过肯定他人的存在来摆脱唯我论的困境。

“交互主体性又称为主体间性，含义是指主体与主体之间的相互性和统一性，是两个或多个个人主体的内在相关性。”（米俊绒，南海：交互主体性教育理念探析[J].教育理论与实践，2008 年第 10 期）每个人都是独立的个体，有自己的私人意识世界，即独立主体性。为了避免这种独立意识的私人性和主观性影响人类群体达成对世界的共识，人们就既要承认相互的主体性，又要彼此转换角度，用交互主体性的观点看世界。主体间性表现的是主体与主体间的关系，是一种交互主体的和谐统一。它强调的是不同主体之间通过理解与沟通从而协商一致，是主体性的扩展与延伸。规则意识最根本的基础因素是主体性的意识，同时主体间性意味着墨守共同的规则，规则的当事人必须遵守共同认可的规范，以达到和谐。

我们可以得出这样的结论：现代社会中，个体间的社会关系应以“交互主体性”伦理关系的确立为前提，社会公众主体意识的具备是这种伦理关系得以确立的必要条件，而规则实际上是这种伦理关系的一种外化表现。人们制定和遵守一定的规则乃是其主体性和交互主体性意识的体现。

3. 公平正义论

规则自产生之初就与公平紧密地联系在一起。在契约出现、发展、完善的过程中，“平等精神”或者说“平等原则”是公认的基本精神之一。“正义”的核心含义是“公平”，也就是出于公心、无偏无私的“平等”。“平等”不仅是自然之道，也是人间之道。它以“人性平等”“人格平等”为起点，走向“人权平等”。（祁志祥：论公平正义，中国政法大学学报，2014 年第 4 期）人们关注审视的背后，实质上都倾注了对公平正义的追求。公正是工作的灵魂，也是工作所追求的价值目标。工作是公正的支撑,是公正实现的重要基础,公正的结果,离不开合理工作的保障。

公平正义论是由美国哈佛大学教授约翰·罗尔斯提出的。罗尔斯在他的公平正义理论体系中,极力强调正义的首要性与优先性,认为正当、权利优先于善。罗尔斯在《正义论》一书中指出:"正义是社会制度的首要价值,正像真理是思想体系的首要价值一样。一种理论,无论它多么精致和简洁,只要它不真实,就必须加以拒绝或修正;同样,某些法律和制度,不管它们如何有效率和有条理,只要它们不正义,就必须加以改造或废除。"(约翰·罗尔斯:正义论[M].北京:中国社会科学出版社,1988 年 3 月)"对我们来说,正义的主要问题是社会的基本结构,或更准确地说,是社会主要制度分配基本权利和义务,决定由社会合作产生的利益之划分方式。"(同上)罗尔斯把制度理解为一种公共的规则体系,它确定了职务、地位及其权利和义务、权力、豁免权等。这些规则规定允许某些行为类型,禁止另外一些行为类型。当出现违反的情况时,这些规则还规定了惩罚与保护手段。罗尔斯特别强调规则的公开性,即每个介入其中的人都知道规则对自己和别人提出了哪些要求,并且知道别人也清楚这些要求。这种制度规范的公开性保证了介入者知道制度允许什么样的行为以及彼此行为的界限。与此同时,在秩序良好的社会即由共同的正义观有效管理的社会里,公众也能理解何为正义并接受,也知道别人同样接受这些正义原则。

罗尔斯的正义理论一方面再次强调了公平在规则中的重要地位,另一方面又通过差别原则将人们对公平的理解进一步深化。在普遍意义的公平之外,还有一种特殊形式的公平——人道,需要人们加以关注。在面对生来的不平等时,社会要通过一定的作为来平衡利益分布,将资源有针对性地向弱势群体倾斜。这也是公平的一项重要内容。

规则是在自愿的基础上,所有人达成共识,签订的协议。这些规则必然是公平、公正,并且能够保护群体成员利益的。只有这样,才能让人们心甘情愿地接受、执行。如果一项规则没有公平,那就不能称之为规则,它也就失去了人们遵守它的理由。正如罗尔斯所说:"正义是社会制度的首要价值,正像真理是思想体系的首要价值一样。"

"社会公平是现代社会制度安排的最为基本的价值追求。"在教育中,我们对于公平规则的追求远远高于对高效规则的追求。公平的规则对师生来说起到的是一种激励和保障作用,反之,则会让教育陷入不稳定的状态。可以说,公平既是规则追求的目标,又是规则稳定的保障。公平正义理论揭示了规则的存在意义,值得教育工作者警醒。

上述理论启示,规则教育的本质在于培养高尚的讲道理的人——崇尚正义、力行公平、充满人道、注重权利,这些共同构成了一个规则教育的完整内涵。

(二)教育心理学视角

1. 皮亚杰的儿童道德认知发展阶段论

儿童规则意识的发展是其道德判断能力发展的标志。瑞士儿童心理学家皮亚杰在《儿童的道德判断》一书中根据儿童对弹珠游戏的认知,把儿童的规则实践分为四个阶段,并将与之对应的规则意识分为三个阶段。儿童规则实践和规则意识的发展阶段如下。

	规 则 实 践	规则意识
第一阶段	具有纯粹运动性质和个人性质	第一阶段
第二阶段	自我中心	第二阶段
第三阶段	刚出现的协作	过渡阶段
第四阶段	规则编集成典	第三阶段

第一阶段是“具有纯粹运动性质和个人性质的阶段”,是“简单个人的规则性”;第二阶段是“自我中心阶段”(两岁到五岁之间),以一种自我中心的态度模仿长者;第三阶段是刚出现的协作阶段(七岁到八岁之间);最后是规则编集成典的阶段(十一岁到十二岁之间),儿童对于规则本身感到兴趣。相对应的规则意识则经历了三个阶段。

在第一个阶段,规则不是强制性的,是随意的,儿童不认为它们是需要负责任的现实,只是纯粹的运动性质或者觉得很有趣,在无意中接受。第二个阶段是从自我中心阶段开始,在协作阶段的中期(九至十岁)结束。在第二个阶段,规则被认为是神圣不可改变的,是具有强制性的,永久存在的。第三个阶段则包括协作阶段的其余部分和规则编集成典阶段的整个部分。规则被视为互相协商后共同制定的法律,是合理的,你必须尊重它。当然,如果大家一致同意,也可以进行修改。

皮亚杰通过这种相关性揭示了规则对于儿童的意义,“学龄期儿童处于第三阶段,逐渐认识到社会规则是一种可以改变的社会契约。违犯规则并非总是错误的，不一定非要受到惩罚。对权威的遵从既非必要，也不总是正确的，并且在判断他人行为时开始考虑到动机与情感问题，试图寻求一种更为公正、平等的公理。即学生规则意识的发展经历了从‘他律’到‘自律’的转变。”皮亚杰的这项研究表明，儿童的规则意识与规则认知的发展具有阶段性，工作教育必须循序渐进。

2. 柯尔伯格的道德认知发展阶段论

柯尔伯格在皮亚杰的儿童道德判断发展理论的基础之上，把关注点放在了对儿童认知结构的研究上，并提出了道德判断发展的著名的三个水平六个阶段。

水平 I：前习俗水平。“这一水平的道德观念是纯然外在的，儿童为了免受惩罚或赢得奖赏而服从权威和权威规定的规则。”

阶段 1：惩罚和服从的取向。根据行动的结果判断事情的对错，凡是不受到惩罚的行动是对的。这一阶段的儿童尚不具备规则概念。

阶段 2：工具性的相对主义取向。凡是能够满足自己需要的行动就是正确的。对规则的尊重源于从中能够获得奖赏或者满足自身的需要。

水平 II：习俗水平。“这一水平的儿童已经内化现行的社会规则，其特点是能了解、认识社会行为规范，认为规则是正确的，意识到人的行为要顺从现行的社会秩序，并且有维护社会秩序的内在愿望，并遵守和执行这些规范。”

阶段 3：好孩子的取向。被他人喜欢、受他人称赞的行为才是正确的，更多地从动机和感情角度评价行为的正确与否，希望做一名好孩子。

阶段 4：法律和秩序的取向。正确的行为就是遵守法律、维护秩序的行为。

水平 III：后习俗水平。“这一水平的特点是，道德判断超出了世俗的法律与权威的标准，而以普遍的道德准则和良心为行为的基本依据。个体开始考虑社会规则的相对性、民主平等以及个人尊严等伦理原则。”

阶段 5：社会契约的取向。法律和道德都是一种社会契约，社会是否同意才是判断行为正确与否的标准。

阶段 6：普遍的道德原则的取向。道德是一种良心的决断，是不受外在法律、规则制约的普遍伦理原则。

同样，科尔伯格在心理实验的基础上也指出，儿童的规则意识与能力发展有着阶段性。

在皮亚杰和柯尔伯格的研究中，儿童的道德认知发展是具有阶段性特征的，教育活动既要适应儿童现阶段的特征，又要提出高于儿童现阶段的要求，才能促使儿童的道德判断能力向更高层次发展。儿童的道德认知能力不是一个内部出现的过程，而是通过一定的社会交往，在与周围环境的互动中产生、发展的。不论是游戏还是教学，促进儿童道德认知能力发展的关键都在于充分发挥他们的主体性，让学生自己建构自己的品德。

第四章　钱圩小学"六维度"规则教育

第一节　"六维度"规则教育的基本框架

一、"六维度"规则教育的基本表述

系统理论为"六维度"规则教育模式的研究提供了科学研究的方法。安德鲁斯和古德森(Andrews & Goodson)在一项对教学设计模式的研究中,发现其研究的四十多种教学设计模式大部分应用了系统理论的一些思想和观点。系统理论认为事物由要素构成,并形成一定的结构,不同的结构有着不同的功能。"六维度"规则教育是系统工程,是由诸多要素组成的教育系统,因此需要运用系统思想和方法对参与教育过程的各要素和相关因子及其相互关系做出分析、判断和运作,把握和优化教育结构,从而达到教育功能的最大化。一定的系统处于运动之中,实现开放。

"六维度"规则教育模式运用系统设计的思想和技术对教育目标、教育内容、教育方式、教育过程等教育因子进行整合,把握这些要素的关系,确立其基本结构。"六维度"规则教育是一个系统,而且是一个开放的系统,必须实现融合。融合是"六维度"规则教育系统内外及其系统内层次间的整合。系统论基本定律"整体大于部分之和"指出,系统的完整性、综合性和最优化是系统的基本特点。"六维度"规则教育模式正是体现了这些基本特点,从它的结构上可以清楚地看出了它的整合特征。系统论的另一重要原理——有序原理。有序是系统内部的要素之间有规则的联系以及系统与外界有规则的联系和转化。"六维度"规则教育模式体现了教育过程的有序性。

"六维度"规则教育模式是在一定的教育理论指导下,对教育过程

和组织方式作的简要表述。"六维度"规则教育模式的基本内涵是在一定的教育理论与社会学理论指导下,为实现"六维度"规则教育目标,对构成"六维度"规则教育的要素和因子做出比较稳定的简化组合方式及其活动程序的构架。"六维度"规则教育模式为我们的教育实践与研究提供了方法论启示。

"六维度"规则教育模式的表述从三个层面建构:

一是理念层面。这是"六维度"规则教育的核心理念,反映"六维度"规则教育的基本理论基础,表明"六维度"规则教育的目标指向。

二是内容层面。这是"六维度"规则教育的基本结构,阐述模式的组成板块与基本要素,以透过板块与要素的内容指向来表明"六维度"规则教育运作的机理。

三是操作层面。这是模式的运作方式的表述,主要包括"六维度"规则教育的运作的原则与要点。

"六维度"规则教育的基本结构

层面	内容
理念层面	一个核心理念:"成为一个崇尚规则的幸福的人" 六维度:学习规则　交际规则　生活规则 活动规则　创新规则　担当规则
内容层面	两个基点:体验　践行 三项要素:规则意识　规则能力　规则遵循
操作层面	四项原则:人文关怀原则　内化自律原则 理解遵循原则　民主参与原则 五项策略:自主建构策略　循序渐进策略 方法适切策略　体验践行策略 整体融合策略 四条路径:学科教学　校园活动 环境滋养　象棋特色项目

"六维度"规则教育的理念、内容与操作这三个层面是互相关联的一个系统。在"六维度"规则教育的理念指引下,从"六维度"规则教育

理念出发,建构"六维度"规则教育具体的德育与课程教学上的内容,突出在教育教学过程中过创设活动情境、条件与环境,通过表现性学习,让学生获得丰富的学习经历,关注学生学习中的动手动脑,发展学生一般能力、关键能力与职业行动能力的教育模式。

二、"六维度"规则教育的基本框架

(一) 核心理念:"成为一个崇尚规则的幸福的人"

"六维度"规则教育的核心理念:"讲规则为了幸福,讲规则才能幸福,成为一个崇尚规则的幸福的人。"

"成为一个崇尚规则的幸福的人"是本课题的价值取向。"讲规则为了幸福,讲规则才能幸福"是"六维度规则教育"的操作取向。"追求幸福"是人类世界共识,"维护人民幸福"也是人类的基本行为准则。这是一切规则的基本价值取向。

我们把"讲规则为了幸福,讲规则才能幸福,成为一个崇尚规则的幸福的人"作为规则教育的学校文化营造。我们认为,规则不是贴在墙上的口号、挂在嘴上的口号,而是全校师生认同的核心价值,教育的理念并付之于行动。学校从具体的规则品质培养,逐步发展为有效开展"六维度"规则教育,其关键是营造规则教育的学校文化。这个学校文化就是"讲规则为了幸福,讲规则才能幸福,成为一个崇尚规则的幸福的人"。

现代伦理生活中幸福似乎总是缺席,幸福与伦理生活被割裂开来,但无论如何,幸福终究是伦理生活不能回避的问题,在追求幸福的现代谋划中,学校规则能为学生的幸福做些什么?规则不是目的而是手段,幸福才是其终极指向。幸福是一种至善的生活方式,规则维护并打开这种生活方式,把个体世界之间的冲突压缩在可控限度内,为每个人的幸福生活创造条件。在学校规则的伦理反思走入幸福概念框架之际,对学校规则进行伦理性反思要求规则要在幸福的名义下被关照,因为规则失去幸福的向度就没有崇高性,幸福离开规则就缺乏可行性,在异化的规则的照应下,不仅人与自由无处安放,幸福更是让它措手不及。我们不能忽视规则的本体价值,不能无视规则对于学生个体、学校群体以及学校这个教育机构所提供基础性意义。面对规则精神的异化,我们所能做的只有摆正规则地位,对其保持清醒的认识,彰显规则之于人与其自由的促进能力,以及对人之幸福的奠基作用,为学校规则正名!

（宋晔、王佳佳：学校规则教育的伦理学反思，中国德育，2015.07）

正如范梅南所说："一个高度放纵的和几乎完全没有约束的环境似乎并不是如有些人所提出的那样，能促进年轻人的那种合作性、温和性、积极的自我概念和自律……高度放纵和高度规章化的环境一直是与年轻人的毁灭性的、充满冲突的和无序的行为相联系的。"（范梅南：教学机智——教育智慧的意蕴[M]. 北京：教育科学出版社，2001：82，84）

规则教育旨在培养学生基于合作、责任的行为规则，以促进每个儿童富有个性地发展的社会性教育，是成人与儿童每日互动中必然涉及的内容。儿童的规则认知、规则意识和执行规则的能力是其社会性适应的基本内涵，关系到个人生活幸福、将来的事业成功和社会的和谐，因此自古以来都受到普遍的重视。然而，当前一些早期教育实践中的规则教育，因其利弊兼存，已经具有"双刃剑"的贴切别名。一方面，成人借助规则教育这把利刃斩去人性的弱点，培养了儿童的良好习惯或者实现了成人对儿童的其他预期。另一方面，规则教育在不少情境中异化为任意管束而伤害了儿童，如一些孩子终于变得"听话"了，但是似乎不再那么亲老师，甚至也没有以前那么活泼富有灵性了。事实上，规则教育与"双刃剑"之间本没有必然的联系，若找到合适的立足点，对儿童进行真正合理的规则教育，规则教育将可以告别"双刃剑"的别名。

规则教育必须本着"讲规则为了幸福"的理念。教师通常强调规则的利他性，即以是否满足别人的利益诉求来要求儿童的行为。这是站在成人道德的角度来审视儿童的行为问题，也就将规则当作外在要求，带来规则教育中对儿童主体意识的忽视。当我们将行为规则不是当作儿童主体意识的体现而只是一种刻意的外在要求时，我们就容易忽视让儿童自主体验规则的公正性与互惠，使儿童认为规则总是有利于别人的，于是他最终学会的总是用规则来要求别人，没有遵守规则的自觉性。儿童体验不到遵守规则为自己带来的好处，难免会对规则产生漠视、抵触心理。

鉴于此，教师必须树立规则互惠的观念，使儿童体验规则对自己的意义，建立人际间互惠关系格局。教师应使儿童相信，规则不只是为别人带来好处，而且还对自己有利。例如，分享这一规则使儿童在给予别人的同时，也能得到别人的给予，如果自己不把自己的东西分享给别人，自己也不会得到别人的东西。再如谦让的规则，它使大家都能在顺利做事，否则，儿童则感受到因争执不下耽误了时间而最终给自己和他人带来的不便。又如助人，在给别人带来好处的同时，自己也获得了快乐。一言以蔽之，规则不是单方面“付出”，而是互惠的。儿童可以通过比较自己遵守某一规则前后差异，发现规则给自己带来的变化，还可以以一个共同遭遇者的身份，加入规范性的活动，体验规则对自己有利，从而体验规则的互惠。研究表明，早在学前期，儿童就能在社会互动中遵守一种规范——相互性规范，即要帮助那些帮助过自己的人。这种相互性规范就是建立在规则既利他又利己基础上的一种人际间的互惠关系。

(二) 两个基点：主体体验、规则践行

这两个基点表征的是“主体—规则”主客体结构与“体验—践行”心理结构。

“主体体验和规则践行”——我们确立的“六维度”规则教育的两个基点。

基点一：体验。“六维度”规则教育是一种道德教育，需要通过道德情感的体验，让学生把规则的概念转变为道德信念，以道德感情滋养规则的道德信念。

基点二：践行。“六维度”规则教育不是灌输规则的概念与条文，而是重在培养学生的规则品质，尤其是规则能力。

体验和践行作为两个基点，是因为规则品质不能只停留在言语上，必须指向学会做人。规则教育不能灌输，它的价值取向是培养学生的规则能力(感知能力、情感能力与行为能力)。规则能力的发展主要依靠体验，只有通过情感体验，才能使学生从规则的概念认知转化为规则的信念。只有通过遵循规则的生活实践，规则能力才得以发展。践行意味着教师要提高规则教育能力，以此培养学生规则能力，让学生过崇尚规则的生活，成为有道德的人。

遵循规则的体验是个体自觉规范道德行为和思想品德形成的心理基础，是一种以体验为核心的，道德认知、规范认同、情感体验、实践体悟的知情行合一的，心理上多种水平的有机整合；是个体心理在规则践行中渐进的、动态的、逐步完成的主观体验、真切感悟的能动过程；是一种个体对崇尚规则的认识与情感的一致、思想与行为的趋同、动机与行为的统一的社会心理。

在规则教育中以知晓规则为前提，以规则意识的体验为动力，以遵循规则践行为关键，着力建构一个知、情、行合一的规则品质内在调节机制和动力整合系统，把培养学生的自觉践行规则的行为习惯作为规则教育的终极目标。

（三）三项要素

规则教育的教育内容有三项要素，即规则意识、规则能力、规则遵循。世界上有很多规则，有经济规则、政治规则、法律规则等。学校里有学习规则、游戏规则、考试规则等。透过所有的规则以及规则品行，我们可以归纳出规则教育内容的三个要素，这是任何规则品行所具有的内容结构要素。

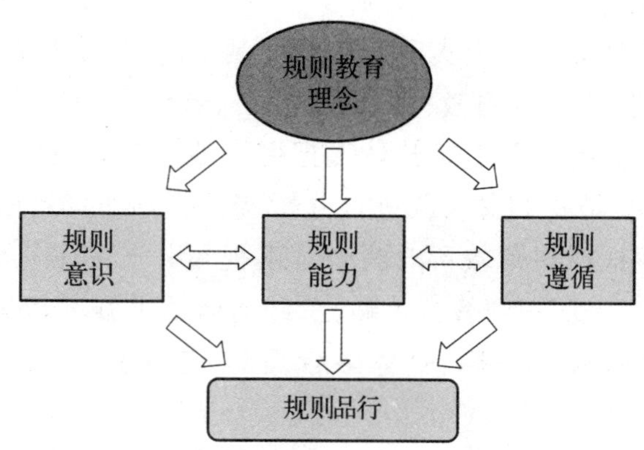

规则意识、规则能力与规则遵循分别从规则品行的知、情、行三个心理方面建构了规则品行的内在结构。我们认为规则教育是由规则的意识、能力、遵循这三个要素组成，并有着直接影响，这三者交融并互相制约。规则意识是指学生对规则认知与践行的警觉，是规则遵循的前提，规则遵循是规则教育的重要目标，只有懂得规则的价值，学会遵循良规，不断提高规则能力，才能使学生获得真正的幸福。

（四）四项原则

规则教育的原则是规则教育规律的反映，也是规则教育策略思想的体现，是体现规则教育规律与学生发展规律在规则教育中普遍适用的方法思想。规则教育原则思想是对规则教育实施起着规律性的引领，是规则教育所依据的准则。我们认为，只有掌握规则教育原则，才能正确地实施规则教育，才能正确地研究和使用具体的教育策略。规则教育原则对规则教育实施的科学认识和逻辑思维中起着重要作用。

规则教育原则是规则教育实践中抽象出来的，反映规则教育客观的规律。我们在学校教育工作实践基础上认识到“六维度”规则教育的原则：人文关怀原则、内化自律原则、理解遵循原则、民主参与原则。这些原则体现了教育工作的价值取向、目标指向与实施的准则。这些原则是直接影响规则教育方式的总体思路。

（五）五项策略

“六维度”规则教育的实施在操作时需要一套策略系统，以及具体可操作的策略。规则教育策略不同于规则教育原则，策略是具体的操作形态，而原则制约策略，进而制约具体的方法，方法是为实现策略服务的。规则教育策略是为实现其目标而制定的、付诸教育过程实施的方案，它包括选择具体的教育内容与方法，合理组织规则教育的过程等。把握教育原则有助于从整体上把握规则教育的策略与方法。“六维度”规则教育是我们对实践进行分析、提炼形成的，并在实践中进行了验证。我们根据规则教育的两个基本视角——主体与环境、学习与教学，确定“六维度”规则教育策略，总结与概括了五项基本策略：主动建构策略、遵循渐进策略、整体融合策略、方法适切策略、践行体验策略。

这些策略的建构，一是突出存在方式上操作性，不是概念化的；二是运作方式上多要素整合性，发挥综合作用；三是作用方式上强化持续性，在育与学的过程中稳定地表现出来；四是关注表现方式上独特性，适应学习过程中的个体差异与学生发展需要。这些实施策略的每一条是关于规则教育理念在“六维度”规则教育的实施中具体化，也是教育行动的方法。有了合理的实施策略可以帮助教师在教育过程中从整体上把握如何让学生学会识别规则、遵循规则，在具体教育活动中能有效地运用教育方法。

（六）四条路径

规则教育需要有效的载体，即实现规则教育目标的路径。我们要改变德育口号多，空转而缺少实效，缺乏适切的教育经验，更缺乏对学生开展规则教育的载体、形式、方法、途径的研究与实践，规则教育需要创新，学校规则教育需要校本化的探索，其目标就是让学生“成为一个崇尚规则的幸福的人”。

实施规则教育要遵循德育规律，一要符合青少年学生心理发展特点，随着学生自我意识越来越增强，自我实现的需要更迫切，学校应该创造条件满足学生的发展需要。二要符合德育心理学的原理，道德概念发展为道德信念，表现通过情感体验，体验产生于活动与实践，即践行。三要德育方法创新。德育不应是灌输，而是体验、感悟达到践行。这就需要让学生在生活中、学习中遵循规则，在学校做好学生、在家庭做好孩子、在社会做好公民。突出规则的践行——做人的表现。要让学生言行一致，表里一致。

我们学校在规则教育中，主要通过四条路径来实施：学科教学、校园活动、环境滋养、象棋特色项目。这四条路径主要根据学校教育的特点，明确了途径，要让学生践行。一是学校的基本教育渠道，课堂的学科教学、德育的养成教育，这样使规则教育落实到学校教育的主渠道中。二是紧紧抓住学校教育主要载体，各类校园活动蕴含着丰富的规则教育的资源，也是提高学生规则能力的主要方式，重在学生践行规则品行的路径。三是学校开展规则教育的特别路径，即学校的特色项目。我们之所以把象棋明确作为规则教育的主要路径，是基于两个认识：学校规则教育的提出源于象棋的规则，进而推广到体育活动中培养学生规则意识与能力，并进一步成为学校德育的特色——规则教育。同时我们也认为，学校开展规则教育应该关注校本化的方式，当然每所学校推进规则教育的路径不尽相同，也应该校本化。因此，我们关注象棋活动中的规则教育，其实提倡的是规则教育的路径很多，我们坚信“条条道路通罗马”。

（七）六个维度

“六维度”是指规则的具体教育内容。在规则教育的实践工作中，我们不可能笼统地讲规则教育，因为对于学生或者任何人来说，规则真是太多太多了，需要梳理成一个规则的大致归类，然后才有可能有序开展规则教育。只有明确规则内容，即教育指向那些规则，才能是规则教育有明确的目标，才能使教育活动环绕规则教育目标组织与展开。

“六维度”规则教育，按照规则的内容可以简要地概括为“六维度”，即六个方面的规则：学习规则、交际规则、生活规则、活动规则、创新规则、担当规则。

这"六维度"规则分别从学生生活与学习中，在校内外，包括家庭、社会中会遇到的规则。例如，生活规则，既包括校内生活，如午餐规则等，包括社会上的交通规则，也包括家庭中卫生规则等。这六个维度的规则从多元角度解析了规则教育的内容。学生的角色表现是多样的、多层次的，其应该遵循的规则也是多元且复杂的，应该让学生在这六个方面逐步积累规则意识，增强规则能力，获得相应领域的践行规则经验，具有良好的规则品行。

第二节 "六维度"规则教育的目标

一、规则教育目标的误区

"不以规矩，不成方圆"。儿童从上学那天起，学校就定了诸多规则。教师依据这些规则，代表社会将这些规则和要求有计划有系统地传递给儿童的过程，这就是规则教育的目标。但是这种关于规则教育的目标是很肤浅的，是现代社会之前的认识，带有强烈的外加的性质。

几乎每一位小学生从入学的第一天起就要学习并熟背《小学生日

常行为规范》和《小学生守则》，并以班级或年级为单位开展比赛。这些规则在当前的教育活动中扮演着双重角色，一方面在学生成长的过程中发挥着积极的作用，另一方面在教学管理班级、组织及教学等过程中扮演着重要角色，成为强有力的武器。一直以来，我们一厢情愿地让学生这样被动地接受并组织这些由教师灌输的社会文化价值，似乎以为这样就能发展儿童的社会性人格，就能使他们成为一个懂得与理解真善美的健全的人，就能教会他们在社会生活中采取正确的行为反应了。于是，在规则教育目标中就出现了一些误区。

规则是学生由自然人成长为社会人的催化剂，理解和掌握规则是孩子成长的需要。然而在实践中教师受教师为中心教育观的影响，希望孩子顺从、听话、服从，"一呼百应"成为很多教师心中潜在的实施规则的目的，于是，规则常常以禁令的形式出现在学生们面前，教师的权威意识替代了规则，教师成了规则教育的代言人，学生被限定在规则与制度所允许的时空里。如果我们的教育一味要求学生放弃自己的生活方式，那是很残酷的。处在这样一个充满紧张感与压力感的环境中，学生的心理焦虑程度会相应提高。长此以往，孩子们容易变得唯命是从，缩手缩脚，墨守成规，影响孩子创新意识的培养，压抑学生个性品质的发展。

作为教育主体的学生，即生命的主体往往不愿意受到规则的不当强制。如何以生命舒展的方式实施规则教育，让遵守规则成为学生的内心需要，让外在的规则成为学生内在的素质，这是我们共同思考的问题。在共同的生活和活动中，以多种方式引导学生认识、体验并理解基本的社会行为规则，学习自律和尊重他人。其核心内容就是，让学生在理解体验中主动建构规则，在成长中生成并内化规则，为学生的社会化打下基础。学校规则教育的最终目的就是让学生形成符合个体化与社会化协调发展的人，而规则教育正是为了培养这样的人。规则教育不是以规则为大棒去管制学生，而是通过规则让学生人性绽放，人权得到保障，意识的形成是规则行为表现的前提条件。因此，学校规则教育就是要学生在理解、内化规则的基础上遵守规则。

规则教育目标的误区还表现在实现目标的方式上。面对孩子对规则的挑战，教师采取的管教方式过于简单。日常教学活动中，许多教师都不喜欢经常表现出"反抗"和"捣乱"的学生，往往会采取呵斥、制止、惩罚等方式加以限制，以达到让孩子服从规则的目的。而愤怒批评的管教信息易引起学生的消极反应。

要发挥规则教育的真正的教育功能,必须树立正确的规则教育观念与教育目标。

二、"六维度"规则教育的目标

"六维度"规则教育强调"讲规则为了幸福,讲规则才能幸福,成为一个崇尚规则的幸福的人"这个核心理念,也就是讲规则是为了全体人,不是少数的人。基于这样的理念,我们应该确立以人为本的规则教育目标,通过规则教育让学生成为一个崇尚规则的幸福的人,从规则中获得人的尊严、人的幸福。

在对规则教育目标的认识上,郑洁认为:"规则教育应该促进学生在学习规则中发展,而不是用规范窒息他、限制他,取消人性,使之泯灭宝贵的个性与年龄特质。规则的设置不是为了禁止或惩罚学生。无论是规则的制定还是规则的执行,都要本着教育的目的,都是为了保证教育、教学任务的顺利开展,平衡学生的权利与义务,让学生在其中有所得,从而推动公民价值观的发展。"

"显然,规则存在的原初意义是加速个体的社会化进程,保证个体自由的最大化。但是,在现实中,规则的意义常常会被不恰当地遗忘和扭曲,有时候甚至会成为'反教育'的载体和工具。"(郑洁:有了规矩一定能成方圆吗——学校规则教育的审视,教学与管理,2012.4)

赵汀阳先生在《论可能生活》中对"规则"有一个非常富有哲理的判断:重要的不是规范,而是规范的理由;任何一种"应该"都有可能是不应该的;任一规范都只是人类生活中的权宜之计,尽管在事实上规范是必需的,但在价值上却不值得尊重;重要的是人性,而不是规范(赵汀阳:论可能生活,北京:中国人民大学出版社,2004.)"用这样的视角审视学校的规则教育,无疑要求教育者应该思考的不仅仅是我要制定什么样的规则,更要反复追问:为什么要制定这样的规则?规则是手段还是目的?这些规则保护的是谁的利益?是否是尊重学生的人性并且是为学生人性的美好?是为了让学校领导满意、为了个人名利、为了看着舒服,还是为了学生的身心俱健、心智丰富?如此,至少'上课迟到1分钟,罚抄课文5遍,迟到2分钟,罚抄10遍,逐级递增',课间休息禁止孩子跑跳、喊叫,提倡'文明','绿领巾、红校服、三色本'这样的规定就立刻不攻自破了,也至少,当学生出现违反这样一些貌似合理但实际上经不起理智审问的规则的时候，教育者也不会动辄勃然大怒了。”（郑洁：有了规矩一定能成方圆吗——学校规则教育的审视，教学与管理，2012.4）在日常教育教学中，不少人所理解的规则教育，是让儿童遵守规则的教育，或者是培养儿童良好习惯的教育，甚至等同为听话教育。这些理解，都强调了规则教育要培养儿童的“社会性”。其实，儿童的良好习惯、合作意识、责任感和自律精神的培养，只是规则教育的部分目标，规则教育还应包括一个导航性的目标，即“促进每个学生富有个性的发展”。弱化、忽视或者背离这一重要目标，都易于在客观上引发规则教育与儿童个性健康发展之间的矛盾。规则教育的本质是促进每个学生富有个性发展的社会性教育。规则教育的目标是儿童个性与社会性的和谐发展，不应该以牺牲儿童的个性为代价。

“通常情况下，在教育活动中，各利益集团从自身的内在尺度出发，评价教育规范的价值选择是否符合自己的目的，是否满足了自己的需要，从而决定是否肯定、支持、服从或者否定、反对、抵制某种教育规范并做出相应的行为反应。”（郑洁：有了规矩一定能成方圆吗——学校规则教育的审视，教学与管理，2012.4）因此，规则教育的目标实现的关键是看这些规则是否激发了儿童遵守规则的内在动机，使他们感受到对规则的内在需要并体验到需要满足的快乐。然而，在实践过程中，教师一方面总是用过于严厉而专制的方式传递规则，甚至辅之以大量的体罚行为，使得孩子消极地认为规则仅仅是“管人”的方式。教育者通常站在规则的社会性上，使儿童学会的也总是用规则来要求别人，没有遵守规则的自觉性。

“六维度”规则教育的目的是促进儿童个性与社会性的和谐发展，成为一个崇尚规则幸福的人。通过规则教育让学生增强规则意识，发展规则能力，提高规则品行，从而做一个崇尚真善美的人。

第三节　“六维度”规则教育的实施原则

一、民主参与原则

民主参与原则是指规则教育实施的全过程中尊重学生的主体地

位,尊重其应有的权利,要让学生主动参与规则的制定、实施与评价活动。

民主参与原则强调“自由:规则之善”。学校规则是为了保证学生自由发展的规则,它培养“道德人”。首先要以民主观念来开展规则教育,要通过学生的参与规则的制定,使规则教育发挥其保障、巩固和扩充人民民主,进而推进人的幸福生活。要充分把握规则与自由的统一的,规则保证学生最大自由获得民主权利。当学生民主制定规则时,有助于规则的良好运行。因为规则本身就来自人类的内在需要,它与学生成长的内在需求相契合,从某种意义上说,规则不是一种外在强制,而是帮助我们达至自由的工具,这便是“从心所欲不逾矩”的状态。

尤其是学校规则面对的是一个个千差万别的学生,妄想把充满差异性的学生打造成毫无差别的“模具”是不道德的也是不可能的,这不仅背离了人类本性,也是对人类的侮辱,因此,使学校规则体现出对自由原则的追求,协助学生的自由发展才是学校规则的应然之举。

贯彻民主参与原则要注意以下几点:

1. 学校的课堂规则、活动规则等应该由师生共同制定。创设条件,让学生一起制定、学习并解释规则,这样一来规则虽然具有强制性,但也不是教师强加于学生的,学生们比较容易感到自己是制定规则的主人,一般来说都会自觉遵守。这一原则也折射出公民参政的民主社会的议政原则。

2. 在规则教育的整个过程中要认真听取学生的意见。“没有学生声音的学校规则教育很显然是悖论的教育。”(徐金海:论学校规则的伦理取向[J].湖南师范大学教育科学学报.2009.9)只有平等看待学生,把学生纳入规则制定的过程中,学生才会去遵守并执行规则。

3. 在工作教育中教师与学生要建立友好的关系。此时,遵守规则就不再是一种外界强加的命令,而是学生满足自身内在需求的过程、一种双边交流的结果。正如阿贝尔所说:“任何孤独思想的有效性,以及孤独个体决断的道德约束力,原则上要依赖于人与人作为平等的对话伙伴之间的相互肯定和共识。”(王振林:西方道德哲学的寻根理路[J],人文杂志,2002.3)

4. 要鼓励学生参与规则的制定,摒弃强硬的灌输与规训。规则教育不是单向度的施舍与恩赐,学校单方面的命令只会让学生体验到被束缚的不快，造成学生消极地服从规则甚至仇视规则，且不利于学生内在品德的培养。

5. 教师要注重引导学生学会制定规则。学生参与规则的制定并不是天生的，有一个逐步学习过程。首先要让学生了解本项活动需要哪方面的规则，才能使活动能顺利进行，然后让学生知道应该是怎样的规则，然后才能进一步制定规则。让他们在理解规则需求基础上，可以尝试成为规则的制定者，提出规则，可以从最简单的游戏规则或者活动开始，游戏(活动)的方法规则都可以交给学生自己做主，只要设计制定好了合理的规则，大家都要遵守。让学生参与规则的制定才能更好地促使他们遵守规则。

6. 教师要积极反思学生参与规则教育的状况。民主制定规则不是简单地把一切欲望都看成是要压抑的对象，用各种形式的“不许”以及极其严厉的惩罚措施达到防患于未然的效果，而是首先应想一想，我们成人是否也有责任？问题的根源是出在学校还是教师身上？大量观察表明，如果一个学校的各项规定切合实际，切合儿童身心发展的需要，那么，学生违反纪律的行为就会大大降低。否则，不管规则合理与否，学生中一经出现违反的行为，教育者就进行惩戒，造成的只有受教育者的满腹怨气——对老师的怨、对规则的怨，就会出现不敬畏规则的行为。

二、人文关怀原则

人文关怀原则是指以人文关怀的精神与态度，实施规则教育，关注学生的身心健康发展，促进学生社会化与个体化协调发展的教育原则。

这条原则规则是人为的，也是为人的。人们制定或运用规则是为了更好地服务自身，而非为自己套上沉重的镣铐或设置牢笼。康德的“人是目的”的科学论断，为规则教育指明了预期结果与发展方向。反之，无视人或反人的规则教育，将规则本身作为目的，单纯以学生无条件地服从规则为制高点，着眼于眼前利益，蓄意追逐急功近利的行为，其流弊在于将手段和目的相混淆，必然得不偿失。我们反复强调，之所以在中小学加强规则教育，用规则引领学生的行为，是因为规则具有合乎或引领人性的光辉，能够产生向上、积极、正向的意义，对学生的身心发展有益，有助于学生领悟道德规则与纪律精神。倘若规则教育与人性和做人的要求相悖，规则或规范必然成为众矢之的。“任何一条规范，就其本身而言，都只是在某种约定的条件下必须遵守的，但却不值得给予尊重：如果它与做人的要求相背则本来就不值得尊重；如果它与做人的要求相符，那么实际上我们尊重的是人性的光辉而不是规范。可以说，规范的伦理价值永远是相对的，而人性的道德价值才是绝对的”。

贯彻人文关怀原则要注意以下几点：

1. 规则教育要力戒功利化的短视行为，确立人性关怀的服务观念，丰富和发展人性，实现规则教育由功利性到促进人性完善的超越，为学生的全面发展和可持续发展搭建长足发展的平台。

2. 坚持“人：规则之本”。学校规则的核心精神是以人为本。学校规则不能盲目关注学校管理效能，而必须建立在充分尊重与体现人之价值的基础上，避免用外在尺度衡量教育活动的价值，就算在教育活动过程中规则要对学生行为进行限制，也应该秉持促进学生个体发展的目的，否则学校规则就会沦为压制的工具。

3. 要把握规则的目的与手段的关系。尽管在我们的生活中需要规范，但是规范都只是手段，人才是目的。规则和人不具有价值上的可比性，当规则和人相提并论的时候，人的发展和完善永远具有绝对的优先性。因此，学校规则要实现对学生本身的尊重与保护，对学生这一成长中的群体给予最大程度的生存与发展的制度关照，使每个学生都能享有应有的权益，享受最充分的发展。

4. 要坚持“教有规则，爱无条件”。“教有规则”才能够让孩子成长为对自己行为负责的社会人。同时，为了进行规则教育，教育的爱应该是无条件的。一旦教育的爱是有条件的，那就是“你要符合我的愿望、符合我的规则——你乖的时候，我就爱你；你不乖的时候，我就不爱你了”。无条件的爱，体现为儿童在任何情况下，即便是表现出弱点和错误的时候，都能够得到成人全部的、真正的爱。强调的是，即使进行规则教育，对人的价值和尊重在任何时候都应该放在首位。即无论是遵守规则还是违规的时候，都要让孩子知道，我们都是深爱他们的。即使孩子犯了严重的错误，也不能够恶眼视之、恶语斥责，更要避免评价人品。规则教育便是基于这样的前提，才能论及引导孩子辨别自己行为的是非对错和改正错误、弥补过失，也才有助于实现规则教育的目标。

5. 在儿童需要的时候，予以适应性的支持。适应性的支持，是指在尊重儿童个人经历和体验的前提下，给予适宜即必要而不多余的情感、技术或物质支持。在规则认知方面，组织与引导儿童讨论有关规则，与儿童共同生成规则，就是一种教育支持。为儿童的活动提供必要的多种支持，帮助儿童自己获取对规则的认同与遵循，比成人直接包办代替取得的成功能够给儿童带来更大的快乐。在规则教育中提供适应性的支持，不仅有利于培养儿童的规则意识，还有利于培养儿童的意志、独立性与成就感。

三、理解遵循原则

理解遵循原则是指要通过适宜的方式，让学生认知相关的规则，并在认同的基础上践行所遵循的教育原则。这条原则强调规则教育必须坚持认知与践行的统一。在理解规则的基础上，认真遵循规则，这是规则教育的落脚点。只有真正地践行了规则，才能表明学生真正理解了规则。

这条原则强调"知规则"是进行规则教育的开始。"知规则"即教育者应该引导学生认识学习与生活中规则的存在，引发他们对规则的感知和重视。在知规则的基础上，家长还要教育孩子懂规则。懂规则就是让中小学生理解规则的意义，懂得为什么守规则。如果说知规则只是让孩子形成一种对规则的粗浅认识，而懂规则就是理解规则，知道为什么要遵循这些规则，对于规则的理解正确与否直接影响规则意识与行为的培养效果。教师与家长要遵循学生规则意识形成与发展的特点和规律，让学生懂得遵守规则是利他又利己的行为，并非是对个体的束缚和控制，提高学生自觉遵循规则的意愿。

贯彻理解遵循原则要注意以下几点：

1. 教师要把握规则知行的转化过程。只有把握了学生对规则的"知"到"行"的发展过程，才能有效开展规则教育。我们要让学生从知道规则转变到认知规则，并达到认同规则，接受规则，愉快地遵循规则。一般来说，只知规则、懂规则而不践行规则，那是知行脱节，是无效的规则教育；只有明了规则、深入理解规则之后才能真正自觉并自愿地遵循规则，才是真正意义上有效的规则教育。

2. 要运用浅显易懂的方式，让学生从知晓规则向践行规则提高。在规则教育中，要运用多种方式，启发学生认知规则，体验规则一般是从知开始，以行结束，也可以根据孩子的年龄特征与当时的实际，从遵守规则的行为训练开始,再进行知规则、懂规则的教育。

3. 守规则要从学生日常生活中做起,不做违背规则、破坏规则的行为,养成遵守规则的习惯。学生日常行为规范意识与行为,最能体现学生的规则意识水平,也能由此检验规则教育的效果。

4. 规则知行的转化很重要的一环是增强学生的规则意识。我们要重视通过生活中、学习中或者其他领域的活动让学生感知生活中处处有规则,时时感到规则的亲和。在这样的环境中学生会很好地增强规则意识。随着规则意识的增强,学生们更会关注规则的认知与规则的践行。

5. 坚持学生从理解规则到遵循规则的长期性,关注过程性。学生规则品质的养成不是一朝一夕的事,也没有整齐划一的方式,因此教师要运用各种教育渠道与路径增强学生的规则意识,促进学生对规则的认知并自觉践行,这样有载体有路径才能坚持规则教育的长期性。

四、内化自律原则

内化自律原则强调"规则教育的关键在于内化于心,外化于行"。在规则教育中,规则并非越多越好。从外在的表现形式来看,规则是客观的,而从规则的发生机制上而言,规则是主观见之于客观的实践。规则只有被个体所接纳、理解和执行,规则教育才能发挥其用。学生对规则认同并将其植根于心,这是有效规则教育的基本条件。为此,激发孩子内心对规则敬畏的情感与坚守的意志,有利于规则的内化,使孩子从遵从他律到自觉自愿地去践行规则。遵循规则、履行规则是个人生活的基本道德标准,遵守规则的生活会促进学生成长为一个在心理、精神上有尊严的人。遵循规则对于学生来说,是道德品质从他律向自律转变发展的一个必然过程。在学习与生活中帮助孩子逐渐形成明确的规则意识,对于孩子个人来说,对规则理解越清晰,就好比将把握规则的"权杖"交到了他们手中,让他们都有权利把握自己,并能明确地判断自我行为的底线,让自己成为自己的主人,而不受他人的支配。也意味着规则不再仅仅是一种外在的强制,规则就由他律变成了自律,也就实现了从规范向素质的转变。

贯彻内化自律原则要注意以下几点:

1. 要培育学生对规则的认同心态,强化规则教育的亲和力,耳濡目染地影响学生对规则的认同态度,营造轻快、愉悦、融洽的规则教育氛围。

2. 教师要给学生参与制定规则的权利，尊重学生的意愿，反映学生的心声，让学生在民主参与中掌握规则的精髓，进而敬畏规则，增强学生执行规则的自主意识和自律行为，引导学生自己生成规则。规则是师生共同讨论、民主协商的结果，绝非教育行政人员或教师一厢情愿的主观臆想。卓有成效的规则教育是师生双边活动的结果。学生切实地融入规则的制定与实施过程中，方可更加深入地理解规则教育的普遍性和必要性，孕育自觉服从与遵守规则的法理情怀，将规则整合到个体的心理结构中，内化为习惯的有机组成，由执行规则的被动者转变为建构规则的主动者。“教育的理想目的是创造自我控制的力量。”

3. 在规则教育中，要摆脱仅凭外在力量一味地限制或束缚学生手脚的错误做法，给予学生充分的知情权、话语权、监督权和选择权，这会潜移默化地加深他们对规则的自我认识与体验，减少或降低直至杜绝无故上课迟到早退、公共场所大声喧哗、破坏秩序、损害公物以及考试作弊等不良现象，增进自主观念与自律意识，推进规则教育质的提升，为趋向“从心所欲不逾矩”的发展层次与境界迈出坚实有力的步伐。

4. 规则教育要强化学生的自觉，要让学生做到把日常规则行为内化为自身心中的行为习惯。学生仅在监督之下，而有遵守规则的外在行为表现是不够的，要让学生发自内心地认可规则，自愿养成规则意识与行为的习惯，做到“心中有规则”、“慎独”，才能称之为真正实现了对孩子规则意识与行为培养的目标。

5. 要充分把握规则的教育本质在于人本的目的。只有从人本立场出发才能达到人的教育意义。现代性带来了道德文化的危机，更深层的是意义危机，学校规则也迷失于此种意义危机之中。康德说：“人是目的，人要永远被当作目的来看待，绝不仅仅被当作手段来使用。”在健全完善规则的基础上要兼顾不同年龄阶段学生的差异性，分层次、有针对性地展开，确保规则教育的实效性。要依据不同年龄段学生的特点，制定和推行行为规范，要以促进学生全面发展为出发点和落脚点，反映时代和社会进步的要求，体现对学生的尊重与信任，引导学生自觉遵纪守法。

第五章 “六维度”规则教育的实施

第一节 “六维度”规则教育的内容要点

一、规则教育内容的把握

规则教育的内容是规则教育实施的要点。我们认为，规则教育内容可以从两个维度进行思考：一是规则教育内容的指向范畴上分类，二是规则心理结构上的教育内容分类。

从规则教育内容指向的范畴进行分类，大致可以分为：学习规则教育、交际规则教育、生活规则教育、活动规则教育、创新规则教育与担当规则教育这六个方面，也就是“六维度”规则教育的建构所在。从规则心理结构上的教育内容分类，可以从规则意识、规则能力与规则践行，也就是从规则教育的心理结构上确定工作教育内容。

我们认为规则教育内容结构上有以下三个要素。一是规则意识，包括关于规则的认知、对规则问题的警觉、对规则履行的意愿等，传授学校、家庭与社会中已经有的规则，并通过学习让学生了解规则的具体含义。二是规则能力，即制定规则的能力、遵循规则的能力、反思规则的能力等。我们要培养学生参与规则制定和完善的意识与能力。规则能力的培养是规则教育的关键。三是规则行为，这是规则教育的重点。规则行为是指遵循规则、履行规则的行为，是规则条文转变为规则践行的载体。规则能力是中介，即通过规则能力实现规则条文向规则践行的转变，这三个方面构成了规则品质。因此，我们认为，规则教育要从具体的规则意识、工作能力与工作行为的培养方面着手，实现规则品行的发展。

如何看待规则教育内容意味着我们将要采取的教育立场，影响规则教育的方法和效果。首先在规则教育内容上要克服重规则的知识，而忽视规则品行的行为。我们一定要从关注客观知识转向重视学生主体规则品行的培养方面。

规则作为规约条文与知识是一种客观事物。但是如果教师仅仅将规则作为需要儿童来掌握的客观知识来对待的话，那么，规则就会变成教师对儿童的一种外在要求，儿童会认为规则与我无关，同教师所教其他知识一样，仅仅是教师的外在要求而已。这样，规则教育就会难以真正养成学生的规则意识。

我们曾经普遍地认可这种理解，因为我们一直都相信儿童尤其是幼儿的行为是要靠他律的，他们还不具备将外在的要求内化为自己的行为模式的能力。那么，要维持班级生活，必须依靠批评、斥责、奖惩等强制手段使儿童遵守规则。“遵从规范的行为可能因为规范内化为个人的需要而发生，也可能是奖励或惩罚外制作用的结果。因此，规范没有达到内化程度的个人，在外部控制放松或取消的情况下，他们的遵从行为就会消失。”（章志光，金盛华. 社会心理学[M]. 北京：人民教育出版社，1996）

这就不难理解在常规教育中，我们为什么要频频对儿童使用外部强制手段了。这样一来，规则就成了目的，而忘记了规则所为之服务的目的，这样做把儿童主体给架空了。这样的规则教育只会自始至终规则是规则，儿童是儿童。因此，我们不能把规则当成一种强加在儿童身上的外部要求，总是刻意地去提醒、督促儿童遵守，而需要把规则本身看成是儿童主体意识的觉醒，把规则意识看成是儿童主体品质之一。只有将规则视为儿童主体的一种品质，把它当成是儿童内在的并在儿童积极的自我活动中体现出来的东西，我们才能找到正确的教育方向，才能真正培养出儿童的规则意识。那就是将规则还原成儿童主体的兴趣和需要，激发儿童对规则的内在动机，使他们感受到对规则的内在需要并体验到需要满足的快乐。我们不能将规则视为钉入儿童身上的一颗钉子，而需要将它看成是播种在儿童心里的一颗种子。

例如，当教师看到幼儿摘掉了一片树叶时，如果他将规则视为外部要求，他就会像平常那样选择简单地批评、责怪幼儿，这样做无疑是“告诉”了幼儿要学“坏”就这样做；而如果教师将规则看成是幼儿的主体品质,就会问那个孩子这样的问题:“你发现了些什么?”“能告诉我们这片树叶有什么特别吗?”这样,教师就给孩子的“违规”行为寄予了积极的期望——怀着探究的动机而不是因“无聊”而去摘树叶。我们有足够的理由相信,后者能更有效地培养儿童的规则意识。(郑三元:规则的意义与儿童规则教育新思维,湖南师范大学教育科学学报,2006 年 9 月,第 5 卷第 5 期)

二、“六维度”规则教育内容的要点

我们在开展规则教育时在内容方面重点突出以下三个要点。

1. 规则意识

规则意识是现代社会每个公民都必备的一种意识。规则意识,是指发自内心的、以规则为自己行动准绳的意识。例如,遵守校规、遵守体育规则、遵守游戏规则的意识,再如,排队意识、交通规则意识是更具体的规则意识。规则就是指规定出来让大家遵守的做事规矩和行动准则。规则意识即是遵守这些制度或准则的良好态度和习惯,或者说是一个人对于社会行为准则的自我认识和体验。强化规则意识的教育势在必行。

规则意识有三个层次,首先是指关于规则的知识。比如说,不偷不盗、爱护环境、讲究卫生、尊敬师长等等。但仅有规则知识是不够的,第二个层次是遵守规则的意望。君子慎独,君子在独自一人的时候是很慎重的。如果没有遵守规则的意愿,在四周无人的情况下,顺手牵羊不是没可能的。第三个层次,遵守规则的内在需要。在这种境界中,遵循规则已成为人的天性,外在规则成为人的内在素质。从规范向人性的转变,对于个人来说,意味着规则不再仅仅是一种外在强制,从而在某种意义上使人获得了真正的自由。按孔子的话来说,这就是“从心所欲不逾矩”,做了他们认为应该做的事情。

2. 规则能力

规则不仅是知识,更重要的是能力,能践行规则的能力。

能力是直接影响活动效率,并使活动顺利完成的个性心理特征。能力是完成一项目标或者任务所体现出来的个体心理特征。人们在完成活动中表现出来的能力有所不同。能力总是和人完成一定的实践相联系在一起。离开了具体实践既不能表现人的能力,也不能发展人的能力。掌握和运用知识技能所需的心理特征,达成一个目的所具备的条件和水平。

所谓的规则能力,包括两个方面,第一个是制定规则的能力,第二个是遵守和控制规则的能力,规则的能力考验着一个人的智商,遵守规则的能力,体现一个人的自律,这个能力也是一个领导者必须具备的,所以大家要好好学习自己能够了解的这些规则和制度,从中找到很多的规律性的东西,自己的规则能力就会大大提升。

规则能力表现为看透规则的能力、选择规则的能力、制定规则的能力、遵循规则的能力、评估规则的能力等。我们在培养学生规则能力时更要注意“规则能力表现”,规则能力表现是规则能力的具体化,以具体的外在行为与机能行为显现出工作能力,从而避免规则行为培养的口号化。(王鋐,2012)教师在规则教育方面,要充分关注小学生能初步理解并记住所提出的基本行为规则和要求;能按照各种合理规则控制自己的言行;能自觉控制自己的行为,不故意违规,违规后及时改正;能学习制定简单的活动规则并能遵守这些规则。

3. 遵循规则

有哲人言:再微弱的光,也是刺向黑暗的剑。每个人的力量都是那微弱的光,我们遵规守矩散发出的光一经汇集,就会形成巨大无比的力量。溪流遵循了大海“有容乃大”的规则,才拥入碧波蔚蓝的沧海;山峰浸润了“无欲则刚”的规则,才有了壁立千仞的雄奇;雄鹰知晓“天高任鸟飞”的规则,才成就了“欲与天公试比高”的翱翔。遵守良好的规则,方可彰显力量。纵观历史,何曾不是依靠完善的规则。唐太宗任人唯贤,虚心纳谏,严于律己,遵守规则,知错就改,才有了李世民携百官开辟了“贞观盛世”,把唐朝带入了一个开明繁荣的时代!足见遵循规则力量之大。“规者,正圆之器;矩者,正方之器。”这句耳熟能详的名言告诫人们立身处世乃至安邦治国,都必须遵守一定的准则和法度。

遵循规则就是要践行规则。规则不是挂在嘴上的、贴在墙上的条文,而是人们一旦认同就应该践行的。遵循规则是规则教育的目标,是规则认知的深化,更是规则理解的深化。关注教育要教育学生勿以善小而不为,勿以恶小而为之。无非也就是一句话:我们要时刻注意自己的言谈举止,“不以小纪而不遵”。因为只有遵守规则,才能使我们的生活安定有序,充满生机,充满活力。同时遵循规则还要本着规则的宗旨,抵制错误的损害他人、群体,乃至社会的规则。规则教育要让学生掌握规则程序公正的原则,践行规则制定的合法性、规则适用的平等性、规则实施程序正义性和规则评判结果公平性四个方面。

让我们从现在做起,从自我做起,严守规则,让规则发挥出巨大的力量!

第二节 "六维度"规则教育的主要路径

规则存在三种形式:明规则、潜规则、元规则。无论何种规则只要违背善恶的道德必须严惩不贷以维护世间和谐;明规则是有明文规定的规则,存在需要不断完善的局限性;潜规则是无明文规定的规则,约定俗成无局限性,可弥补明规则不足之处;元规则是指规则的规则,既然需要建立规则,就必须先明确按照何种"规则"来建立规则,把这种工作的工作称为"元规则"。在我们的身边存在很多的规则,需要我们老师在教育中去发现,去挖掘,去帮助小学生建立规则意识,主动践行规则,那么我们应该在教育中融合规则,建立"六维度"规则教育,从而帮助我们的学生养成良好的规则品行。

一、学科教学中的规则教育

学校教学是学校教育的主渠道,当然也是规则教育的主渠道。学科教学中的规则教育有两个方面:一是课程教材中有着规则教育内容,这是比较直接显性的。二是教与学的过程中应该遵循规则的教育。

我们的学科教学中,很多知识点也存在着规则。最常见的就是我们的道德与法治学科,人民教育出版社《品德与社会》三年级第一学期第三单元设计的是《我和规则交朋友》,上海科技教育出版社《品德与社会》三年级第二学期第一单元的题名为《维护公共秩序》,上海教育出版社九年级第二学期《社会》教材的专题3也是《熟悉社会规则》……

"音乐就是最美的语言",音乐课上许多的规则都是通过音乐表达出来的,学生通过唱、跳、听等轻松愉快的方式既明白了老师对他们在课堂上的要求,又提高了对音乐的感知力和表现力,可谓一举两得。在"听"中理解规则,在"唱"中遵守规则,在"跳"中践行规则,音乐规则教学法把枯燥、严肃的规则与有趣、轻松的音乐紧密结合,通过唱、跳、听等多种方式表达出来，学生乐于接受，记忆牢固，富有音乐课所特有的浓厚氛围，同时也提高了学生的审美情趣和音乐表现力。

还比如在沪教版小学牛津英语五年级上册第一模块第二单元的主题为 Crossing the road，围绕过十字路口这一主题，学生将在本单元中学习各种交通法规。交通法规，是为了维护道路交通秩序，预防和减少交通事故，保护人身安全，保护公民、法人和其他组织的财产安全及其他合法权益，提高道路通行效率，制定的法规等。

由此可见，学生的规则教育与我们每一位老师息息相关。它存在于每一课知识中，它存在于小学每一册教材中，如果我们能更好地将这些规则教育潜移默化地实施，那必然能把我们的学生培养成尊重自我、尊重他人、有责任心的人。

更重要的是，教与学过程中的规则的教育，我们应该在教学过程中培养学生的课堂学习规则、师生关系规则、考试规则、作业规则等。这些规则是学生在学习中经常涉及的规则，因此在这些学习过程中开展规则教育，是十分有效的途径。

二、活动中的规则教育

学生的每一天都是充满了多种活动，生活活动、学习活动、休闲活动、文化活动、交际活动等。这些活动中也存在很多规则需要我们学生去遵守，比如在游戏中有游戏规则，在竞选时有竞选规则，在操作中有操作规则，在探究中有探究规则……同时每年学校都会开展很多大型活动，如六一儿童节、中秋节、重阳节、国庆节，等等，不同背景的活动中都存在着规则，通过这些活动逐步培养学生的规则意识，逐步把我们的学生培养成热爱祖国，热爱人民，热爱家乡，热爱父母，热爱同学，热爱他人的阳光学生。

比如六一儿童节开展的游戏：美丽的花瓶。游戏玩法：提供装有纸弹簧的饮料瓶、吸管及各色花片，将吸管和各色花片做成花朵后将其插在饮料瓶里装饰成美丽的花瓶。游戏规则：用吸管和各色花片做花朵时可以用双面胶或透明胶固定，剩余的垃圾不能放入花瓶内，要将垃圾放入垃圾桶里。快乐活动日开展的游戏名称：快乐阅读。游戏玩法和规则比如：(1) 安静阅读，专心读一本书，学习一页一页地看书，能看懂图书内容；(2) 注意身体姿势和用眼卫生；(3) 能与同伴一起看书，爱护图书，不撕书、不折书……开展的游戏活动不是单纯的游戏，我们通过开展这样丰富游戏的同时，融合规则，让学生在玩中学，培养良好的规则品行，在游戏之中学生懂得剩余的垃圾不能乱丢弃，应该保持环境卫生。游戏二又告诉学生阅读规则，学会看书，学会爱惜书本，学会与他人分享。

通过活动不仅能让学生在轻松愉悦的活动过程中感受到快乐，同时也能将规则转化成学生容易接受的方式潜移默化地传授给他们，可谓一举两得。

三、环境中的规则教育

环境充满着人与自然的关系、人与人的关系，以及人与社会的关系，这些关系都需要依靠规则来调节关系之间的活动，形成公平公正的次序。正所谓家有家规、校有校规、社会有社会的规矩。学生生活在环境之中，在生活的环境中有着很多规则。环境无时无刻在影响着学生的规则意识、规则能力与工作的遵循。

生活的环境要求学生遵守的规则很多，比如交通规则，学生要懂得红灯停、绿灯行、黄灯准备，要懂得行人要走人行道等，如果一旦缺乏交通规则意识，交通秩序就会变得凌乱，交通事故会频发。再比如，小学生要学会从小进行垃圾分类，废旧报纸、图书之类的垃圾还怎么处理，锋利容易伤人的垃圾怎么处理；饮料瓶之类的垃圾怎么处理等；学会将垃圾分别投入对应的垃圾桶等，如果从小培养这些规则，那我们相信我们不会出现垃圾遍地、污水横流的现象，即使大型的群众聚会结束之后，地面上也找不到垃圾。在社会环境中学生也学习以不同规则区分人群，有的是帮助人民，一心为公不谋私利，有的是恶人，欺压老百姓；有的是坏人，贪污盗窃犯罪犯法等。让学生区分垃圾的意识与能力，逐步提升到区分人群。规则教育走进家庭、走进社会，让学生投入尊老、爱老、帮老活动之中，使学生真正去关爱老人，懂得孝敬长辈。

在我们身边还有很多规则需要我们的学生去学习，去掌握，去从小培养，我们将努力把我们的学生培养成知规矩、懂规矩、行规矩的新一代“钱小娃”。

四、象棋特色项目中的规则教育

我们学校把象棋项目作为规则教育的途径，是基于规则教育的路径是多元的，有普遍采用的共性路径，也有根据特定的条件采取的校本化（个性化）的路径。我们学校的教育特色项目是象棋文化，也正是这个项目引发了学校凸显规则教育。

苏联著名教育学家苏霍姆林斯基认为，细腻的观察力、对事物的概括能力、发现问题和解决问题的能力、对美的事物的感受能力，以及孩子们的交往能力、合作精神等都能由学习棋类来完成。正因为对象棋教育功能的这种认识，我们将象棋列为我们学校的特色项目，“楚河汉界育新人，弈海棋林修身心”，在象棋教育中也存在着很多规则。

下象棋是一种智力竞技体育，也是一种人际博弈，弈棋双方布阵决战，有点“你死我亡”之感。为此，规则在象棋中更显重要，赢得光明磊落，输得心服口服，公平公正中获得弈棋的快乐。象棋中除了基本下棋规则外还蕴含着很多其他规则，如下象棋的礼仪规则、诚实规则等，这与做人一样，要尊敬师长，做人要诚实，绝不能投机取巧，弄虚作假。象棋活动有助于培养孩子懂规则、守规则。

我们学校广泛开展象棋活动，并在其中整合规则教育，获得了积极的教育效果，不仅象棋活动成绩斐然，而且参与象棋活动的学生守规则讲诚信，选手更显得儒雅气定。

思考

小棋子的教育能量

——钱圩小学象棋特色教学

中国象棋历经几千年的发展，它蕴含着中华民族传统文化的精华，是华夏民族智慧的结晶，它不仅有益身心，易于开展，还能锻炼人的思维，增强人的毅力，强化竞争意识。

正因为象棋的这种性质，同时基于教育局提出了“琴、棋、书、画”作为区域教育特色项目，渗透民族文化教育。为了更好地开展活动，2007年我校开展了象棋兴趣班并将中国象棋申报为金山区青少年民族文化技艺培训重点项目。我校本着“立足地方特色，传承民族文化，弘扬民族精神，凸显学校特色，打造校园文化；以棋促文、以棋益智、以棋养性，走好起(棋)始一步、走向幸福人生；促进学生、教师、学校和谐发展”理念开展中国象棋特色教学。

在象棋课题领衔下，通过“专家引领、区域联动、团结协作、探索研究、特色创建、学校家庭社区有效参与”等活动，传承民族文化，弘扬民族精神，逐步形成棋韵校园。

在当今家长十分重视教育、学生课业负担较重的环境下，打造象棋特色教学是一个很好的减负之举，可全面提高学生素质，丰富学生课余生活，拓展文明安全游戏，发展学生智力，对实现轻负高效有着极大的促进作用。

经过近十年的象棋特色教学，学校里形成了一股爱象棋的好风气。学校的象棋课成为孩子们最喜爱的课程之一，高年级的孩子每次说起下象棋总是滔滔不绝，低年级的孩子刚接触象棋也都个个神采奕奕。课间总能看到几个爱下象棋的孩子在布满象棋的长廊上驻足，也能看到象棋课后一张张红扑扑兴奋的小脸。就连平时的"皮大王"下起象棋来也有板有眼，气定神闲，完全像变了个人。"象棋"似乎正在以自身的特色感染着每个孩子，传播着正能量。

"下棋的孩子更聪明。"在象棋教学与训练中，学生要做到"三思而后行"，他们经过思考、运算、记忆，并在头脑中构成各种棋路的图形，从中选择最佳的下棋方案。这样的过程，不仅是象棋训练，同时也是对学生智力发展的有效促进。孩子们在下象棋的同时锻炼了脑力，也培养了兴趣。随着课业压力的逐渐增大，小学时期的业余兴趣很有可能会伴随孩子们的一生。

"下棋的孩子综合素质更强。"中国象棋是融艺术、科学、知识和灵感于一炉的一种游戏，是一种休闲和智力锻炼的结合物，也是人们生活中一种有趣的、快乐的、陶冶情操、修身养性的活动，因此能帮助学生塑造一种安静、朴素、活泼、灵性的气质。其次，中国象棋特色教学能促进学生养成良好的学习习惯和思维品质，特别是注意力的集中、转移与重新分配。再次，中国象棋能培养学生的规则意识。象棋被称为"头脑的体操"，其最大的魔力在于竞技中的规则意识、竞争意识、进取意识和全局意识。在学下象棋的过程中，孩子能体会到：一个人必须遵守棋规，无论是比赛、学习还是未来进入社会工作、为人，都得规规矩矩，有条不紊，想钻空子、投机取巧是行不通的。

"下棋的家庭更温馨。"作为兴趣，学生们把象棋带回了家，影响着一户户家庭。我们学校学生的家长许多都是外来务工人员和农民工，在这样的家庭环境中，孩子们很难有良好的家庭教育，但是通过一颗颗小小的棋子，原本疏远的家庭关系又维系在了一起。孩子和家长有了一项可以一起互动、交流的小游戏。为了可以让自己的爸爸妈妈参与到学校组织的家庭百人象棋赛中，他们不厌其烦地教自己的父母如何下象棋，把原本晚上玩手机、打麻将的爸爸妈妈都聚拢在这小小的棋盘前，一家人为了如何走好一步棋而斟酌、思考。

家庭百人象棋赛是我校象棋文化的传统项目，每学期举办一次家庭百人象棋赛。以家庭为单位进行比赛，有的小棋手拉着爸爸来比赛，有的小棋手拉着妈妈来参赛，也有的小棋手拉着爷爷来参与……场面温馨和谐，“棋”乐融融。举办家庭为单位比赛，目的在于让更多的小手牵着大手，一起来下象棋，丰富家庭精神生活。

在这一次次活动、一项项比赛中，小小棋子慢慢深入孩子的心中，听孩子笑谈过这样一个场景：每到逢年过节，孩子跟着家长走亲访友总会带上一副象棋，等吃罢饭就拉着哥哥姐姐叔叔阿姨……来杀一盘，因为这样一副棋，让原来已经摊开的麻将桌收拢了，大人们都围观着，而这一场“激战”多数都以孩子取胜收场。这更增添了他们的信心，也让他们对象棋的兴趣更浓厚了。

学校为了凸显象棋特色教学，努力使象棋特色创建与课程改革紧密结合。开展棋类活动做到课内教学与课外培训相结合、校内活动与校外竞赛相结合、专业教师引领与广大师生学练相结合、定时集训与分散训练相结合，提高棋艺与提升棋品相结合。为此，学校在课程设置中每周安排一节象棋课，让象棋走进日常课堂，让象棋真真正正成为钱小不可分割的一部分。

小小的棋子就这样融进每个钱小孩子的心中，“润物细无声”传递着一股股正能量，不仅在整个校园内，还渗透到每家每户中。楚河汉界育新苗，弈海棋林修身心，孩子们享受着这一颗颗棋子带给他们的欢乐和满足。

（张照龙）

第三节　“六维度”规则教育的策略

一、自主建构策略

自主建构策略是指在规则教育中要让学生自主制定规则、选择规则、接受规则,并主动遵循的策略。这项策略强调规则的制定、选择、接受与遵循,不能依靠强制,而是要充分民主,让学生自主建构。

规则的主体是制定与遵循规则的人。规则的主体是作为道德活动的主体,对规则活动显现出独立的、积极的、自主的、自由的认识和行为方式。学生的规则行为的产生必然是其规则道德品质的主体性表现。学生在规则中获得道德上主体性的自我发展,这种主体性是处于发展和增强过程中,由不成熟、不完全的,开始甚至是很微弱的规则的主体性,逐步增强,有一个发展的过程。

学生学习的过程是建立在经验基础上的一个主动建构的过程。在学生践行规则的学习过程中,便是运用已有经验,获取未知经验的一个过程。建构主义学习观认为:学习者不是如一张白纸般空着脑袋去对待规则的,学习规则是带着他已有的知识经验,在他人帮助下主动建构能力结构的过程。在这个过程中,已有的经验或者促进,或者阻碍着学习者的学习进程。正确对待经验在解决规则品行上的价值,并进行扬长避短,最大程度地发挥经验的积极作用,帮助学生更好地发展规则品行。

"规则"需要主体的认同。这种认同应该是从我们的心灵里的一种认同。"规则"应该成为一种主体的钦佩的规则,这种钦佩应该是从我们血管里喷涌出的一种规则之心,就是主动建构讲规则的世界,充满爱、充满自由,人人感受幸福的世界。

我们在运用自主建构策略实施规则教育时,要注意以下要点。

第一,尊重学生是规则建构的主体。在现实中,一提到规则,往往是预先设定,让学生照办。儿童在共同生活中的规则应该让学生共同选择与制定。即使已经是教育中有共识的规则,在具体的规则教育中,也要让相关的学生对规则的认同,在这个群体中接受。要关注规则的学生可接受性,即儿童可以理解与遵循的规则。大多数游戏规则都是这一类。这些规则最初是由游戏者建构起来的。儿童在游戏时欣然接受它们的约束,丝毫没有不情愿,如"木头人"游戏,儿童自觉地在听到信号后做一个造型,并停止不动。在这里,规则意味着学生主体的积极体验。

第二,引导学生将规则学习从被动接受到主动建构。学生对规则是主动建构的,学生通过自己的活动实现对其世界观中规则的建构。

在这一过程中，规则从它固有的内涵到学生赋予它意义，规则发生了内化。教师要在学生活动中积极观察与跟随。教师全面了解与深刻理解儿童的基础。更多地让儿童导演自己的生活，不随意打断儿童正在进行的无害活动，不仅是尊重学生自主选择与制定规则的体现，更是儿童主动建构规则学习体验的实践。

第三，关注学生需求型规则。当儿童认为规则对自己有利，给自己带来乐趣时，就会把这种规则当作自己内在的需求，成为学生感受到内在需要的规则，即儿童感到内在需要的规则。规则与学生需要之间的关系可以描述为：规则是满足在幼儿社会生活中能正常开展活动、进行交往的保证，并对自己有利，而不是对他们的限制。只有在学生体验到规则或纪律对自己带来乐趣，并觉得它们对自己有用时，学生才能将规则视为自己的内在需要。教师需要利用有利时机将规则要求转化为学生的需求，这样，学生规则教育的过程应是规则需求化的过程。当规则成为学生的需求时，一切外在的纪律控制就纯属多余。“纪律的问题从来都是人的需要未得到充分满足才发生的。”当一个学生潜心地投入他所喜欢的活动中并得到身心满足时，他的规则意识就形成了。不过令人遗憾的是，大多数的教育者并没有完全意识到这一点。我们往往直接要求儿童遵守大量的行为规则，却没有帮助儿童理解规则是如何产生的，以及在这一过程中体验自己如何需要它们。

第四，当我们将规则视为客观的行为准则，并认为它只对遵从者以外的人有利时，我们就会联想到内化的观念。内化是将一个本不属于自身的东西转化为自身的一部分，在认知方面，内化是一种将外部的知识纳入到自己的认知结构和行为模式之中。规则内化的前提是有一个预先存在着的外部规则和处于准备接受状态的儿童大脑，然后由技艺高超的教师来完成这一转化的过程。然而，这种将外部规则加以转化的规则教育观，不可避免地把儿童放在被动接受的地位上，因为任何转化，都是输入，而不是内发的。这样的教育同样不可避免地采取外部要求甚至外部强制手段来实现与保证“输入”，至于这种教育的潜在及实际的结果，则远不是最主要的，甚至鲜有考虑。

第五，改变说教式规则教育。在实践中，教育者大多以说教为主，手段单一，很少考虑儿童的可接受性。因此，一旦孩子出现“违规”现象，教师采用的手法往往比较简单和粗暴，甚至训斥、体罚等。事实上，当我们忽视儿童的内在动机,不让学生体验到内在需要得到满足的快乐时,对学生规则的任何外部要求都将永远难以内化为学生的品质。从学生的自我建构出发,对学生规则教育过于关注儿童以外因素进行反思。

二、循序渐进策略

循序渐进策略是指规则教育要遵循规则教育规律以及学生的身心发展,在规则教育内容与形式上循序渐进的一种实施策略。

循序渐进策略强调规则品行的发展是一个逐步从简单到复杂的过程,强调要依据学生对规则的认知与行为能力的发展水平开展相应的教育活动,教育活动所指向的规则有学生可接受性、层次性循序渐进,在学习中提高,在提高中巩固,逐步有序发展。循序渐进策略的基本思路是各个阶段都要有规则品质的培养要求,着重践行。每一阶段具体的规则能力目标的学习和实践都要建立在整体的基础之上,即在整体中把握,从简单的阶段到复杂的阶段递进,前一阶段是后一阶段的基础;后一阶段是前一阶段的递进和发展,如此多次循环直到相应规则的认知与能力的掌握,规则品质的提高。

实施循序渐进策略要纵向递进、温故知新、分层渐进、巩固提高,做到"纵向层次递进,横向螺旋推进"。

第一,纵向递进。规则教育在内容上要按照规则内容分阶段实施,在规则意识与规则能力方面逐步递进,达到规则教育目标。首先是可接受性规则,即儿童可以理解的规则。例如大部分的游戏规则。

第二,分层渐进。根据学生具体的规则的认知与规则能力的具体状况,在教育过程中,可以将规则品质目标,从简单到复杂,分解为若干个层次,由少到多,由简单到复杂,由单因素到多因素,不断引领学生规则品质的发展。

第三,温故知新。孔子说:"温故而知新,可以为师矣。"规则能力的发展不可能是毕其功于一役,需要反复练习达到熟练。在这个过程中对特定的规则有新的体验,增强相应特定规则的意识,提高规则能力。规则教育要长期坚持,巩固规则孩子的行为习惯养成需要一个漫长的过程,只有常抓不懈,才能日积月累,使规则意识得到巩固。规则意识的培养不是在短期时间内能完成并见效的,它需要每一个老师在日常工作中做有心人,点点滴滴、随机渗透、日积月累才能巩固效果,使我们的孩子更主动适应小学生活,更自信地适应社会。

第四,循序渐进。按照认知规律,认识事物总是从简单到复杂,从点到面循序渐进地进行。朱熹说:“君子教人有序,先传以小者近者,而后教远者大者。”规则品质要从简单的开始,然后再进行复杂的,循序渐进,不断提升。

第五,巩固提高。规则品质不仅有一个成熟发展的过程,同时也可能会出现退化的过程。因此,在形成规则品质时要特别关注不断发展提升,这就要经常学习与践行。

三、方法适切策略

方法适切策略是指规则教育的方法要与教育目标、教育内容相适宜,以期达到规则教育目标的策略。“工欲善其事,必利其器”,如何使得规则教育有序和有效,必然依靠一定的方法。规则教育应该以教育最优化为导向。“最优化”意味着最符合一定的条件和任务,也就是最佳的、最适宜、最有利的。苏联教育家巴贝斯基提出的“教学过程最优化”的基本含义是“所选择的教学教育过程的方法,可以使师生耗费最少的必要时间和精力而收到最佳效果”,“最优化要求全面考虑教学和教育的规律、原则、现代形式和方法,现有途径以及所教班级和个别学生的特点,并在此基础上使教学教育过程能既定标准发挥最有效的(最优化)的作用”。教育最优化思想是规则教育方法适切的方法论基础。

规则教育方法应该不断适应学生的实际,进行方法创新,不能墨守成规。规则教育的方法应该是不断发展,不断构建、完善的,需要教师在规则教育实践中不断探索有效的教育方法。

在规则教育中运用方法适切策略时,我们要注意以下几点。

第一,规则教育教学方法是动态变化的,不是简单地照搬或复制。同一教育方法可以使用不同的规则教育内容,以适应不同的规则教育。在规则内容相同的条件下,即使使用同一教育方法,也由于对象学生的不同,在使用时也要适应学生,不能完全雷同。

第二,不同的规则有着不同的特质,规则教育方法应该与之相适应。具体的规则不同,而且它们规则的要素,包括规则意识、规则能力与规则行为的不同,教育方法也需要与之相匹配,不存在“万能”的方法。只有傻子与无知者才会提出“金钥匙”“捷径”之类。因此,越是标榜“万能”“良方”的,越是说明离真理越远。没有最好的教育方法,只存在适用的方法。只有教育方法与教育内容相匹配时，才是最好的方法，对不同的规则教育要素要选择适当的方法。

第三，规则教育方法的合理性。在学校中，存在着各种类型的规则，如学习规则、卫生保健规则、礼仪规则、道德规则等，这些规则可能本身是正当的、合理的，但并不是所有这类违规行为都需要惩罚，只有当学生触犯的规则属于道德和安全范畴时才可以考虑施加惩罚。

在讲解规则时要注意语言的简短、精练、条理清晰、便于记忆，切不可啰啰唆唆说上一大堆，使学生难以从大量的词汇中找出要点，产生不理解或不愿听的情况。有时候教师在活动中提规则要求时，说了很多注意事项，面面俱到，可结果却事与愿违，学生好像把教师说的话全忘了。教师应该简单明了，一般每次提出的规则要求在三条之内，所用的词汇都是学生能理解、易记住的，这样效果就非常好。

第四，规则教育方法要关注适用的差异性。我们应该根据学生规则品质水平的差异，提高学生规则意识、增强学生规则能力，达到提升规则品质的效果。规则教育有着其个性化的一面。这是基于规则品质的主体存在着差异，例如学生的年龄、学生的道德面貌、学生家庭道德环境等的差异也是很明显的，更何况学生个体与个体之间规则品质水平也是不同的。因此，符合学生个体的规则教育方法才是最好的教育方法。

第五，在开展规则教育中要尊重与允许学生对规则的不同意见。在规则执行时教师要认真听取学生对规则的意见，特别是遵循规则的困难或者疑惑，甚至反对意见。在规则制定时，更要听取学生的意见，从学生的角度多考虑，换位思考，而不能一味独断专行。对同一规则，不同的学生、不同群体都会有不同的感受和观点。这就要求老师倾听学生意见，在学生交流中要允许有不同的观点出现，正因为有了不同的意见才会有想法的碰撞，有了争论更可能激发学生再认识，并寻找答案，增强学生的规则意识。

四、体验践行策略

体验践行策略是指规则教育要遵循教育心理学的原理，让学生通过对规则的体验，进而践行，培养学生的良好的规则品质。规则不仅是一种条文，而且更是需要践行的规范，一种遵循规则的能力，也是一种道德情感。规则要让学生自觉地遵循，必须让规则的概念通过体验与践行，转化为对规则的信念。

我们要关注对规则的体验深度，给予学生规则品德的学习，促进对规则内容的体验质量，以及在体验程度的深刻性。有时规则体验肤浅，缺乏对规则问题的本质的感受与感悟，仅停留在表层的体验。有的规则教育活动所传递的信息难以引发学生体验，或者只能引发一般的体验，但是有的看似平常却可以让学生获得深度的体验，甚至高峰体验，并能产生感悟。

规则践行在学生规则品行发展中有着不可替代的意义。判断一个人，不是根据他自己的表白或对自己的看法，而是根据他的行动。学生的规则品行以及其水平最终以其规则践行作为标志。强调规则教育的践行性正是表征培养“做人能力”的德育价值取向，摒弃道德“口袋”的观念。单靠灌输规则的道德知识和规则条文，不可能转化为学生的感恩品行。杜威认为，经验包含着一个主动的因素和一个被动的因素，这两个因素以特有形式结合着。在主动方面，经验就是尝试。在被动方面，经验就是承受结果。单纯的活动，并不构成经验，只有当一个活动深入到承受的结果，当行动所造成的变化回过来反映在我们自身所发生的变化中时，这样的变动才有意义，这样的活动才能称之为经验。(杜威：《民主主义与教育》，第 153 页)规则的经验是规则能力的获得过程中不可或缺的一种重要资源。

在规则教育中运用体验践行策略时，我们要注意以下几点。

第一，关注学生对规则的深度体验，不能肤浅地搞形式主义的教育活动。在体验中，主体主要通过想象、移情、神思、感悟等多种心理活动的交融、撞击，激活已有经验，并产生新的经验，并使感恩的经验内化为自我的感悟，使感悟到的理解转化为外显的遵循规则的行为表现。在规则教育中，要防止纯理性或者停留在感性上的两个极端，要使规则体验中理性与感性相互融合，提升体验深度。

第二，关注践行性规则，即在交往中通过协商一致制定的规则，由大家一起约定并共同遵守的规则。在体验规则的基础上，积极发展践行性规则。这是在人际互动中通过讨论，共同制定规则，然后在实践行动中体验规则，如通过做值日生体验责任，通过修理图书感受要对图书的爱护等，如果在实践中有违反规则的情况出现，那么就按大家共同约定的方式来处理这种情况，遵守共同的约定。在这个过程中，儿童执行规则的能力就慢慢提高了。

第三，关注在生活中践行规则，以内养外。规则品行通过在生活中的践行发展与提高，持久的规则践行促进学生规则品行良好习惯的巩固。通过规则践行使学生在生活中不断强化定向性行动，学生通过日常生活中的实践、行动，亲历躬行，将规则行为逐步固化为习惯。学生规则品行践行活动一方面是不断地将“规则”内化的过程；另一方面，也是不断将自己已有的规则品行外显的过程。学生的规则意识、能力与践行正是通过内化与外显的无数次交替而逐步形成、发展和完善的。规则践行关注学生规则行为养成的自我参与、行为改变的自主、行为发生的内驱。要为学生提供经常践行规则的机会与条件，不断强化逐步形成良好的规则践行习惯，增强做人的能力。

第四，关注规则体验践行的道德性。要引导学生在生活中认真遵循体验和践行，学生感恩品行的发展必须通过生活中的践行，在践行中成长，并以践行检验自己规则品行的成长。以遵循规则行为主动地履行道德义务和责任，规则品行的发展需要在一定情境下加上道德行为的强化。遵循规则是一种道德践行，这种道德行为要持之以恒。

第五，要关注规则的体验与践行的结合。规则能力的发展离不开规则践行经验的获得，即实践中的体验。规则经验是通过规则的实践获得的一种体验。规则能力的获得并非单纯地通过积累规则条文来实现的，它更多地通过运用规则的活动形成体验，对规则践行活动经验的条理化、对规则理解的自我组织等来实现，成为规则践行的能力。在规则教育中运用体验践行策略，要抓住具体的新旧规则能力之间的相似性，激活学生的已有经验，促进能力获得上的正迁移。同时，抓住具体新旧规则能力之间的相异处，根据这个差异，创设相关规则的实践情境，促进规则经验的发展。教师应当充分进行变式，增强学科新鲜能力的适应性，促进遵守规则能力水平的提升。

五、整体融合策略

整体融合策略是指要从整体上把握规则教育的要素，并加以整合，系统地实施规则教育。

“六维度”规则教育是一个综合教育系统，有着自己特定的系统要素，形成特定的系统结构，才能发挥自己的教育系统的功能。“六维度”

规则教育的要素——结构：理念层面、内容层面、操作层面以及各自的要素必须互动、整合。这些要素的整合与互动有层次，而且表现为特定形态的纵向的和横向的联系形式方式。通过这些发展要素有序地展开学习活动，发挥其发展功能。我们认为学生发展模式的三要素整合应该以最优化为目标。“最优化”意味着“最好的、最佳的、最适宜、最有利的”，意思是最符合一定的条件和任务。最优化思想是三要素整合的方法论基础。

规则教育乃内容上与形式上是多元的要素组成的一个教育系统，并以各要素整合产生系统功能。规则教育不仅要注意具体的教育方式和教育内容，而且更要关注规则教育的系统，从而使规则教育能观照和适应教育的整体效能。

在规则教育中运用体验践行策略时，我们要注意以下几点。

第一，规则教育的整体融合要关注教育目标的引领作用，并以教育目标对规则内容、规则方式在教育过程中进行整合。规则内容的组织要改变以条文知识为中心，凸显规则能力，才有可能落实规则教育目标。当规则教育内容与规则方式匹配时，才能使学生规则品行发展的可能转化成现实。规则意识应该在规则能力的整个规则品行形成过程中发挥促进作用，而践行又必须以能力为目标，并以践行为载体实现教育目标。规则教育的目标、内容、方式以及心理动力等要素的整合上为实现学生规则品行发展提供了发展机制。

第二，规则教育应该是综合的，避免单一的教育方式思考。规则教育要整合教育的组织形式、教育方式、教育途径，发挥它们的综合作用，使之最优化，多种教育方法的整合有助于增强教育效果。组织学生进行多种操作活动，促使学生动手、动眼、动脑、动口的多种感官参加，提高学生规则能力，是发展规则品行的重要方法。

第三，规则教育融合于生活之中。规则教育主要通过学生发现生活中人、事、物的关系中的规则意义，唤起学生对规则的价值认同，形成和提高学生规则品行的道德认知、情感和行为的教育活动。规则发生在生活中，规则教育也离不开生活。“六维度”规则教育强调联系学生在遵循规则上表现出来的缺失现象，结合学生实际开展教育活动。“崇尚规则”之心，就是我们每个人生活中不可或缺的阳光雨露，一刻也不能少。无论你是何等的尊贵，或是怎样的看待卑微；无论你生活在何地何处,或是你有着怎样特别的生活经历,只要你胸中常常怀着一颗崇尚规则的心,随之而来的,就必然会不断地涌动着遵循规则之心。

学生可以在日常生活中学会遵循规则,体验与感悟规则品行的正确性。只有通过生活才能发展规则能力,规则品行的形成以践行为表征。规则的道德践行就意味着规则教育离不开生活,这样在生活的真实情境下,才能把规则的道德概念、信念转化为行动。学生在生活中加深规则认识,在生活中培养规则感情,在践行中坚定规则的信念。注重学生在生活情境中的规则体验,通过体验让学生的道德概念向道德信念发展。道德体验必然出现在生活经验中。没有生活经历,即经验,也就不可能有所体验。

第四,关注规则教育中的转化。规则教育内容的丰富性要求规则教育的各要素融合的转化。规则内容包括政治与经济、法律与法制、科技与教育、文化与艺术等方面的规则,这些规则在个体身上有着共同的结构要素——规则意识、规则能力与规则遵循,包括对规则的认知、规则的情感、规则的行为。这些规则的要素在个体身上的形成与发展可以是多开端的,教师可以从规则意识的增强开始其规则教育,也可以从规则的能力着手培养学生的工作意识,同时规则要素也是可以互相促进与转化的。规则要素的转化强调规则要素的转化性,通过学生规则教育使学生有可能达到的规则能力水平转化成达到的水平。这种"可能性"向现实的转化是规则能力与其他心理因素以最佳方式结合而产生的结果。

第五,关注规则教育的开放性。规则教育不能局限于文本认知上,一定要突破这种做法,实现开放式的规则教育。要组织各种生动、充满童趣的教育活动,让学生走近大自然、走进社会大课堂、走入学习的殿堂里的各种规则,让他们在各种活动中体验、探究、感悟规则,在多种活动中增强学生的工作意识,激发他们的规则主体性,逐步让学生在活动中养成良好的遵循规则的习惯,让学生广泛自觉地参与。

创设规则教育的环境与条件,尽力为学生提供体验与践行规则的环境。要从班级中向全校开放,从学校中向社会开放,让学生接触书本上、小环境中未曾接触过的生活所需要遵循的规则。例如听音乐会、参观博物馆等,这些活动中蕴含了很多规则是学生应该掌握的,也是生动的,这些规则的遵循容易调动学生参与的积极性。学校规则教育的实施应该是开放式的，充分运用社区的资源，包括静态的和动态的、事件的和人物的等，进行选择、组织、整理和运用。也可以开发家长的资源，动员家长参与。

学校要努力开拓规则教育的渠道。从校本阅读节、有关社团、社会实践、论坛演讲会、校刊等各种方式拓展学生规则教育的多类型阵地，提供支撑规则教育的环境。从校园环境与班级环境这两个层面营造规则教育的环境，让全校师生尊重规则，崇尚规则，营造规则教育的浓厚氛围。

第四节　“六维度”规则教育活动

一、“六维度”规则教育的载体——教育活动

“六维度”规则教育强调教育的实践性，学生在各类活动中学会遵循规则，成为规则的主人。规则教育不能靠嘴巴来教育，也不能让学生成为规则的嘴巴。“六维度”规则教育强调通过各种活动来开展规则教育。

活动理论是教育的重要思想。思想家卢梭提出了一系列具有划时代意义的教育思想，“他对‘自然教育’及师生之间自由地认可的‘契约’所作的探索是全部现代教学法运动的根源”。[《简明不列颠百科全书》编辑部：简明不列颠百科全书(第五卷)[M]，北京：中国大百科全书出版社，1985：391]卢梭认为，感觉与观察是获得知识的基本方法，是形成经验的基础，真理建立于直接经验的基础之上；儿童具有活动的基本冲动和自由的意志；儿童的发展具有年龄特征。

著名美国教育家杜威把活动作为教学的基本方法。他反对学生坐在固定的教室里“静听”和死读书的方法。他认为以儿童直接经验为中心的活动既是教材也是教学方法。杜威是活动课程的倡导者，其教育哲学是“经验主义”。杜威把自己的教育哲学总结为，“以经验为内容，经由经验来进行，为了经验的目的而进行的教育”(瞿葆奎：曹孚教育论稿，华东师范大学出版社，1989：145)。杜威十分重视儿童的经验和活动，指出，“教学应从学生的经验和活动出发，使学生在游戏和工作中采用与儿童、青年在校外所从事的活动类似的活动方式”。杜威的活动

观点概括地讲，就是“做中学”的经验论，其基本形态是主动作业。杜威基于自己独特的哲学观、心理观和社会观，通过系统的理论研究和实践探索，完整建立了“经验主义课程范式”。经验课程也称活动课程，或者“生活课程”“儿童中心课程”。

杜威的活动观以儿童的“活动”为课程中心，要求儿童从“做中学”，即从自己的生活和经验中学习。杜威真正关心的是教师如何引导儿童以直接或间接兴趣获取个体经验，如何使课程教学成为儿童全部生长中有意义的因素，从而促进儿童的发展。杜威重视主动作业在学校教育中的重要性。杜威的主动作业是一种能够在相当长时间内吸引注意力并具有一定程序的活动，这样的活动分为工作和游戏两方面，当儿童游戏时，兴趣比较直接，即活动就是他自己的目的，而不在于它具有将来的结果；当活动变得更为复杂时，儿童“能预见到相当遥远而具有一定特性的结果，并且做出持久的努力达到这样结果”，游戏就变成工作。(杜威：民主主义与教育，人民教育出版社，1990)我们的“六维度”规则教育就是以主动作业引导学生参与各类活动中积极培养规则的意识与能力。

皮亚杰指出，20 世纪的心理学一开始在各方面就是对活动的肯定与分析。(皮亚杰：皮亚杰教育论著选[M]. 北京：人民教育出版社，1994)皮亚杰在论及人与环境的关系时，特别强调活动在人的发展中的意义。人是活动着的个体，在人与环境、人与教育、人与遗传这三者关系中，活动是最关键的因素。一切影响都只能通过活动而对人格发展产生作用，离开了活动就无法使这些关系产生互动。皮亚杰高度评价活动在儿童认识发展中的作用，认为“认识起源于主客体之间的相互作用”“应当在行动中找到一切认识的来源”“要知道一个客体就必须动之以手”。皮亚杰认为，活动则是主体与客体之间的唯一联结点；智力不仅是认知的机能，而且是一种真正的活动；认识是智力活动的结果，而知识又是认识活动的结果。这样，学生认识一种事物或者获得一项书本知识，都必须经过由活动发展而来的智力的加工、变形、重新组合或再创造，其现实形态就是学生的主动的学习活动。(胡重光：活动教学的理论演化与实践，求索，2004.5)皮亚杰的活动理论告诉我们：儿童的发展状况是与他们的活动内容和活动方式相一致的，他们的全面发展在他们自身的多样而全面的活动中实现的。皮亚杰十分重视儿童的动作、活动和社会经验。

“真实活动”是皮亚杰理论中的重要概念,是指那种儿童自主的、自愿的、独立的或者合作的学习活动。儿童的活动不仅包括身体动作,还应该包括三种活动方式:一是获得物理性知识的活动方式;二是获得逻辑数学性知识的活动方式,三是获得社会性知识的活动方式。皮亚杰把活动作为儿童认知能力形成发展的出发点,认为,“活动的内化就是概念化,也就是把活动格局转换为名副其实的概念”。(皮亚杰:发生认识论原理[M].北京:商务印书馆,1997)也就是说,认识不发端于客体和主体,而是发端于联系主客体的活动。活动既是感知的源泉,又是思维的基础。主体要认识客体,必须对客体施加“活动”,从而改变客体。知识的形成是主体与外部世界连续不断相互作用中逐渐建构起来的认知结构。

建构主义认为,儿童通过活动作用于外部世界,同时通过内化过程建构起自己内部的认知结构,做了极为精辟的分析论证,对于活动的结构、要素和转换的揭示,达到了前所未有的深刻和系统程度。所有这些,都为课程的研究提供了新的理论基础,不只是关于感知、记忆、思维等心理过程的个别研究的拼接,也不再是多少带有揣摩、想象色彩的学生学习过程的描述,而是直接触及学习活动的心理机制,以及他们与课程相互作用时个性的整合性经历和变化的详细解释和说明。课程是活动的观点确有其独特的吸引力,由于活动具有双重转换性,外在的客观对象(学习材料)可以由经主体的活动“内化”为主观经验,主体的主观经验(包括情感体验、心理机能等)也可同时“外化”为活动态度、动作方式、技能等影响和改变活动对象,进而影响和改变自己。因此,课程工作者可以通过活动了解儿童,也可以通过控制活动对象(学习材料)、影响活动方式等策略,影响他们的学习经验。

这些活动的理论对于我们建构“六维度”规则教育的活动载体提供了理论依据。

二、“六维度”规则教育活动的把握

在规则教育中,不少教师主要以谈话、规则传授为主要形式,常忽视活动在规则教育中的作用,如何开展工作教育值得探讨。把握规则教育的特点,并积极创设有效的教育载体,以活动载体开展“六维度”规则教育是有价值的探索。

(一)规则教育中的活动

"活动"泛指某种功能的实际操作或一种过程的发生,可以是有意识有目的的操作,也可以是比较隐蔽的和内在的。

皮亚杰指出,活动"它既可以指根据兴趣所进行的机能行为,也可以指某种运动性质等等外在行为"。活动既包括外显的活动——运动性质的外在行为,也包括内隐的活动——脑的机能行为。行为是指人在环境的影响下,引起的内在心理和心理变化的外在反应,或者说,人的行为是个体与环境交互作用的结果。

规则教育活动里的行为既包括外显行为,也包括内隐行为。遵循规则的行为属于外显行为,即可观察到或可测量的个体活动。内隐行为是机能行为,是心理的内在机能,是指难以直接观察和测量的、只能间接推断的内在心理活动,例如对规则的记忆、思考、情绪等都可以包括在内。规则的外显行为受内隐的心理活动所支配。内隐的心理活动通过行为才能起作用和得到表现。机能心理学的代表人物卡尔认为,每种心理活动都可以从以下三方面进行研究:它的适应意义;它对过去经验的依赖;它对有机体未来活动的潜在影响,他强调在感觉刺激和运动反应之间有一种相互作用的连续过程。丰富规则教育中的活动,强化活动的规则体验,感悟规则的价值与规则的遵循,使规则活动成为连续作用的过程。

把握活动的两种不同行为表现形式,有利于我们把握规则教育中的活动,可以避免只重视外显的行为,而忽视机能行为,在"六维度"规则教育中追求外在的"热闹",看起来学生动得很多,但是缺乏教育价值,也可以避免只重视内在的机能行为,而忽视外显行为,导致学生学习缺乏实践性,无法获得深刻的体验。"六维度"规则教育应该不断拓展学生外部的活动范围,而且也应该拓展内部活动深度,从记忆为主延伸到理解、创新适应等方面。学生在活动中需要不断地经历内外部活动的相互转换,这种转换对于学生规则素养的发展来说极为重要。

(二)把握"六维度"规则教育活动的内涵

"六维度"规则教育以活动作为其校本资源的本质,而不是以"学科知识体系"作为其本质。"六维度"规则教育关注活动教育的目的在于推动学生的发展,为学生提供有助于个人发展的经历获得经验。

正确把握"六维度"规则教育活动载体的内涵,才能有效地实施"六维度”规则教育。“六维度”规则教育活动载体有着丰富的内涵。

1.“六维度”规则教育活动是非文本学科性课程。“六维度”规则教育不是学科课程的延伸。它不依赖书本知识的系统传授，不受书本束缚，让学生增加实践活动，增加直接经验，增强自主学习。

2.“六维度”规则教育活动价值取向是让学生获得直接经验。“六维度”规则教育属于“经验课程”，以儿童的主体性活动的经验为中心组织的校本资源，以学生的兴趣、需要和能力为教育的出发点。

3.“六维度”规则教育以活动为主要形式。表现在外在的活动形式上，教与学的活动方式与时间、空间有较大拓展；在内在的学习过程中，“六维度”规则教育强调践行，以亲身体验生活的现实，获得直接经验。

4.“六维度”规则教育是以学生的生活为学习内容的，掌握运用规则解决实际生活问题的能力。现实生活是规则教育依赖的基本条件，现实生活为学生学习规则提供了最为丰富的活动内容。

(三) 把握规则教育中的活动种类

规则教育活动是指涉及规则的教与学的活动，包括外显性活动与机能性活动。实际规则教育活动中总是包括外显性活动与机能性活动。根据“六维度”规则教育的教育目标与学习内容的特点与要求，可以把规则教育活动方式分为：体验性活动、践行性活动、解决问题性活动，这几种方式之间既有联系又有区别。

1. 体验性活动

体验性活动是一种学习者自身对于规则方面学习内容的体验，获得感性认识的活动。体验学习活动是一种有效的学习方式，有着其特点。

(1) 体验是对某些具体事物或情境的感受，并获得一种经历。

(2) 体验不是仅仅停留在活动的过程中，它必然伴随着某种活动结果。

(3) 体验的学习价值不在于提高活动，学会某种操作方式，获得某种技能，而在于每个人在活动中获得的对于现实的真实感受，这种内心体验是形成认识、转化为行为的原动力。

(4) 体验活动类型多种多样，应该根据活动课程的目标与内容选择适当的活动类型。体验可以分为直接体验，例如制作、操作、现实生活等；模拟体验，例如场景模拟、人物模拟等。

2. 践行性活动

践行性活动一般是指把有关规则的认识通过活动转化为行动结果。生活是不断变化的,不能把规则看成是绝对的、永不变化的事物。在现代社会中,重要的不是对记住规则,而是要在生活现实中去履行规则,把握履行规则的方式和途径。

学生在践行性活动中获得的不仅是机能技巧性的外部活动结果,而且还伴随外部活动而产生的心理机能上,例如,思维、智能等变化。"学习总是在学习者内部发生的。在支配材料的过程中,神经上的、肌肉上的和感觉上的刺激,导致学生越来越意识到各物体之间的相互作用。思考和表述使学生把这种动觉的经验提高到思维的水平。"(兰斯多恩:小学科学教育的"探究—研讨"教学法,人民教育出版社,1983)学生在践行活动过程中会经历困难或者失败,然后获得困难与失败的体验,增长见识,锻炼意志。

3. 解决问题活动

解决问题活动是使学生直接面临实际的涉及规则的问题,以学习和生活某个规则问题为中心的活动方式。这可以是在具体情境中遵循规则或者为某些特定任务制定特定规则的解决问题活动。解决问题活动的目的在于使学生在寻求解决问题的过程中,学会综合地、关联地运用规则以及规则观念、思维分析和思考问题,并从中获得解决问题的经验。解决规则问题的活动不是按照某种固定的模式以接受和记忆的学习进行的,而是一种针对实际问题,通过自行提出解决问题的方式、途径的方案,以适宜解决问题为价值判断的学习活动。学生的解决规则问题活动的结果会是多元的,因此要组织学生交流,共同比较问题解决的差异,并注意关注问题解决的社会价值。

(四)"六维度"规则教育活动的基本要求

我们在开展"六维度"规则教育时,对教育活动的设计与实施提出了五个方面明确的要求。

1. 体验性

规则教育活动中最有价值的不只是体现在它的结论性知识之中,更在于规则意识与能力在学生身上的发现和发展过程之中。"六维度"规则教育活动更多地要让学生通过活动过程对规则获得亲身体验。在体验中才能真正理解规则、增强规则意识,获得遵循规则能力的过程体验。

2. 实践性

“六维度”规则教育以实践为基础,是基于一切真知来源于实践,在规则教育活动中,不能只重视规则的记忆与认知,而忽视规则意识与能力形成与发展的过程。遵循规则具有很强的情境性,因此我们要通过创设遵循规则的具体情境,让学生获得真实的遵循规则的体验。要通过教育活动,使规则条文在学生头脑中活起来,真实起来。死记硬背的规则教育必然成为阻拦学生践行规则的障碍。

3. 能力性

遵循规则的能力只能在活动中培养。实践活动是个体能力发展的必要基础。“六维度”规则教育强调遵循规则能力的培养,唱高调低行动能力的规则教育是必须抛弃的。学生在践行规则活动中使规则知识转化为规则能力,包括制定规则与遵循规则的能力,在这个过程中越来越多的学生体验了规则践行的价值与成功的乐趣与幸福。

4. 生成性

以“活动”为基本特征的“六维度”规则教育必须改变教育计划在教学过程之前和教学情境之外的预先规定,必须改变学生只是既定活动的接受者和吸收者。规则教育的活动应该关注在活动过程中、活动之后的学生行为的生成,使活动成为“经历”“体验”,被学生实实在在地体验到、感受到、领悟到、思考到的活动过程成为规则教育内容持续生成与转化,获得“经验”,成为一种动态的、生长性的活动。

5. 融合性

“六维度”规则教育活动应该具有规则教育内部的综合性和与其他教育之间的整合,建构了具有融合特征的规则教育活动。“六维度”规则教育活动应该注重规则内容联系学生经验和生活实际,关注规则教育与其他教育的彼此关联,相互补充。“六维度”规则教育的结构体现了规则内容与社会生活、学生经验的整合,加强了规则与其他教育之间的相互融合,从而改变规则教育特立独行,削弱其教育效能。

(五) 六维度规则教育活动的指向

“六维度”规则教育活动指向规则体验与规则经验。规则体验是指学生在教师的引导下,在规则活动中主动参与,亲身经历,获得对规则事实和经验的理性认识和情感体验。它让学生以认知主体的身份亲自参加丰富生动的活动,完完全全地参与学习过程,真正成为规则学习的主角,从而在体验和践行中提升规则素养。

规则体验让个体都经历规则学习过程,引起个体心灵的震撼、内省、反思,激发对规则的独特领悟,将个体独特的心理内容、体验的个性特征得到充分展现。它是一种将新的规则学习内容与学生已有规则方面的积累相联结。教育学意义上的"体验"既是一种活动过程,也是活动的结果。作为一个活动过程,是指学生亲身经历某事并获得相应的认识与情感;作为一种活动的结果,是指学生从其亲历中获得的认识结果和情感体验。在规则教育中,要引导学生积极体验规则的产生和形成过程、体验规则与现实世界的关系、体验如何制定与践行规则、体验自己对规则的情感与态度等。

规则经验是通过规则践行中获得的一种经验。杜威认为:经验包含着一个主动的因素和一个被动的因素,这两个因素以特有形式结合着。在主动的方面,经验就是尝试。在被动的方面,经验就是承受结果。同时认为:单纯的活动,并不构成经验,只有当一个活动深入到承受的结果,当行动所造成的变化回过来反映在我们自身所发生的变化中时,这样的变动才有意义,这样的活动才能称之为经验。(杜威:《民主主义与教育》,153)规则经验是学生规则学习过程中不可或缺的一种重要资源,同时,规则经验也是极富生命力的一种资源。规则经验是指通过规则践行活动所获得的关于规则知识、规则意识、规则能力以及规则观念、数学价值等的深化为理性的经验。在学生的规则学习过程中,规则经验能够促进规则学习,教师应当发挥规则经验的积极作用。

规则教育的价值并非单纯地通过积累规则体验来实现,它更多地通过对规则价值、规则遵循的规则思想的领悟、对规则活动经历的条理化、对规则体验的自我组织等活动来实现。学生规则经验形成过程是建立在经历、体验基础上的一个主动建构的过程。在学生解决规则问题的学习过程中,便是运用已有经验,获取未知经验的一个过程。正确对待经验在解决规则问题的价值,并进行扬长避短,最大限度地发挥经验的积极作用,帮助学生更好地解决遵循规则与制定工作问题,发展学生的规则能力。

第六章 “六维度”规则教育的方法

规则教育活在学生的学习与生活之中,也育在其中。规则是保证学生愉快生活、交往、学习的前提,对学生进行规则品行的培养,具有非常重要的意义。规则无处不在,一定的规则能保证学生更好地学习生活。在学校、家庭、社会这些群体生活中,有着多方面的规则,学生掌握与遵循多方面的规则,是他们社会化与个体化协调发展成长的需要。强化学生对学习规则、生活规则、活动规则、交际规则、创新规则、担当规则的熟悉、认同,并认真遵循这些规则,久而久之,让学生逐渐养成规则品质。规则教育根本的策略就是能为学生提供一些真实的生活背景,让他们到这些背景中去活动,去冲突,去体验,去逐渐形成正确的规则认知和良好的行为模式,让他们在亲近自然、融入社会和认识自我的体验中获得真正的发展。规则品质强的人,自律精神也强,容易适应群体生活,也容易适应社会生活,“成为一个崇尚规则幸福的人”。

我们的教师从规则的六个维度上开展规则教育,并探索如何有效地提高教育的成效,积累一些方法。为此,我们以六个维度形成相关规则教育的方法群。

第一节 学习规则教育方法群

作为一名学生,其主要的日常活动是学习,而学习不仅是个体行为,也有着群体行为,这就需要通过一定的学校规则来引导学生顺利、合理地进行学习。学习规则是指涉及学习的规则,并能以这些规则规范个体学习与群体学习行为的规则集合。学习规则不是学习方法,这两者有着明显的区别。学校规则是保障学习合规合理地进行,是调节学习行为符合道德的规范,属于道德范畴的,例如不允许考试作弊等。学习方法是关于如何学习科学有效进行的方式,是属于科学范畴的,符合学习规律的问题。

学习规则教育的操作要点如下。

1. 要建立系统的学习规则。学习不是单独的一项行为,而是一个行为系统。学习规则应该包括课堂学习规则、考试规则、作业规则等。要建立不同的学习形式规则,例如,小组学习规则、实验室学习规则、社团学习规则等。

2. 要在学习情境中让学生深度体验规则。在具体的学习与规则的情境中,能让学生身临其境地参与到不同学习环境下如何遵守学习规则的学习之中。相较于说教式的学习规则教育,学生在学习中体验规则,在规则体验中遵守规则,逐渐养成自觉遵守学习规则,主动构建学习规则的良好规则意识。

3. 学习规则要依托并融于学习的整个过程中,不能只是灌输说教,还要注重在学习活动中的践行。

4. 学习的规则意识直接影响学习规则的遵守。教师特别要警惕学生可能由于学习的功利倾向,而在学习上不诚信而采取违规行为,也要引导学生学习上的竞赛必须遵循学习的规则。

5. 教师在教学时要防止重知识教学,而忽视学习规则的培训。越是学习困难的学生,往往学习规则能力上出现问题的可能性大一点儿,同时成绩较好的学生,教师也要关注他们对学习规则意识的漠视。

方法 1

教学情境法

【导言】

教学情境法是指创设一定的教学情境,让学生体验教学情境所蕴含的规则,增强学生的规则意识与工作能力。教学情境是多种多样的,本文主要通过拼音情境为例来说明教学情境法。

拼音情境法是在拼音教学过程中,教师有目的地引入或创设具有一定情绪色彩的、以形象为主体的生动具体的场景,以引起学生一定的态度体验，从而帮助学生理解拼音拼读规则，并使学生的表达能力、学习能力及心理机能得到全面发展的学习规则。

在一年级语文统编新教材中，一幅幅色彩艳丽、生动有趣的情境图跃然纸上，如磁力般牢牢地吸引着孩子们的眼球。教材中的这些情境图不仅符合儿童的年龄和心理特点，更为枯燥的拼音知识赋予了生机和活力，也为教师的拼音教学设计提供了丰富而有效的课程资源。通过教学实践，我认为情境图就是给孩子们一个更加直观、更加具体、更加生动的体验，教师如果设计得当，可以将孩子们带入课文情境，在情境中实际体会和感知，在快乐轻松的氛围中不知不觉就习得拼音知识。

【案例呈现】

苏霍姆林斯基说过："儿童是用形象、色彩、声音来思维的。"因此，情境图的出现必然能调动他们的感官，激发他们的学习兴趣。以统编教材汉语拼音第六课"j q x"的第二课时教学为例，教材中"ü 见 j q x，脱帽行个礼"。这一规则是本堂课的重难点所在，因此，我尝试利用教材中的情境图来创设情境，引导学生获得隐藏在图片中的拼音信息，激发他们的灵感，激活他们的学习思维。

课文图片中的"ü"和"j q x"都化身成了可爱的卡通人物，"ü"举着小手托着头顶的帽子，一边的"j q x"都微笑地看着"ü"。面对这样一幅情境图，教师的任务就是要让学生通过这幅情境图领悟"j q x 和 ü 相拼，ü 的两点要去掉"的拼读规则。为了使学生们能在拼音学习中品出趣味性，我试图将情境图的内容与学生的实际生活相结合。如"ü"头顶的帽子与开学初学生拿到的"安全小帽"十分相像，而"ü"对着"j q x"脱帽的动作更是像极了孩子们早晨进校门时向老师们问好行礼的动作，如此一来，这幅情境图也就有了与学生生活实际相结合的连接点。

课堂上，我将"小 ü 同学"介绍给学生，并且告诉他们："小 ü 同学有一顶和你们一样的安全小帽，不过这顶小帽他只在上学路上戴，一进校园，见到老师，他就会脱帽行礼。”说话间出示“j q x”三位“老师”，并且动画演示“小 ü”摘帽的动作。“小 ü 这么有礼貌，人们就常常这样来夸他：‘ü 见 j q x，脱帽行个礼。’我们也来夸夸他！”学生齐读这一拼读规则。随后，教师戴上“j q x”的头饰，学生则戴上自己的安全小帽，课堂上一下子出现了几十个“小 ü 同学”，集体向着“j q x”老师脱帽行礼，边行礼边齐读：“ü 见 j q x，脱帽行个礼”。作为巩固，教师利用板贴，一一演示“小 ü 同学”与“j”“q”“x”三位老师见面的场景，当“j”老师走向“小ü”时，“小 ü”马上摘掉自己的帽子，学生们也再次脱帽行礼，齐读规则，巩固理解。“此时，他们组成了一个新的音节，让我们来拼一拼！”学生练习拼读：“j-ü-ju！”“q”和“x”也同样操作。

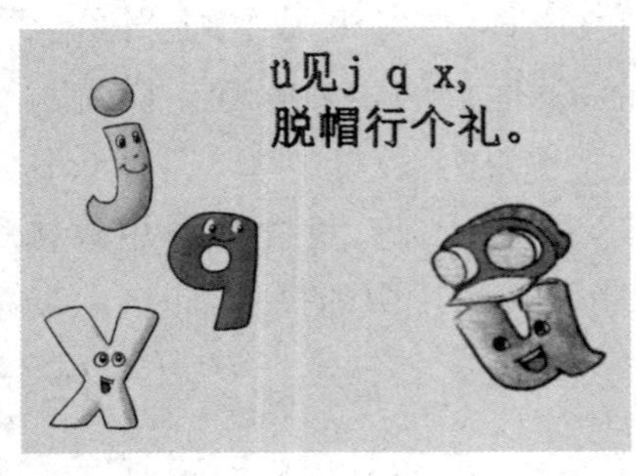

过程中，孩子们热情高涨，对“ü”和“j q x”的拼读规则也掌握得很快。由此可见，找到情境图与学生生活的“连接点”十分重要，将实际生活中的场景搬到课堂上，于学生而言，除了新奇感，更多的还是认同感和角色代入感，如此，方能让孩子们在情境中边体会边学习。

【案例分析】

低年级学习规则的践行需要教师的合理引导，才能让学生理解。拼音教学是一年级语文教学中非常关键的一部分，如何让学生正确掌握拼音学习的规则，是需要教师不断思考和践行的。本案例中提及的情境法实则对低年级语文教学而言是有效且有趣的。而有效利用拼音教学中的情境图，需要教师突破教材、教案，充分考虑学生学习活动过程的多样性和多变性。通过建立与拼音规则的内在联系，拓展变换教学空间及维度，创设与学生生活环境、知识背景、兴趣爱好等密切相关的学习情境，带领学生频繁“出入”情境，以此来激发学生的学习活力，不断激起学生的探索、发现、想象和表现的愿望，在情境图的帮助下“玩转”拼音。

首先，教师应找准情境与拼音教学规则的切入点，及时生成问题材料。从学生已有知识、经验出发，寻找知识与经验的联系创设情境。如本课的第一板块学习中，以学生的那顶像极了“小 ü”小帽子的“安全小帽”为切入点；第二板块则是从学生熟悉的“象棋”和“积木”为切入点；第三板块又以一个童趣化的故事为切入点。寻找这些“切入点”的目的就是建立新旧知识的联系，希望能立足知识的最近发展区，引发认知结构的重组，也就是一种基于旧知识、经验的认知建构，以此让学生体会在情境中的“角色代入感”。有了真实的体会和感受，规则的习得更像是一场游戏后获得的满足和畅快感。

其次，教师可适当根据情境图来拓展或变换教学维度。以情境图为基准，生活大课堂为背景，根据实际教学需求，不断地丰富教学资源。如本课教学板块二中要学习“搭积木”和“下棋”两个词语，单靠文中的情境图，或许学生的思维会被局限住，而这两个词语又是与学生的学习生活息息相关的，找准切入点，拓展情境，未尝不可。因此，在实际教学中，我将“搭积木”搬到了课堂上，将班内学生在象棋课上的对弈情境也带到了课堂上，把课文中描绘画面化为生活中实际存在的、学生尝试过的事物，让学生以真实的感受、最佳的情绪投入到教学活动中，从而达到其主动参与、主动发展的境界。

最后，有效情境创设还应根据语文教学规则间的内在联系，以情境来生成学习材料或问题。即在语文教学中要创设与学生生活环境、知识背景密切相关的，同时又是学生感兴趣的学习情境。如本课教学中的第一板块，为了让学生更好地掌握“ü 见 j q x，脱帽行个礼。”这一拼读规则，创设了“小 ü 头戴安全小帽，向老师行礼”这一情境。又或者在第三板块儿歌的学习中，为了让学生能有感情地朗读儿歌，并且准确拼读已学音节，创设了“送小鸡回家”和“学着小鸡一起做游戏”的情境。这些情境不仅为学生提供了相应的学习材料，更蕴含了拼音学习规则。学生看似在情境中“玩”，实则在“玩”中习得了规则。

【操作要点】

1. 教师必须充分发挥情境图的优势，在每幅情境图中“深入挖掘”，找到与学生心意相通的“点”，创建多种拼音学习规则，尽最大的能力调动学生学习拼音的积极性和主动性，方能使学生体会到拼音学习的乐趣所在。

2. 不同的课文，不同的拼音学习规则，不同的情境图，操作的方法一定是多样化、多元化的。

3. 教师动情、引情，学生才能入情、抒情，拼音课堂才会饱含情味，拼音学习规则才会生动而有趣。因此,在利用拼音情景法教学时,教师必须先投入于情境,生动演绎。

4. 拼音情境的创设必须贴合学生的生活实际,联系其已有的认知经验,这往往会助推拼音规则的落实。

（曹　静）

方法2

儿歌熏陶法

【导言】

儿歌熏陶法是指教师把唱游课上对学生演唱的要求以及规则创编成精简、形象生动、具有韵律感的儿歌进行的规则教育方法。音乐本身是有规则的,主要由节奏、旋律、强弱等按照一定的规则构成具体的音乐,让学生在学习中掌握这些规则本身就是一种规则学习。

《上海市中小学音乐课程标准》要求一、二年级学生歌唱时做到:能够用自然的声音演唱,学会齐唱;借助字母谱注音的方法感受并唱准音高。演奏时做到:通过模仿,学习部分打击乐器的敲击方法。由于低学段的学生具有好动、好奇、精力旺盛等年龄特点,在唱游课上演唱时容易出现兴奋导致歌唱姿势不正确、音量过大,歌唱缺乏表情等现象,演奏乐器时把乐器当成玩具随意敲打等现象,教师多次强调却仍收效甚微,导致课堂秩序冗乱,教学目标达成度低。采用儿歌熏陶法培养低学段学生遵守演唱规则是符合学生年龄特点、符合音乐课程本位简单有效的方法。明快的节奏、和谐的押韵,真挚的情感可以给儿童以美的享受和情感熏陶。

儿歌是以低学段儿童为主要接受对象的具有民歌风味的简短诗歌。儿歌有着其特有的规则来表达,常见的表现手法有:比喻、拟人、夸张、起兴、摹状、反复、设问等。通过儿歌可以熏陶儿童的音乐规则意识与能力。

【案例呈现】

一年级学生在学习准备期的第一节课,面对唱游教室全新的环境,他们好奇的小眼睛无处安放,目不暇接,坐在可爱小巧的六面体凳子上更是左右摇晃拍拍敲敲,不亦乐乎,这样新奇的状态会持续很长一段时间，这是孩子们的天性，但是如果教师不用正确的方法加以引导，这会影响以后的课堂秩序，不正确的坐姿也会影响学生的歌唱状态。

根据这一现象教师创编了歌唱坐姿儿歌："双脚并并拢，双手放腿上，小背挺挺直，眼睛看老师。"教师钢琴伴奏学生齐读儿歌，边读边检查自己每项做没做到位。通过这首坐姿儿歌，学生在朗朗上口、节奏鲜明的儿歌演唱中学会了正确的歌唱姿势，为下一步的歌唱打好了基础。

在歌唱教学中歌唱方法的训练是一个坚持不懈、长期积累的过程，需要学生树立良好的歌唱意识，养成良好的歌唱习惯，教育学生遵守演唱规则的行为。教师创编了歌唱儿歌："面带笑容，嘴巴张大，声音轻轻。"学生边念儿歌边做简单的律动，"面带笑容"两个食指做嘴角上扬的姿势，"嘴巴张大"十指张开，"声音轻轻"十指捏拢。简单的肢体动作增强学生兴趣的同时更好地理解儿歌的意思。

通过"面带笑容"的提示学生开始有意识地面带微笑地歌唱，增强了歌唱时的表现力，让音色变得更加明亮动听；"嘴巴张大"是为了帮助学生咬清歌词，充分调动学生口腔内部的肌肉群，更好地唱清唱准歌词；"声音轻轻"是为了让学生学会轻声歌唱，养成边唱边聆听自己声音和同伴声音的习惯，聆听自己的声音有助于把音唱准，聆听同伴的声音有助于与同伴一起用和谐的歌声齐唱。

在唱游课上，小乐器是一直伴随着小朋友们学习的好伙伴，它能帮助小朋友感受歌(乐)曲的节拍韵律，能帮助小朋友们烘托歌(乐)曲情绪。每位小朋友都爱和它们做朋友，但就是由于这份热爱加上学生缺乏自制力，所有经常会出现随意敲击乐器，演奏姿势不正确的现象。针对这一现象，教师创编了一首乐器演奏儿歌："小乐器放腿上，不该敲时不出声，正确演奏最最棒，演奏好了轻轻放。"

朗读了这首演奏儿歌后，每次教师发放完乐器，学生就能把乐器安静而又端正地放在腿上，直到音乐响起开始演奏。每种乐器演奏的姿势是很重要的，教师会通过示范、讲解让学生明白每种乐器的演奏姿势，在演奏的过程中教师也在关注每一位学生的演奏姿势是否正确，不正确的予以一一指正。演奏结束后，要求学生尽量轻地把乐器放在指定的地方。

通过一段时间的规则训练之后，低年级的学生很好地掌握了歌唱的坐姿规则、歌唱的规则以及乐器演奏的规则。

【案例分析】

儿歌熏陶法让学生经历了明确规则——遵守规则——养成好习惯——评价他人的学习过程,从规则的遵守者变成了规则的小主人,儿歌熏陶法对唱游课上的演唱教学有着很大的帮助,它成功的秘诀在于以下两点。

1. 精简易记,符合低年段学生的年龄特点。对于低年级学生演唱规则的要求必须十分具体明确、易记易操作。但是规则总是琐碎繁杂,缺乏趣味性的,所以运用儿歌熏陶法培养学生遵守演唱规则是化繁为简,易于识记,符合低年级学生认知水平的方法。儿歌明快的节奏、和谐的押韵,再加上钢琴伴奏或者肢体的辅助能够激发学生的兴趣,在美的熏陶中让学生学会演唱的规则。

2. 美的熏陶,与音乐课程定位不谋而合。《上海市中小学音乐课程标准》中指出:"中小学音乐是面向全体中小学生普及艺术教育的主要渠道之一,是学校实施美育的重要途径。音乐课程是一门激发情感的艺术课程。音乐以音响为媒介,通过艺术化的声音组合,作用于人的听觉,沁入人的心灵,激起人的情感共鸣。音乐教学使学生浸润在充满艺术美的音响中,愉悦身心,满足情感需求。"儿歌具有活泼的节奏感和具有音乐性的韵律都能给人以美和情感的熏陶,这与音乐的本位是一致的。

【操作要点】

1. 编排的儿歌读起来要朗朗上口,工整押韵,这样更能激起学生朗读的兴趣和情绪,易于学生识记。

2. 编排儿歌的语言要符合低年级学生的语气语境,亲切、有趣、鼓励性的语言更能激励学生的学习自信。

3. 编排的儿歌概括性要强,应言简意赅,不仅把重点的规则要点全部囊括其中,而且篇幅不宜过长,这样才能在达到规则教育目的的同时,不给学生增加过多压力。

4. 编排的儿歌还可采用多种手法,比如:比喻、拟人、夸张、反复等,这样可以让儿歌更加形象生动、具有趣味性。

5. 可以采用多种形式朗读儿歌。比如:齐唱、对唱、拍节奏唱,加上肢体律动唱,这样更能调动学生演唱儿歌的激情和兴趣。

(陈超红)

方法 3

乐器敲击法

【导言】

乐器敲击法是指在音乐学习的过程中,学生依据乐器的敲击规则敲击乐器,正确演奏,养成准确敲击乐器规则的习惯。打开小学音乐课本,我们很容易发现,打击乐器的教学内容在课本中占了很大的比例,新课标也对打击乐器的学习作出了明确的要求,可以看出打击乐器在音乐课中的重要性。打击乐器以它的易学易奏、品种多样、音色丰富、合作性强等特点受到广大师生的喜爱。通过不断摸索和提高,越来越发现打击乐器的和谐之美。

【案例呈现】

三年级音乐课上,老师运用了多种教学方法让学生学会了歌曲《新疆是个好地方》后,下一个环节是小组活动,老师要求他们用打击乐器为歌曲伴奏并表演。顿时,教室里乐器声、歌声、说话声齐鸣,热闹的排练场面开始了。不一会儿,在老师的指挥下,一组围成圆圈有唱有跳有奏,表演的孩子都很卖力,他们把老师发给的乐器全都用上了,碰铃、铃鼓、响板……其中一个男同学手掌拍打铃鼓的声音最响亮。一组完毕,二组蜂拥而上以同样的方式开始了快乐的表演,与此同时一组同学余兴未了乐器还在手里继续响着……

以上案例是我上第一节打击乐器课的真实写照,出现了打击乐器使用、伴奏、编创、评价等方面的许多问题。本案例只是不少音乐课堂中使用打击乐器的一个缩影。我思考:在小学音乐课打击乐器的学习中,如何让学生发现打击乐器的“和谐之美”呢?

【案例分析】

一、多听、多看

在小学低段的音乐课中,培养学生聆听和观察的习惯是非常重要的。培养学生有一双音乐的耳朵,善于观察的眼睛,是提升学生对美的捕捉能力的一条重要途径。

“听”是指培养聆听的习惯。打击乐器的音色丰富,在学生仔细聆听的过程中既可以感受乐器的各种美妙的声音,又能培养学生安静聆听的习惯。但要让学生对“听”有兴趣,利用一些有趣的游戏是非常必要的。如在学习碰铃时,我先将乐器藏起来和学生做"猜一猜"的游戏,要求学生听:"这种声音像什么?声音有什么特点?你曾经听过吗?"这时学生会很仔细地去聆听,教室里出奇的安静。在仔细聆听后,有的学生告诉我:"像铃铛的声音,很响亮、清脆。""声音由大变小。"还有的学生说:"好像小动物身上挂的铃铛。""像风铃的声音。"这种方法看似简单,但却非常有效,学生既在游戏中学习,又在游戏中快乐,更重要的是培养了学生良好的聆听习惯。

"看"是指培养观察的习惯。通过对乐器直观的观察,找出其特点,结合自己听到的声音,可以加深学生对乐器的认识。如在学习三角铁时,我让学生观察它的外形有什么特点,学生马上能说出"它是三角形的,一个角还没有连起来"。我又问:"它是什么做的?"学生说:"它是铁做的。"最后我问:"根据刚才你们说的特点,你能给它起个名字吗?"学生很容易就说出:"三角铁。"由此可见,在老师有步骤的引导下,在学生的仔细观察下,良好的观察习惯在不知不觉中就形成了。

二、体验"探、试"

孩子好玩、好动是天性,只让他们安静地听,仔细地看是远远不够的,让他们亲身参与体验是非常重要的。在这个环节中,要突出学生的主体地位和教师的主导作用,建立平等的师生关系,这样才能激发他们的学习兴趣,只有在参与体验中体会到参与带来的乐趣和成就感,才能形成持久的音乐学习追求。

"探"是指培养善于思考、敢于探索。打击乐器由于品种繁多,每件乐器都有着自身独特的音色和个性,要让学生掌握它们各自不同的特性,这就要求教师有目的、有针对性、有指导性地精心组织安排一系列的教学活动。如探索打击乐器音高的活动,探索不同材质的活动,探索乐器的独特音色的活动等。在探索乐器独特音色的活动时,我利用学生的好胜心理,开展小组竞赛活动,比比哪个组能让一种乐器发出多种不同的声音。这个活动既调动了学生的学习兴趣,又在活动中培养了学生善于探索、善于发现、善于思考的学习习惯。

"试"是指培养善于动手、肯于动脑。有一句话我很欣赏:告诉我,我会忘记,让我看到,我会记住,让我去做,我才会理解。可见只有放手让学生亲身去体验,才能让他们理解并掌握。但是有的教师为了让学生掌握正确的演奏方法,就直接示范,手把手地教学。这样的方法既死板，又无趣，还严重遏制了学生的独立探索、思考的能力。我的做法是将乐器发到学生手里，让他们亲自尝试找出演奏方法，并将自己找到的演奏方法与老师、同学交流，然后总结并互相学习。这种活动深受学生喜爱，既找出了乐器的演奏方法，又培养了他们的动手、动脑能力，还让学生体验到玩中学的乐趣，真是一举三得。

三、“奏、辨”的规范

在放手让学生去探索、去尝试、去体验各种乐器的同时，教师不能忽略了对学生进行正确的引导，对结果进行正确的判断和评价，最后进行总结和规范。

“奏”是指培养正确演奏方法。在“试”这一环节中，教师充分发挥了学生的主动性，让学生自己探索演奏方法，并将结果与大家交流、讨论，这时可能会出现多种演奏方法，只靠学生独立去总结和选择是不够的，这时教师的主导作用就应该充分发挥出来，要对结果做出果断、准确的判断，然后让学生学习正确的演奏方法。为了让学生能尽快掌握各种乐器不同的演奏方法，我还想出了为编顺口溜的方法，开始由我带头编，后来我鼓励学生自己编，比如，碰铃——123 指真听话，托起碰铃小尾巴，一不小心碰了头，赶快抬头问个好。木鱼——小金鱼真调皮，我有办法来治你，左抓尾，右拿棍，再乱蹦，头会痛。很有意思吧！这样的课堂学生怎么会不喜欢？教学效果可以说是事半功倍。

“辨”是指培养正确的辨别能力。掌握打击乐器的使用不仅仅是学会正确的演奏方法，还要学会听辨其声音是否和谐。案例中打击乐器的“齐鸣共奏”让课堂非常热闹，却忽略了最原本的目的是——歌曲伴奏。这环节应培养学生能用音乐的耳朵去辨别什么是和谐、优美的声音，让他们知道“伴奏”就是“从旁演奏，配合表演”，不能“喧宾夺主”，打击乐器的演奏是为歌曲演唱服务的，应做到歌声与乐器声的融合，避免出现“重伴轻唱，有伴无唱”等现象。“辨”还包括对不同风格、不同表现需要时，做出对打击乐器的正确选择和辨别。如优美抒情的碰铃、三角铁；欢天喜地的锣、鼓、镲；欢快、活泼的木鱼、双响筒；像马蹄声的响板等等。可见，培养正确的辨别能力，是使用打击乐器参与歌曲演唱、表演中非常重要的环节。

四、以“评价”激励

“评价”是指培养正确的评价机制。课堂评价包括：师生评价与生生评价。师生评价又包括,老师对学生的评价和学生对老师的评价。首先,老师对学生评价时,语言不能匮乏,许多老师往往只会说:"你真棒!""你唱得(说得、跳得)真好!""你真行"……除了这些老套的词就再也没有别的评价评言了,时间一长学生对老师的评价也会感到厌烦,起不到一点儿激励的作用,反而学生会觉得老师的赞美很虚假。老师对学生的评价一定要做到三点:一是发自内心真诚的赞扬;二是意见中肯有针对性;三是语言丰富有激励性。在学生对老师进行评价时,首要条件是营造一个平等、和谐、轻松的课堂氛围,学生才能给老师提出表扬、意见和批评,更重要的是老师要认真听取,及时做出反应,让学生感到他们是音乐课堂的主人,激发他们学习的兴趣。生生评价时,我们看到最多的是学生之间相互指责、批评,他们看不到别人的优点和自己的缺点,在评价时,既评价不到位又伤害同学的自尊心,因此老师要给予正确的教育和引导,学会不用"好"与"不好"做简单评价,教育他们多去发现别人的优点。如"某某同学虽然演唱声音不够洪亮,但她很认真,如果她能大胆演唱就更好了"。"某小组演唱时表情非常好,如果再加上一些动作就丰富了"。生生评价时教师的语言引导也很重要,如"你喜欢谁的表演,为什么""你可以给他提出一些建议吗"等等,对学生提出一些有针对性的问题,让他们去思考,提高他们的评价能力。另外,指导学生从音乐的角度去评价对方也是非常重要的,如演唱时,可以从音色、表情、感情等方面去评价;伴奏时,可以从演奏姿势、节奏型、声音和谐等方面去评价;表演时,可以从动作与音乐的结合、表情等方面去评价;小组编创时,可以从团结合作精神、创新、合理分配角色等方面去评价。学会正确的评价,可以提高学生对音乐的鉴赏能力,更能让他们从小就拥有一个健康的心理,这对他们今后的成长是影响深远的。

【操作要点】

1. 设计好符合学情的教学环境。
2. 在学生敲击乐器时要时时观察学生的动作是否规范。
3. 在活动过后,不断地鼓励学生大胆尝试,同伴互相评价。

(张　丽)

方法 4

宽容激励法

宽容激励法就是指在规则教育过程中，教师对学生的不符合规则但属于非恶意的行为，要采用宽容的态度，引导学生明理，激励学生逐步改变非规则行为，养成遵守规则的良好品质。在学校规则教育中，老师的一举一动、一言一行可能对孩子的影响是深远的。长期从教经验证明：我们老师一定要学会宽容，学会用宽容的方式激励孩子上进，一切从孩子出发，真正做到发自内心地去关爱他们、影响他们、激励他们，哪怕每天改变一点点。相信坚持下去，我们学校倡导的规则教育一定会有灿烂的明天。

【案例呈现】

在我们班上，有几个孩子特别贪玩，常常不能按时交作业，即使是勉强"讨"来的作业，也是"惨不忍睹"，字迹潦草不算，还丢三落四的，良好的学习规则意识没有养成。最让我头痛的是领头的小杨，不仅特别懒，而且十分顽皮，更不用谈良好的学习规则了。比如，上课趁老师不注意玩弄前面女生的头发；在同学后背上贴纸条；下课捉虫子吓唬胆小的同学，抓一把灰撒到同学的衣服里……简直是"罄竹难书"啊！怎么办呢？经过反复考虑，我决定暂时不对他采取"大动作"，先来个"冷处理"，不闻不问。

通过一段时间的观察，我发现小杨一直静静地等着我来"收拾"他，但我却偏偏不表现出任何的愤怒和厌烦，相反，在平时的接触中，我总是用微笑的眼神去宽容他。虽然他每天的作业仍是"原地踏步"，但我却格外认真地批改他的作业，指出他的错误所在，并在作业上作出书面讲解。每次改好后，我就第一时间让语文课代表把他的作业单独交给他，并告诉他需要补充的内容，其他的批评话我就是不说。一直就这么"冷"着，看得出来，他从一开始的纳闷，到后来的侥幸，再后来便出现一点儿失落的情绪了，感情上有向老师靠拢的迹象。到了 12 月份，学校开展每年一次的健身月活动了。小杨是班上的体育健将，跑步一直是他的强项。果真在校集体跑比赛中，他遥遥领先，为我班拿到的年级组团体第一，立下了汗马功劳，为班级争了光。于是利用这件事，我开始大做文章，在班会课上好好地表扬了他一次，同学们立即给他以最热烈的掌声，顿时这孩子的自信心、自尊心、上进心都上来了，而且看得出来，孩子对我很信任，也很尊敬。

我觉得时机成熟了，可以找他谈谈了。于是第二天放学后，我让他帮我把教本送到办公室，他欣然答应了。在这个单纯的孩子的眼中帮老师做事，还是一个光荣的事呢！我让他坐下，给他灌输一些学习方面的规则教育。经过几次耐心的谈话，我发现小杨的坏毛病改了不少，学习也进步了，尤其是在语文课上，再也不像以前那样心不在焉地半靠在桌子上，而是正经端坐、聚精会神地听课，作业的质量也是一次比一次好。每次看到他的点滴进步，总是让我感动不已，也让我暗自偷着乐了几回，他真的养成了良好的学习规则。

【案例分析】

小杨的故事还在延续，而我却在进一步思考这样一个问题：如何用宽容来激励孩子上进呢？

首先，我认为要为孩子创设一个良好的班级规则氛围，使他得到班上每个同学的尊重和认可，同时要与家长、任课老师沟通，体察小杨的点滴进步及时给予表扬，创造每一个机会让他去参与，让同学们以宽容的心态来面对小杨缓慢的进步。

接着，我采取了多种方法，帮助小杨改变了对规则的认知，终于使他明白要得到别人的尊重，首先要尊重别人。"恶作剧"等行为虽然表现了你很爱动脑，但这种行为侵犯了别人，同学不仅不会觉得你聪明，反而会瞧不起你，这不是自尊的表现；若把这个爱动脑的好习惯放在学习上，则学习成绩会突飞猛进，从而真正得到同学们对你的尊重。要实现自身的价值，就必须提高自身的素质。而敢做人家不做的一些事，并不是勇敢的表现，更不是体现价值的方法；相反，人家会觉得你没有理智。若把这种勇气拿来参加各种比赛、改正缺点，才是真正的勇敢，才能体现你自身的价值。

然后，强化遵守规则行为训练。我与小杨一起制订学习计划，从一学年的大目标到一星期的小目标。每天对照行为，评议——表扬——奖励。终于，小杨在不断进步中、在各种比赛活动中，获得了自我实现的成功体验；在老师、同学的掌声中，在得到的奖励中，他获得了尊重，也实现了自身的价值。规则教育真正地在他的身上实现。

通过这个故事，让我也明白了：作为一名班主任，必须把自己的爱心倾洒在学生的身上，一切为学生服务。为此我们老师一定要公平、公正、合理地去爱护自己身边的每一位学生，要毫不吝啬地表扬他们在人生道路上所取得的哪怕是微乎其微的进步和成绩。学生如果在教师的言行中体会到了真诚的关爱，他们会以自己的最大努力来珍爱自己、回报老师。尤其是对于那些行为偏差生，教师应该给予他们更大的关心和帮助。当然，我们对学生的宽容绝不可能是一种溺爱或偏袒，这种宽容也表现为对学生的严格要求，表现为让他们去经受各种困难的磨练，指引他们在人生的风浪中奋力搏击。转化行为偏差生的工作十分艰苦细致，能成功转化一个偏差生是我们做教师最大的幸福。有人说，教育的最高境界是感动。宽容学生是教育的艺术，爱的体现，也是教育的需要，是一种巨大的教育力量，是取得良好教育效果的重要手段。古代教育家孔子曰："君子学道则爱人。"现代教育家陶行知以"爱满天下"为座右铭。作为新时期的教师，对学生光宽容还不够，还必须善于宽容。教师只有在自己的一言一行中严格要求自己，认真工作，不达目的，绝不罢休，这样才可能给学生作表率，成为学生的模范；才可能让学生从教师的言行中受到感化，让他们尊重教师、欣赏教师，对教师的教育心悦诚服。每一个学生都会犯错误，很少人会永远都不犯错的。

总而言之，只要我们班主任老师能稍稍改变一点自己的教育策略，学会宽容，相信定会让规则教育在学校生根发芽，也定会有意想不到的结果出现在你面前。小杨同学的例子就是一个很好的佐证。

【操作要点】

1. 创设一个良好的班级规则氛围，使他得到班上每个同学的尊重和认可，形成良好的学习规则意识。

2. 强化规则行为训练，与他一起制订学习计划，从一学年的大目标到一星期的小目标。每天对照行为，采用"评议——表扬——奖励"的方式。

3. 学习上可以用宽容去代替惩罚和训斥，这既能使他们逃脱内心的谴责，也能使他们知道错误，改正错误，逐步养成良好的学习规则。

4. 自己班级的学习规则教育要与学校的规则教育相统一。

（孟剑峰）

方法 5

游戏融合法

游戏融合法是指由部分或全体班级成员作为参与者,在遵守一定规则的前提下,相互竞争,在游戏的氛围中潜移默化融合规则教育,并达成预期目标的方法。遵守规则对于低年级孩子来说,是有一定难度的,也是比较枯燥乏味的。老师一再强调极易变成老生常谈,学生左耳进右耳出,过耳不走心,但披上游戏的糖衣,那就大不相同了。"兴趣是最好的老师",著名教育家陶行知先生也说:"教学艺术就在于设法引起学生的兴味,有了兴味就肯用全部的精力去做事情。"但游戏也不能过于随意,必须从学生的实际情况出发,在游戏的过程中将学生的规则意识落实到位,既要有趣味性,又要结合学科特色,同时还要强调学生自主投入地遵循规则教育。

一、故事

不管语文教材是沪教版还是统编版,我们面对的学生都是单纯活泼、爱听爱问爱表现,也就是贪玩好动、自我控制能力比较弱的。与此同时知识是枯燥乏味的,但在恰当的引导下,让学生们有所习得,尝到学习的甜头,那便是快乐的。

因此,在课堂教学中,我和学生们有个"拉钩上吊小约定"——专心听,认真看,大胆说,快乐学;课堂游戏花样多!

一份挑战书——"姓名卡片"

统编教材将汉语拼音集中在了第二、第三两个单元,教学时间将近六周。作为老师,我们都知道:随着拼音学习的推进,他们对于拼音内容的机械性记忆会力不从心,拼读也变得很痛苦。

由此,经过一番思考后,我对学生们说:"我们对于拼音的集中学习已经暂时结束了,但老师收到了拼音王国发来的挑战书,你们愿意接受吗?"在他们的一致同意、摩拳擦掌中,我布置了如下作业。

请你将自己或朋友的姓名制作成一张拼音小卡片,可以加以美工。

在课上,当我将他们制作的姓名拼音小卡片在投影下一一进行展示时,他们相当积极踊跃,专心致志,能在很短的时间里拼出拼音,叫对同学的姓名,被喊到名字的同学更是满脸自豪!

当拿出我们班浩浩同学的姓名卡片时,我问道:"你们觉得他的小卡片和前几位同学相比有什么优点?”同学们双眼炯炯有神,争着举手:“他的看起来更清楚!”“他画了四线格和田字格。”“是啊! 画上规范的四线格和田字格,让自己的拼音和字写得更好,这可真是个聪明的做法!”说着我又拿出一张,“瞧瞧,这位同学也画了四线格,谁来评价一下?”我们班春天同学马上站起来说道:“老师,她的姓名卡片做得不是很好。”“为什么呢?”“她虽然画了四线格,但是她没有按照要求写,中格没写满!”“真厉害,观察得很仔细!”顺势就让他们复习了一遍《四线格儿歌》,再次巩固了拼音的写法。

在拼读完我们班萌萌同学的卡片后,大家哄堂大笑。我也笑着问道:“你们在笑什么啊?”“老师,他没有戴声调帽子,所有的拼音都是轻声! 哈哈!”“可不是嘛! 声调帽子多重要,如果没有写声调,那我们可找不到你了啊!”我看着满脸通红的萌萌,再次说道:“快快快,快上来给你的名字标上声调!”他拿着笔,兴冲冲地跑了上来进行了修改! 之后这种没标声调的问题,都是萌萌同学第一个发现并指出的!

接着,我又有选择性地对我们班琦琦同学的姓名卡片进行了投影,抬声问道:“这一份呢? 谁是火眼金睛?”他们紧紧盯着屏幕,随即眼神一亮,小手犹如雨后春笋一般举了起来。萌萌同学兴冲冲地站起来大声说道:“张老师,他的声调帽子标错了。应该给 i 戴,而不是给 u 戴!”“对啊,对啊!”他们不由自主就念起了《标调歌》:“标调歌:有 ɑ 在,给 ɑ 戴;ɑ 不在,o、e 戴;要是 i、u 一起来,谁在后面给谁戴。”

……

在欢声笑语中我们把所有的姓名卡片都读完了,我趁热打铁道:“同学们,在今天这节课中,你们掌握了哪些知识呢?”萌萌最先举起手说:“老师,我知道了声调帽子很重要,没戴好声调帽子我们就没办法拼对拼音!”琦琦同学也举手说道:“对的,声调帽子也不能戴错,我就拼错了!”说完他不好意思地笑了笑。“嗯,说得好,声调很重要,不仅要写,而且还要写对位置。不过老师相信你们一定不会再写错了!”“老师,还有,我有时候会分不清 bpdq 这四个声母。”“对啊,我们拼音中有很多容易混淆的音节,除了刚刚茜茜同学说的 bpdq,还有什么?”“ei 和 ie”“ui 和 iu”“n 和 l”我把这些都写在了黑板上,这时浩浩同学举手大声说道:“张老师,我都分得清,只要记住它们的儿歌就不会搞混了!”“浩浩把他的好方法说出来了,你们掌握了吗?”随之,针对黑板上的音节,我们又一次复习了儿歌,加深辨析的记忆!

更令我惊喜的是在下课后,有很多学生围上来,都说他们还想制作更多的拼音小卡片。在之后的日子里,每天都有学生拿着他们制作的拼音小卡片给我看:有爸妈、朋友的姓名拼音小卡片,也有零食、水果的名称拼音小卡片,我也会抽时间在课堂上出示卡片,以此复习拼音。

在宽松的课堂氛围中,在姓名卡片的展示过程中,他们把自己犯的错误深深地记住了,字也越写越好了。因为他们在无形中不断地在比较谁拼得更正确,谁写得更好!同时,他们也越来越习惯在日常生活中将字和拼音联系在一起,并通过拼读拼音认识了更多的字,其中最明显的就是他们认识了班里同学的名字,现在拿到一本本子,基本都能准确地交到那位同学的手上!

更重要的是,学生化被动为主动,爱上了学习。当他们笑着跟我说"上语文课最开心了""我最喜欢语文课"时,我的心中满满都是难言的幸福。

二、分析

低年级的学生——他们贪玩好动、自我控制能力比较弱,这是他们的弱点,但是他们单纯善良、爱听爱问爱表现,这些都是他们身上的闪光点。而且基于他们的年龄特点,规则教育在一开始大多是选取一些简单有趣,读来朗朗上口,充满正能量的小儿歌。但他们之中并不是所有人都能在诵读过后,就掌握课堂规则的。大部分同学在上课时难免会走神,有些小动作,如此便影响了他们的上课习得。

在发现这一情况后,我便和学生们一起归纳了上课的注意事项,并以三字口诀的形式编成儿歌。同时和他们定下约定,如果表现良好,一定会开始游戏。在游戏的诱惑下,又是遵守他们自己归纳的规则小儿歌,他们也有了动力。

就像这节课,说是"姓名拼音展示课",实质上我们都清楚,它是裹着展示课的名头,挂着游戏活动的外衣,内里依旧是一节拼音复习课,却强烈地激发了他们的学习热情。在整个过程中,他们都精力充沛、跃跃欲试。被成功拼读姓名的孩子们都露出了灿烂的笑容,而那些拼写有问题的孩子也都有所收获。

同时,我也发现,游戏渗透法不仅是让他们对规则意识潜移默化,同时也有助于他们自己的归纳总结能力。

学生的学习能力是很惊人的。在日常的授课环节、作业纠正中,我也发现有些孩子虽然听了我指出的问题，但是却没有消化，总是一而再再而三地重复犯同一个错误。例如，萌萌同学的声调帽子问题，日常也一直在强调，但成效一般。还有的同学是比较倔强的，他们知道自己有错误，却要面子不愿意承认，沉默以对。例如我班的琦琦，这个高大的男孩子面对自己的错误时就不说话，秉持"沉默是金"，让我有时很是疑惑他到底有没有认识到自己的错误，这知识到底有没有掌握。

但在这节课中，萌萌和琦琦同学在我询问本课的收获时。萌萌能最先举起手说："老师，我知道了声调帽子很重要，没戴好声调帽子我们就没办法拼对拼音！"琦琦同学也举手说道："对的，声调帽子也不能戴错，我就拼错了！"说完他还不好意思地笑了笑。在宽松的课堂氛围中，在姓名卡片的展示过程中，他们把自己犯的错误深深地记住了。后来他们重新做了自己和家人的姓名卡片，基本就不再犯这样的错误了。

我认为班级孩子在这节课中，成功实现了玩中学、学中玩。其实在我看来也是一次检验，检验他们拼音学习的收获。无疑，他们在快乐游戏中交给我一份很棒的答卷！

三、操作要点

规则制定很容易，但如何使规则内化，成为学生自己的行为准则却实属不易。

1. 摒弃严声厉语，尝试选择游戏课作为载体，利用低年级学生爱玩贪玩的天性，将课堂小约定的要求，在趣味学习中不断深化，在潜移默化中慢慢形成习惯，卓有成效！

2. 游戏融合法不仅适用于规则教育，也适用于各类学科教学之中，但要注意的是，一定要从教学目标和学生的身心发展需要出发。

3. 坚持游戏融合的科学性原则，意在激发学生的主动性，用游戏的糖衣裹挟教育的本质，真正实现"在玩中学，在学中玩"的双赢局面。

（张　凤）

方法 6

游戏整合法

规则，一般指由群众共同制定、公认或由代表人统一制定并通过的，由群体里的所有成员一起遵守的条例和章程。比如交通法规，是为了维护道路交通秩序,预防和减少交通事故,保护人身安全,保护公民、法人和其他组织的财产安全及其他合法权益,提高道路通行效率,制定的法规。

游戏整合法是指在教学中依据教材的可能性与规则教育的相关内容整合,进行的学科规则教育的一种方法。

本案例旨在描述如何采用游戏教学法对学生进行交通规则教育。在课堂中我帮助学生在游戏中学习相关的交通规则,让学生懂得要遵守交通规则,并积极遵守交通规则,使学生寓学于乐,在活泼、轻松、愉快的气氛中自然而然地获得英语知识与技能。寓规则教育内容于游戏之中必然能让学生在潜移默化中形成良好的规则意识。接下来,我就结合本人的一个英语课堂教学课例来简单谈谈我对学生进行规则意识培养的实践方法。

一、故事

沪教版小学牛津英语五年级上册第一模块第二单元的主题为Crossing the road,围绕过十字路口这一主题,学生将在本单元中学习各种交通法规。围绕以上教学内容,我在设计本单元第一课时时,借助PPT、Flash、影像文件和海报等工具创设了带领学生过马路这一游戏,帮助学生在游戏中学习规则,理解规则,遵守规则。

跟随着PPT中动画场景的切换,警察阿姨给我们展示了一幅海报。接着警察向小朋友提出了两个问题:Where do we cross the road? How do we cross the road?

于是我在教室里布置了一个十字路口，让小朋友在过马路的游戏中身体力行地感悟如何遵守交通规则。在游戏中，达成了英语学科的知识目标和技能目标，同时因为融入了规则教育从而达成了情感目标。针对第一个问题，学生知道了：We cross the road at traffic lights or at zebra crossings. 针对第二个问题，学生在一边游戏一边告诉了我们：

1. Wait for the green light. Always wait on the pavement.
2. Look left and then look right before you cross the road.
3. Cross the road. Walk quickly, but don't run.

二、分析

游戏教学法能够帮助学生身临其境地参与到规则学习中。相较于说教式的规则教育，游戏教学法能让学生四肢和头脑同时动起来，他们在学习中游戏，在游戏中学习，逐渐养成自觉遵守规则，主动构建规则的良好规则意识。但规则教育想要在游戏教学法的实践中取得有效成果并不容易。

本案例在过十字路口这样一个游戏教学中，孩子们了解、学习了交通法规，明白了过马路要遵守交通法规，以及如何遵守交通法规等。随后孩子们也在讨论活动中各抒己见，参与了一部分海报的制作，这使得孩子们的规则意识在学习和体验中逐步形成，也达成了创设这一游戏的教学目标。

三、操作要点

游戏教学法能够帮助学生身临其境地参与到规则学习中。相较于说教式的规则教育，游戏教学法能让学生四肢和头脑同时动起来，他们在学习中游戏，在游戏中学习，逐渐养成自觉遵守规则，主动构建规则的良好规则意识。但规则教育想要在游戏教学法的实践中取得有效成果，要注意以下几点。

第一，游戏的设计应具有趣味性。

教学游戏的创设要符合学生的年龄特点和认知规律，以学生的兴趣所在为出发点，将规则教育融于学生活泼有趣的游戏中，以此激起学生学习、体验的积极性，促使他们全身心地投入到学习中。

第二，游戏活动要以学生为主体，教师为主导。

在课堂教学中开展游戏活动要面向全体学生，让每个学生成为游戏活动的主体，成为游戏活动中的参与者、组织者，让他们在教师的指导下积极地活动。教师在导演学生活动时要活而不乱、动静有序,要使每一个学生都参与,反对那种只顾少数学生而忽略大多数学生的做法。比如在交通规则教育中,组织学生以小组为单位用英语表述:How do we cross the road? 既培养了学生的规则意识又培养了学生综合运用英语的能力,收到了很好的教学实效。

第三,在游戏过程中教师要及时进行指导,让学生在活动中形成自觉内化为遵守交通规则的意识。

(高汝雯)

方法 7

表扬强化法

表扬强化法是指在规则教育中,根据学生的实际表现情况,给予一定的表扬。在表扬规则中,教师通过不同形式、不同程度的表扬,以便让学生熟悉与遵循这一规则的方法。少年儿童好表现,更喜欢别人的夸奖,尤其是老师的表扬。课堂上老师不要吝啬对学生进步的鼓励,一个善于赞美自己学生的老师,很容易获得好的教育教学效果,也很容易成为一个好教师。所以我们要把表扬规则作为一条教学规则贯穿于教学的始终。

一、故事

今天的英语课,我的教学内容为 Toys I like. 当教授好单词 jelly,我针对单词进行提问 What do you see? 小明同学不举手就直接回答,而且他的回答还是错误的。当我分配小组活动介绍你喜欢的食物时,小明东张西望,自己没有很好地参与到小组活动,而是观察其他小组中的某某某有小动作,然后就说"老师,某某某在讲话"。我很气恼地对小明同学进行一番训斥,并让他站起来,然后继续上课。可是如此一来,耽误了时间,还影响了上课以及学生的情绪,同时影响了课堂教学进度。

为了解决这个问题,我查阅了一些资料。因为处在这一年龄段的学生很多课堂习惯还没有形成,他们爱玩、好动、易分心,集中注意力的时间最长只能坚持 10—15 分钟,之后大脑就会出现间断性疲劳,形成"思维低谷",于是不同学生会呈现不同的个性特点:有的学生仍然很乖巧地端坐在那里,但大脑开始走神;有的开始东摸西摸搞小动作;也有的东张西望,心不在焉了……于是这样那样的插嘴现象就随之而出现。明白了这一原因,我不再因为小明同学的乱插嘴而大动肝火,而是学会控制情绪,采取表扬的方式予以处理。在班级中我制定了换星的规则,同学们可以根据自己的得星数,换取不同的礼物。下一次的课堂中,当小明再次出现课堂插嘴情况的时候,我会先提高自己讲课的音量,再走到他旁边,轻轻敲敲他的桌子,示意他注意课堂纪律。小明看到我走过来,立马坐端正认真听。抓住这一点,我立马对小明进行表扬,如“You can listen carefully. Good boy !”于是当场给了小明一颗星,得到星的小明非常开心,也相对比之前坐得端正。以后的课堂中,我发现小明没有之前插嘴那么厉害,听课也相对认真。当我提问的时候,他也会举起手,抓住这一机会,我请他来回答,虽然他的回答没有百分百对,但是我还是当场进行了表扬:“小明今天的进步很大,能认真听讲,还能举手回答,大家一起对小明说 Good! Good!”我特意看了看小明,他的脸红了,表情是笑的。随之我又给了小明一颗星。一个月后的某一节英语课,小明坐姿端正,认真听讲,完全变了个样。课后我找了小明谈话,我对她说:“小明,这一段时间你的进步真的很大,老师为你感到开心,希望你能继续保持。”同时我也对小明的家长说明了小明这一段时间的进步,家长们也很欣慰。在最后的得星统计中,小明的星数也是比较高的,根据制定的规则,换到了相应的礼物。我看到小明是非常开心的。

二、分析

我采取的是表扬强化规则,目的是为了增强学生的规则意识,同时帮助他们树立自信。但是规则教育是要有过程的,不是一蹴而就的。教师在表扬的过程中,要注意方式和力度。故事中的小明一开始插嘴,我会很气恼地对他进行一番训斥,并让他站起来,然后继续上课。可是导致的结果是小明自己没有任何改进,却耽误了课堂时间,还影响了上课以及学生的情绪,同时影响了课堂教学进度。或许小明是喜欢插嘴,但可能也是无意识地插嘴,所以教师要有耐心,通过口头的表扬,贴星换礼物以及向其家长说明近段时间的进步,都是对他的一种肯定,换来的就是小明的不断变化和进步。

三、操作要点

1. 在规则教育中,教师要善于观察,捕捉学生身上的闪光点。对于原本就遵守规则的学生,我们要宣传表扬;对于原本不怎么遵守规则的,但是有进步的学生,我们同样要进行表扬。

2. 在规则教育中,除了师生表扬,还可以加入生生表扬。教师的表扬除了口头的,还可以落实到实物中,比如贴星换礼物;生生的表扬,除了课堂上的口头表扬,还可以是课后的表扬,比如:小明,你今天作业字迹真端正。

3. 根据表扬规则,教师可以通过贴星换礼物的方式,激励学生不断进步。

（陆玲红）

方法 8

激励明确法

激励明确法是一种在宽松、和谐、愉快的气氛中,使学生以自信、自强、进取的态度去遵循规则的教育方法。

在每个教师的教学生涯中,经常会遇到很多所谓的学困生,而我在第一年工作时便遇到了一个班的“学困生”。“学困生”的产生通常都有很多原因,作为教师,我们要通过各种方式,鼓励孩子,让他们有足够的勇气迈出第一步。

【案例呈现】

新学期,我接手了五年级一个班级的教学任务。五年级是小学阶段的毕业班,五年级的学生是小学里最年长的学生。对我这个初出茅庐的老师而言,承担一个毕业班的教学工作是一个非常大的挑战。而且,我们这个班在学校里名气很大,不仅仅因为所有的学生都来自外地又非常调皮,更重要的是他们的英语成绩很差,学生对英语一点儿也不感兴趣。记得在第一次上课前,很多老师都给我打过预防针,甚至有一个老师直接告诫我:“这个班级的学生很厉害的,你一定要对他们凶一点!”

虽然从班主任口中、从任课老师的告诫中、从成绩单上,我已经对这些学生有了一定的了解,但真正近距离接触他们还是从第一堂英语课开始。根据课程标准要求,同时我也根据已经掌握的学生的实际情况,我精心准备了开学的第一堂英语课。

这是我第一次接触他们，一走进教室，我看到学生们正安静地坐着，认真聆听他们的班主任老师的教诲。这让我有一丝惊讶，传说中全校最调皮的班级，怎么变得这么“乖”了？他们的班主任看到我进教室，便非常热情地向学生们介绍我，从孩子们的神情中，我可以看出他们对我这个新老师充满好奇。新学期的第一堂英语课就这样开始了，学生们坐得很端正，整堂课都非常安静，没有学生捣乱，更值得表扬的是，整堂课35分钟，几乎所有的学生眼睛始终都看着我，这样的学习状态让我瞬间对这个班级印象大大改观。但同时却有一个非常大的问题：学生们在课堂上太安静了，没人举手回答我的提问，这直接导致我的教学进度很慢，本来一堂课，准备新授单词、句型和课文，可实际上只解决了单词和句型。学生的英语基础似乎比我想象中的还要差！该怎么办呢？虽然知道他们的英语学习有困难是由于历史原因造成的，但他们已经是五年级毕业班的学生了，不到一年就要参加毕业考试了，我怎样才能帮助他们提高英语表达能力和学习成绩呢？

针对学生的实际情况，我想了一系列的举措。

措施一，明确激励规则，你追我赶同进步。在每堂课上以小组为单位进行比赛，在课堂上只要有小朋友举手发言，我就给他们小组打一颗五角星。下课后，我与学生一起数星星，比一比哪个小组获得的五角星最多，获胜的小组还将得到我送出的小礼物。一开始只是抱着试一试的心态，想通过比赛的形式激发学生们学英语的热情。没想到效果还不错，这个班级的孩子们他们的集体荣誉感特别强，谁都不希望自己的小组落后，我看准了他们的这一心态，在课堂上，尽可能多为学生创造举手发言的机会。渐渐地，孩子们在英语课上不那么无措了，他们很喜欢这样的比赛形式，特别是请学生试读单词的时候，一半以上学生都能高高举起他们的小手，看到学生们你追我赶的学习氛围，我心里别提有多高兴了。通过比赛的形式，学生们学得高兴，老师教得也轻松，打破了原本课堂沉没的僵局，也让我这个老师尝到了一丝成功的喜悦。

措施二：明确小组合作规则。五年级的英语课文篇幅很长，单词也比较难。为了帮助学生正确朗读课文，改善他们的语音语调，除了每天早上利用一些时间集体跟着光盘朗读、布置学生回家跟读课文外，我还鼓励他们采取四人小组合作的方式共同学习。刚开始，学生的兴致都很高，但由于基础比较弱，大部分学生们都不能较顺利朗读课文，小组活动时，会出现四人都不会读的情况。针对这一现象，我又提议每个四人小组由学生自己选出一名组长，由组长负责每一次小组读书活动。经过一段时间，我发现这样的方法很有效。因为成为小组长的这位学生，他就觉得自己有责任首先学会读课文，他会通过各种途径、各种方式，让自己先会读，从而带动小组里的其他同学，大家一起互相帮助，共同学习。又过了一段时间，我又提议小组中的四位同学轮流做组长，因为这样每位学生都会以自己是小干部的心态鞭策自己，每个学生都会更积极地参与到小组活动中。过了半个学期，我发现小组学习的效果非常好，所以我建议学生把小学合作学习的推广到其他方面。

措施三：制定差异规则。我们牛津教材整个体系呈螺旋式上升的特点，到五年级第一学期已经是第九册书了，整本书涉及的词汇量非常大。而我的学生，他们整体上是从三年级第二学期才开始学习牛津教材，也就是说对正常情况下的五年级学生而言，一篇课文中也许只有 5 个新的单词，但对我的学生而言，一篇课文中会有 10 个单词，甚至更多。基于种种情况，默单词成了学生们最害怕的一项作业。我们都知道英语单词就如语文的词语一样，是构成一个句子的最基本的元素。为了让每一个学生都能积极参与到英语学习中，我根据每一个学生的不同情况，每天为他们安排了不同量的作业。比如他们中基础较好的学生，我要求他们每天默 10 个单词；基础一般的学生，要求他们每天默 5 个单词；基础较弱的学生，每天默 2 个单词。过了一段时间后，我发现每个学生都在进步，下课后，学生会主动拿着默写本找我默单词，每当学生完成他今天的默写后，还会高兴地和其他同学炫耀：“我默完啦！我默完啦！”看着学生默写本上的一个个五角星，看着他们的进步，我真的很开心。以前总觉得因材施教很难做到，但学生的进步告诉我，因材施教真是很必要！

在我和孩子们的共同努力下，整个班级的英语学习氛围更加浓厚，在五年级毕业考试中，班级中将近二分之一的孩子英语成绩能达到合格以上，有好几位同学能得到 A 等。最令我欣喜的是这些孩子们开始喜欢上英语课，愿意参与课堂教学活动中。

【案例分析】

陪着这群孩子学英语，让我这个初出茅庐的新教师也成长了不少，如果当初我接手的是一个非常优秀的班级，也许我也不会有这么多的思考。我想作为一名教师我们不能随意否定任何一位学生，在制定学习规则时应该考虑学生的学习差异。凡事都有因果，特别是面对一些学习上存在一定困难的孩子时，我们应该给予他们更多的关注，帮助他们发现问题解决问题。比如我的这些学生，他们英语学习困难的主要原因是他们一二年级时，没学过英语，三年级下时开始学习牛津英语的第六册书，这对他们而言是非常困难的。这也导致了大部分学生不能跟上课堂的教学节奏，时间久了，很多学生会听不懂老师的教学内容，对英语学习丧失兴趣。所以发现问题后，我也及时想办法，参与到孩子们一起学习的过程中。

我觉得在课堂里应该明确激励的规则，使学生有努力的方向。激励是很好的老师，但是如何激励是一个更重要的问题。教师在教育孩子的过程中可以运用各种方式、手段激发孩子们的学习兴趣。我们也应该在课堂上设计好激励的规则。

另外，我觉得应该尝试制定激发学生最近发展区的学习规则。我班级里的孩子，他们因为种种原因，英语的基础比其他班级的孩子薄弱，所以我就设计了适合班级孩子能力的练习和教学活动，让孩子们能够感受到成功的喜悦。每个人都有被肯定的需要，所以在教育孩子的过程中，运用一些评价手段也是非常有必要的，我通过给予星星这样看似幼稚但却非常适合小学生的激励方式激发学生的表现欲。

初次踏上三尺讲台的我，在教育这些孩子的过程中也尝到了成功的喜悦，在后续的工作中我也无所畏惧、越战越勇！

【操作要点】

1. 学习规则要有利于激发孩子的最近发展区。教师根据学生的实际情况及时调整教学内容和教学方法，使学生们觉得学习内容对他们而言不是遥不可及的，只要努力一点儿就能学会。

2. 制定形成激励机制的规则。例如制定差异性学习规则，在课堂上和课外采取适合学生年龄特征的激励方式，对于不同学生的表现及时给予评价，鼓励他们参与学科活动。

3. 要制定鼓励学生之间互帮互助，共同进步的学习规则。例如小组合作学习的规则等。

（姚雪莉）

第二节 交际规则教育方法群

交际活动是学生社会化的基本途径。学生的交际活动包括与老师的交往、与父母的交往、与同学的交往、与其他与之关联的人交往。在这些交往中学生学习人际关系中的规则,使各类交往正常进行。小学阶段是儿童走出家庭与人交往的第一时期,是儿童身心发展与行为发展的关键时期;是孩子学会适应生活、学习,学会人际交往、融合于群体生活的基础阶段。他们迫切希望得到交往,与外界联系,与小朋友一起玩耍一起成长,情绪舒畅,得到愉快的心情和品格;是学习、认识自我、认识世界的综合表现。因而小学生交往的能力水平是非常重要的,人际交往必须遵循一定的规则,这就需要学生在各种交往中把握规则,以各种规则促进人际交往的得以正常进行。

交际规则教育的操作要点如下。

1. 引导学生遵循人际交往的人伦有序。交际的人伦有序是人际交往的基本规则,对父母要尊敬,对长辈要尊敬,对兄弟姐妹要爱护,对同学要友爱,对他人要友善。由于小学生年龄小,他们对不同的人伦次序把握得当,需要教师积极引导、教诲。

2. 培养学生掌握体现人际交往规则的礼貌用语。礼节是礼之表现,是礼之行。礼节是人际交往的规则,这些规则的核心是尊重、仁爱与诚信。交往的礼貌用语体现着人们遵循规则的文明程度,礼貌用语是人类进行友好交往的重要工具和桥梁。教师应该教会学生懂得使用礼貌用语,与他人平等交往。例如:"您好""早上好""认识您很高兴";"请""谢谢""对不起"等礼貌用语。见到师长、同学时主动打招呼问好。

3. 培养学生遵循诚信规则进行人际交往。人际交往是否重要的规则是讲诚信。这要求学生在交往时言行一致,不说假话,言必行行必果。

4. 要引导学生人际交往的尊重规则,说话要有分寸,有条理,不能嘲笑别人。也要尊重别人隐私。这是文明社会人际关系的基本规则。不打听别人的隐私,散布别人的隐私,不以别人隐私攻击别人,更不造假污名化他人。

5. 要引导学生注意异性交往。尽管小学生男女学生年龄小,男女交往也要关注异性交往的规则,而且高年级已经处在青春前期,更要注意。男女同学之间交往要讲平等、尊重异性,互相帮助,同时要遵守男女同学交往的公开性,例如男女同学单独在一室时,房间门不要关闭、窗户要透亮,显得尊重与磊落。

方法 9

细节关注法

【导言】

细节关注法是指在英语交际化学习中关注学生各种细节,引导和帮助学生掌握交际规则,从而使学生用英语交际的能力得到进一步发展与提升。细节关注法是于学生学习生活的细微处去落实培养学生英语核心素养的教育理念之大智觉。

英语教学的最终目标是培养学生用英语进行交际的能力。让学生寓学于用,除了根据学生的需求确定教材内容和教学大纲,鼓励学生多接触和使用外语,用真实、地道的语言材料,在真实的情景中以及符合实际的交际过程中进行外语学习外,教师还需引导和帮助学生掌握交际的规则,让他们在交际化的教学过程中,不仅是操练活动的主动者,还是构成影响所操练的话语功能的社会因素之一。因为在真实的交际环境里,学生也是作为一个社会人参与社会的活动,他的主观的意念、态度、情感、文化修养等各方面因素都会影响语言形式的选择和语言功能的发挥,所以在教学过程中,教师的责任是给学生提供交际情景、场合,关注细节,引导和帮助学生创造性地、自由地表达、交流自己的意念、思想,并从中提升交际规则意识。

【案例呈现】

记得我在教学小学牛津英语三年级上册 M3U2 主题为 shopping 时,在学习完语言知识和文本后,我让学生分组表演对话:在 PPT 呈现 in the fruit shop 的真实场景时,邀请三人一组上来表演购买水果。

可是我发现,学生在表演时,要么看着 PPT,要么看着板书进行展示,而且,三人一组表演时,都呈现一致性地面对 PPT 或黑板,而不是生活中说话的模样：面对面。这明显违背了交际规则，说明学生只是在背诵对话，而不是借助所学单词、句型等语言知识进行交际运用。虽说这只是个细节，于教学过程影响不大，但我觉得这不是我所期望的。于是，我就让学生再次观看购买水果的 Flash，让学生自己去寻找和明白该怎样进行语言交际；怎样在真实的语境中买水果；应遵循的购买东西规则和语言运用。同时，通过小组讨论得出结论：

第一，不要看 PPT 或黑板。

第二，买东西时要面对面说话，否则就不礼貌。

第三，买东西时要使用礼貌语 Please。

第四，买东西时要微笑待人。

在学生得到结论后，我再请学生上来展示。学生在明确之前的不足后，表演都有较大改善，言语间的交流也都能在不借助 PPT 或板书下顺畅输出。

A：Kitty, do you like bananas?（家人间亲密相处：爸爸拉着 Kitty 的手）

B：Yes, I like bananas.（Kitty 微笑点头）

C：Good afternoon. Can I help you?（营业员微笑招呼）

B：May I have five bananas, please?（购买时使用礼貌用语）

3. Sure.

A：How much?

C：Ten yuan.

A：Here you are.

C：Thank you.

B：Goodbye.

C：Goodbye.

在学生得到结论后，我又邀请学生和老师一起示范一遍给全体学生看。在知晓了之前的不足和问题所在后，学生又一次小组合作操练。这次的表演有了很大改善。言语间的交流也都能在不借助 PPT 或板书下顺畅输出。对于表现良好的学生，我又趁热打铁，进行星级奖励，同时，还告诉学生每次表演时都要这样。在师生的共同努力下，这个班的学生在对话表演时的这种"僵硬式的对话"情况日渐改善。

几组的表演都获得了完美的呈现后，我肯定了学生的表演，同时又指出："在交际中我们需大胆、自信，其实，之前的看黑板及PPT只是不自信的表现，购买东西的英语基本知识我们都已经在之前的操练中得以掌握。只要我们有足够的自信，那么交流时并无障碍，同时还能给人阳光的感觉。"

一个细节，在教师的点拨后得以改善，相信学生自此也便有了与人交流时最基本的交际规则意识。

【案例分析】

交际是一门艺术，是人与人之间思想、感情和信息的交流，而能用英语进行交际是英语教学所要达成的目标。我们常说"哑巴英语"的痛之所在是学生不敢开口说英语，那么，让学生开口说，怎么说就是需要我们教师所要去教和引导的任务。在日常教学中，我们要学生达到语用输出，会通过设定任务，让学生在合作中模拟真实场景进行人际间的交流。此案例中的购物是小学阶段的一项重要内容，学生除了要掌握购物的基本英语知识外，更重要的是能运用所学英语知识去交际。因此，在语用的过程中，教师需要关注细节，从学生的一言一行，甚至一个眼神，去引导学生，让学生懂得一定的交际规则，并且让规则意识在学习和体验中逐步形成：懂得如何用英语购物；如何有礼貌地购物；购物环节中需注意的规则；如何小组合作完成购物任务等。

遵循礼貌规则是人际交往中不可或缺的前提条件，是打开交流者心灵的一把钥匙。礼貌周全不仅可以增加别人对自己的良好印象，让自己事半功倍，同时也是自我修养的一种体现。此案例中的购物是小学阶段的一项重要内容，学生除了要掌握购物的基本英语知识外，更重要的是能运用所学英语知识去交际。交际的主要表现形式为行为与语言。行为和语言的礼貌表现，就决定了交际过程的流畅。通过关注细节法，让学生关注说话的语言、方式，在交际中遵循礼貌规则，就能事半功倍。如在购物时，一定要看着对方说话，这是对对方最起码的尊重；要使用礼貌用语，如 May I ...？的句式就明显比 I want ... 更礼貌；Please 更是要常用，这是英式与中式购物对话中最明显的文化差异。当然，微笑着和人对话更是能使交际更顺畅！

当然，交际中的礼貌规则不仅仅适用于购物。因此，在日常的教学中，教师要遵循规则教育中的内化自律原则，时刻运用细节关注法去引导学生,在学习与生活中帮助孩子逐渐形成明确的规则意识,激发孩子内心对规则敬畏的情感与坚守的意志,从而提升他们与人交际的水平与能力,并享受到自身遵循礼貌规则后他人给予的尊重所带来的满足与幸福感。

规则教育中我们要关注细节上的教育。细节决定成败。老子曰:“天下难事,必做于易:天下大事,必做于细。”细节关注即要求我们于学习、生活的细微处根据新课程的要求重新塑造我们的教育行为之大系统。具体体现于我们教师对待点滴、细微事物的态度和方法上,体现在学生耳濡目染的日常生活交际里,体现在我们每个教学过程的细节中……虽然我们的课堂上,总会因一个、两个细节让我们觉得遗憾,因关注学生的言语知识的会读、会默而忽视了让学生达成语用之交际能力的培养。我们的牛津教材内容,都取之于生活,如过马路、打扫房间、吃晚餐等等,上述的购物案例只是培养学生交际能力的一项内容。如果我们的老师在每堂课中,都能有意识地关注细节,关注学生言语交际能力的培养,相信我们的学生都能放飞梦想,赢得出彩人生。

【操作要点】

用英语交际的能力培养不是一蹴而就的。师生作为教与学的两个主体是平等、合作、协商的交际关系,都是认识的承担者、实践者,只是任务和角色不同而已。细节关注法的运用能帮助教师和学生更好地达成目标,其操作要点如下。

1. 教师要鼓励学生善于观察细节,时刻了解交际中礼貌规则的遵循情况,捕捉并记录好每个学生的交际表现情况。

2. 根据礼貌交际规则,对进步明显学生可以给予一定的奖励。在教学过程中教师应本着少训斥多鼓励的原则,多给予表扬。

3. 教师应充分发挥从旁指导作用,扮演示范者和指导者,组织者和协调者,顾问和参与者,监督者和评价者的角色,引导学生用英语进行交际并掌握一些基本交际规则。

4. 要让学生懂得交际是人际间的交流,而不是人机间的交流。多媒体的运用只是辅助教学创设真实的语境,让学生可以在一种轻松和谐的学习氛围中参与课堂交际活动。

5. 教师应当采取灵活多变的教学方式,像个高明的厨师一样,关注交际化教学中的每个细节,随时变更教学“菜谱”,引导学生在乐于交际、善于交流中提升交际能力。

（邱雪英）

方法 10

由面及点法

由面及点法是针对某位学生或者某个小群体违规行为，对全班或者全校学生进行针对性的教育，从而使违规的学生意识到自己的违规行为并且及时改正。由面及点法针对的是这个“点”，往往在不方便进行直接教育时（违规学生自尊心太强、当下场合不恰当、时机不对等），可以在广泛教育时，话语间针对这个点，进行规则教育，达到规则教育的目的。

一、故事

记得一次小练习时，一位学生举手问了我一个问题，我笑而不答，让他自己思考。没想到就在此时，一个清晰的声音说出了问题的答案。循声望去，“犯规”的是一位平时学习相当努力，成绩不错的学生。也许正因为她太自信了，话语才会忍不住脱口而出。“不明白做作业的规则吗？”我很生气，“没有人在问你，你却插嘴，把答案随便说出来，是否应该批评？”只见这位学生的脸顿时通红，低下了头不答。其他的学生听后则面面相觑，教室里顿时鸦雀无声，气氛一下子凝结了。随后的时间里，那位学生一刻不停地动着笔，始终未抬过头。我知道，刚才那番话已经像把锤子一样重重地砸在了她的心上，因为她是一位重视成绩的学生，平时偶尔的失误也会后悔好一阵，更何况要在这种情况下被批评？这个方法会不会不太适当，其实当时说归说，我的内心压根儿就没有想过真要严厉批评她，只是一方面由于不满，另一方面也是想借这个机会，给她，也给全班学生提个醒。

该交作业了，学生们陆陆续续地把卷子叠放在了讲台上。“啪！”忽然，一张卷子几乎是被甩在了桌上。是谁？这么没有礼貌！抬头一看，又是她。怎么，不认识到自己的错，还……一股怒火不由得从我心底升起，我真想立刻大声地斥责她！但是显然此时我若采用这种方法进行尊重老师的规则教育只会适得其反，于是我强压下了这股怒气。旁边已有学生在窃窃私语，看样子他们也注意到了刚才的一幕，正在揣测着她的命运。我随即清醒地意识到，我是老师，我的责任应是引导学生明白道理，而不仅仅是让他们为我的威严所震慑。于是，我改变了语气和态度，半开玩笑似的说："扔作业可是一种不礼貌的行为，是否也该批评？"我的语言和神态的不一致让大部分学生的眼神中透露出疑惑和不解。而她，尴尬了好一阵才回过神来。这天一直到下午，平时活泼爱笑，老围着我打转转的她几乎一语不发，悄悄望去，我发现她也常趁我不注意时在打量着我。看样子，今天这"批评"的大石头压得她的心情相当沉重。

第二天的课上，我借"规矩"一词扯开，和学生们谈论了遵守"小学生守则""小学生日常行为规范""班规""校规"的重要性，而后，话题很自然地一路引到了"考规"上。我诚恳地告诉学生们："老师明白大家都想遵守考场规则，都要凭自己的本事获取好成绩，没人想故意作弊或帮助别人作弊，但你们的某些坏习惯，比如不分场合随便说话，已经成为了你们学习中的绊脚石……"她安静地坐在那里，边聚精会神地听着，边像是在思索着什么，渐渐地，她的脸又红了起来。

下课了，她来到我身边，欲言又止，我知道聪明伶俐的她一定有话想说。于是，我走到一个没人的角落，果然，她也跟了过来。"说吧，什么事？"我开门见山。"谢谢老师没扣我的分。"犹豫着，她终于开了口。"还有什么话，勇敢点索性一起说完。""我错了，以后一定改正。不过，我不是故意的，真的！""老师明白。"我接了口，语气柔和地说，"老师愿意原谅你，但希望这次的事能对你敲响警钟，使你明白，上课不插嘴，尊重老师是每一位学生应该遵守的规则和纪律。"

二、分析

这个案例中的学生，有着很强的自尊心，在她不遵守纪律、违反规则的时候我的第一种方法：直接严厉指出她的错误，显然是不恰当的，还引起了她后来的逆反心理，我马上意识到需要转变我的语气和口吻，让当下的她不要那么急躁，事后第二天再进行全班性的教育，也不指名道姓，那样聪明的学生马上一点就通，让上课不插嘴，尊重老师等规则印在他的脑海中。望着她终于卸去了包袱，蹦蹦跳跳而去的轻松身影，我清楚这一刻，我的动作已让她从内心深处产生了改正错误的积极性，而这，也正是我所期待的结果啊！我想：学生们年龄还小，都会犯错。教育注重的不应是错误本身，而是希望学生们以后会做得更好！那么，找出合适的方法，用适度的宽容，为学生搭一个台阶，给予一次改错的机会，才能真正唤起他们自尊自爱和勇于改错的觉悟。

三、操作要点

1. 由面及点法的教育对象需有一定的明辨是非的能力。由面及点，需要学生在老师对全班进行的教育中，准确知道老师的哪一点是说给我听的。

2. 使用由面及点法，切不可直接在做广泛教育时直接点出违规的孩子，这样只会适得其反，就像案例中我的第一次失败的教育，指名道姓，异常严厉，这样别说教育了，只会引得学生反感。

3. 在具体实施的时候要因人而异，对于一些平常就比较顽皮的学生此法可能没有太大作用，反而是那些平时比较少受老师批评，有一定自尊心的孩子，对此法的接受程度比较高，既维护了他的自尊心也用一种比较温和的方式进行规则教育。

（严嘉丽）

方法 **11**

歌唱感染法

【导言】

歌唱感染法是指通过演唱歌曲或者听赏乐曲来感受音乐所表达的情绪，体验音乐所描绘的情境，理解音乐所表达的做人的道理，从而潜移默化地熏陶人的情操，培养学生养成某方面与人的交际规则。“不影响他人”一项重要的交际规则。是在四年级第二学期第二单元中有一首歌曲《小老鼠找朋友》，它曲调活泼欢快，歌词生动有趣，十分口语化，通过一只干坏事的小老鼠四处找朋友，朋友们非常生气地拒绝和他交朋友的故事，向我们揭示了“不影响他人”的交往规则。

该案例通过学唱歌曲《小老鼠找朋友》，让学生联系生活实际认知到同学之间影响他人会给别人的学习和生活造成很大的麻烦，从而树立“不影响他人”的规则意识。再通过学生一起讨论的方式制定“不影响他人”的规则条例。最后将规则意识落实到规则行动上，从而形成学生一种良好的行为品质。

歌唱感染法是一种“寓教于乐”的教育方法，它结合了音乐课的学科特质，利用音乐具有感染人灵魂的艺术魅力，使学生在愉悦的身心状态下，从内心深处萌发学生遵守规则的意识，犹如鸡蛋给我们的启示：鸡蛋从内打破是成长，鸡蛋从外打破是压力。

【案例呈现】

“老师，A 同学就是歌曲中这只干坏事的小老鼠！”B 同学站起来指着 A 同学说。此言一出班里炸开了锅。

“是的。”

“就是他。”

“我最讨厌他了。”同学们集体附和起来。

“上次吃午饭，我去端饭经过他的座位旁，他还伸出脚来绊我，害得我差点儿摔个狗啃泥。”C 同学气愤地站起来说。

“有一次上课，他用圆珠笔在我的校服背后画了好多道杠。”D 同学也气哼哼地说。

这是我在执教四(1)班歌唱课《小老鼠找朋友》时出现的“意外情况”。在初步学会歌曲后，我向学生提出问题：“小老鼠在找朋友的过程中遇到了什么麻烦？为什么会有这些麻烦？”学生很快找出答案：“小动物们都不想和小老鼠做朋友，因为小老鼠到处干坏事，大家都不喜欢它，所以它找不到朋友。”于是大家很自然地联想到了班级里的 A 同学，一堂音乐课就此变成了 A 同学的“控诉会”，大家纷纷说出了对 A 同学的种种不满行为，只见 A 同学低着头抿着嘴，手指不停地捏着衣角。

我一点儿也不感到惊讶，因为这位 A 同学是老师们私下里经常诟病的“惹事精”，平时班里同学对他也是唯恐避之不及，为了让他进一步感受到同学们对他的不满。

我说：“小老鼠干了许多坏事严重影响了朋友们的生活，小动物对小老鼠的态度和情绪会怎样呢？”

“很生气！”大家异口同声地说。

“那请同学们在演唱歌曲后半部分的时候用你的歌声、表情和动作表现出你的生气和愤怒吧！”同学们跟随着伴奏开始唱了起来。

“看你到处干坏事呀！”当同学们唱到这一句时都用手指着 A 同学。

“谁愿和你交朋友？谁愿和你交朋友？”当同学们唱到这句高高地昂起头，双手交叉在胸前。

“哼！”最后一句语气词，同学们表现得尤其义愤填膺，双手插住了腰。

我给孩子们的精彩表现鼓起了掌，我说："这是同学们演唱歌曲最用心用情的一次，你们的歌声深深地打动了我，也打动了A同学"。只见A同学憋红了脸，我知道他从歌声中听到了同学们对他的愤怒，他开始为自己的行为感到可耻了。

于是，我说："小老鼠认识到了自己的错误，想要改正错误了，你们愿意帮帮它吗？"

"愿意。"大家开始变得兴致勃勃了。

"那先说说生活中该怎么改正吧！"

"他应该管好自己，不要总是影响人。"B同学连忙站起来说。

"管好自己不影响他人都要做到哪些方面呢？我们根据A同学平时的不当行为分组谈论一下，列出他需要改正的要点吧！"我顺势指出。

经过五分钟的激烈讨论后，小组长开始代表小组发言了。

第一位组长说："不影响他人最重要的是：上课不讲小话，不做和上课无关的小动作，这样才不会影响老师和同学上课。"

第二位组长说："不影响他人要做到下课文明休息，文明游戏，不在教室里打闹大声嬉笑。"

第三位组长说："不影响他人要做到不乱动别人的东西，更不能弄坏。"

第四位组长说："不影响他人要做到不对同学说脏话，不欺负同学。"

我看了看A同学说："你现在知道自己该怎么做了吗？"

A同学红着脸说："对不起，今后我一定管好自己，不影响大家。"

我赞许地摸摸A同学的头说："知错就改就是好孩子。现在请同学们改动最少的歌词，却把意思变成小老鼠干好事，大家都愿意和它交朋友吧！"经过一番激烈的谈论后大家都兴致高昂唱起了自己创编的新歌词。

"看你到处干好事呀！都愿跟你交朋友，都愿跟你交朋友。"大家对A同学竖起了大拇指。

"耶！"最后唱语气词时，大家都比出了胜利的V手形。A同学不好意思却欣喜地笑了。

课后我让班干部写下组长的规则条例，作为班级"不影响他人"

的规则条例,请全班同学一起当A同学的监督员,一天不影响他人就到班长处领取一个大拇指,积累三十个大拇指到我这里领取一颗小勋章。通过一段时间的观察,A同学在班级里的行为有了很大的改善。

【案例分析】

在这个案例中我主要运用了"学科教学中的规则教育"这一教育方法。"音乐就是最美的语言",歌唱感染法把枯燥、严肃的规则与有趣、轻松的音乐紧密结合,通过唱、跳、听等多种方式表达出来,学生乐于接受,记忆牢固,富有音乐课所特有的浓厚氛围,同时也提高了学生的审美情趣和音乐表现力。

在规则教育教学过程中我采用了体验践行策略。A同学从同学的歌声中能够体验到同学们对自己强烈的不满,由此A同学认识到了自己的错误,体验到了不遵守规则给别人带来的麻烦,初步形成了规则意识。然后,我让同学们一起谈论制定"不影响他人"的规则,做到尊重学生是规则制定的主体,激发了学生参与制定规则的积极性。最后让学生一起做规则的践行者和监督者,通过监督和奖励并进的方式帮助同学更好地践行规则,内化规则。

【操作要点】

1. 要选择合适的歌曲(乐曲)作为契机,这样才能达到规则教育的目的。

2. 歌曲的难度要适合该学段学生的年龄,让学生易于理解规则。

3. 要把歌曲中蕴含的交往规则联系到实际生活中去,引发学生的谈论与思考,从而找出切实可行的方法,这样才能把歌唱感染法落到实处。

(陈超红)

方法12

情境践行法

【导言】

规则教育中情境践行法是指在规则教育过程中,教师有目的地引入或创设具有一定情绪色彩的,以形象为主体的生动具体的场景,以引起学生一定的态度体验,从而帮助学生理解相关规则的内容、促进学生遵循规则的教育方法。每一座心灵的岛屿都渴望与外界沟通,每一个孩子都渴望交到知心的朋友。交际能力,如同一面镜子,折射出一个人的才能和智慧。通过创设生动有趣的活动情境,引导学生参与课堂内外的语言描绘活动,掌握一定的语言表达能力,为交际规则意识的培养助力。我用情境践行法开展真诚欣赏的规则教育,获得了良好的教育效果。

【案例呈现】

赞美十分钟

又到了我和孩子们约定的"赞美十分钟"活动时间……

"同学们,在班级,在学校,在我们身边,时常发生着值得大家赞美的人和事,今天让我们再次走进"赞美十分钟",共同来发现美、欣赏美和追求美吧!"孩子们认真完成我布置的"回家作业",用心收集了"美"的故事和人物,为活动做好了充分准备。

班中的"歌唱家"叶子涵同学自告奋勇,第一个走上讲台。"学校艺术节活动中,我参加了独唱专场比赛,参加比赛的过程中也让我学到了很多。四(3)班小何同学的歌声悦耳动听,表演大方自然,她是我学习的榜样。"

"我们打开南楠同学的任何一份作业,她自始至终做到字迹工整、书写规范,翻阅她的作业本真是一种享受,南楠是我们班名副其实的作业之星!"运动健将小李同学带着崇拜的眼神夸奖着,夸得腼腆的小南同学胖嘟嘟的小脸红红的。

我欣喜地鼓励孩子们说:"刚才两位同学讲述了我们身边小伙伴的表现,他们有一双捕捉美的慧眼,并且发言声音响亮,在语言表达方面也进步多了。的确,无论生活还是学习都离不开友善的人际交往,真诚、欣赏的言语表达是人与人交往的一把金钥匙。谁还愿意和大家分享值得赞美的人物或事情呢?"

"我来夸一夸,夸一夸发生在我们班的好人好事。"接着,聪明伶俐的可爱小女生雯雯和同学们分享了她的"美丽小故事":"上周五临近放学时,班上顾文喜、张子恒、李振坤三个男同学主动留在教室,他们团结合作,齐心协力,把教室打扫得干干净净,把课桌摆放得整整齐齐。我在五(2)班 QQ 群里,看到了姚老师上传的这几位同学清洁教室的动人照片,他们的行为也得到了家长们的纷纷赞扬。"

……

"赞美十分钟"这一有趣的交往实践活动,既教会孩子们善于赏识美、赞扬美,更是为他们搭建了交流的平台,创设了和谐、愉悦的师生和生生交际的良好氛围,培养了他们人际交往的意识。

【案例分析】

美国心理学家通过研究众多人物在事业上的成败因素,证明取得成功的九大要素之一便是"与人真诚的合作",而导致失败的九大要素之首则是"不善于与他人合作"。由此可见良好的人际交往有多重要。二十一世纪最需要的是有交往能力的人。

小学生正处于心理与行为发展的关键时期,他们迫切需要更多的交往,渴望与外部世界发生更多联系。从心理学角度讲,人本身就有渴求交往的需要。生活是交际的源泉,语言是人际交往的工具。人是在语言交往中成长的,语言沟通着感情,构建着知识。人之所以为人在于他的语言性,人之成为人也在于人与人之间的交往,所以人生长在语言交往的密林中。

善交际,才能有好人缘,而好人缘,是成功的重要保证,是人生的宝贵财富。一个人的交往能力在很大程度取决于童年时期的良好培养和锻炼。基于此,为了让学生习得与人交往的能力,潜移默化地培养他们人际交往的规则意识,我设计开展"赞美十分钟""名人名言鉴赏"等活动,营造交往的氛围和情境,引导学生从学习和欣赏他人、学会口头语言表达入手,融洽师生之间、学生之间的情感,激发学生积极参与交往的兴趣,不断培养学生的交往能力。

【操作要点】

1. 依据学生年龄特点,精心组织学生喜欢的活动,为之创设美好的交往情境。

2. 活动中教会学生用欣赏、肯定的眼光去关注他人的所作所为,并大声说出他人的优点和长处。

3. 联合各学科教师、家长利用一切时机,培养学生遵循以真诚的心欣赏他人的规则,从而提高人际交往的能力。

(姚爱芳)

方法 13

表扬激励法

一、导言

表扬激励法是利用表扬来激励学生在学习活动中自觉遵守纪律规则的一种方法。我们在教育中多采用语言或动态式表扬及奖品表扬激励的方法。这是一条重要的交际规则,表扬激励法不仅可以教会学生互相尊重,而且也可以促进师生之间的互相尊重。

詹姆斯指出:"人类本性最深的需要是渴望得到别人的欣赏。"恰当运用表扬激励评价法,有利于创造良好的人际关系,营造良好的氛围,也可以激发学生的学习动机、学习进取心,引起学生之间的学习竞争等,产生良好的教育效果。本文主要是遵循采取表扬激励法,激发孩子们内心对规则的敬畏情感与坚守的意志,使孩子从遵从他律到自觉自愿地去践行规则。

二、故事

小A,10岁。是我们班外地民工的随迁子女。在读小学以前,一直在安徽老家由爷爷奶奶带着,没有养成良好的学习生活习惯。读小学三年级才转学来到我们学校。其父母在两个不同的工厂上班,经常加班。孩子常常没人管,学习极不自觉。开学才一个星期,我就发现,该生在课堂上注意力极不集中,一会儿钻到桌底下,一会儿拿出文具玩,一会儿和别人说话,35分钟算起来最多只有10分钟的听课时间。做课间操时,排队站不定,不是自己转来转去,就是一会儿推前面的同学,一会儿踢、打旁边或后面的同学,早操也乱做一通。下课了,也爱和别的孩子打闹,还惹出一些事端来。布置的作业,从不按时完成,动作极慢,需要在旁督促,经常是大家都在做作业,他还在玩东西,从来不会主动交作业。父母和任课教师对他的种种行为头痛不已。

接下来的一个星期,我会在课间出操的时候,刻意站到小A的身边,弯下腰,悄悄地问他:"你觉得我们班谁站姿最端正?"一开始小A只是默默地低头不语。我就微笑地摸摸他的头,鼓励他大胆地说出来。小A怯怯地抬头指着小B:"她。""那你能和她比一比看谁站得更端正吗?"随后的几天,我时不时地站在他旁边,小A也总是意识到自己该怎么做,并且坚持着一直站得很好。上课时,我也会更多地关注他,挑一些简单的问题让小 A 回答,也会适时地口头或竖起大拇指表扬他。周末我会和小 A 约定打电话聊天,问问他生活和学习上开心和烦恼的事情。出人意料的是,小 A 各方面都能下意识地以班里优秀的同学为榜样,进步特别明显。

三个星期之后的某节班会课上,我当着全班同学的面问道:"大家猜猜我们班最近进步最大的同学是谁吗?"小朋友们异口同声说出了小 A 的名字。"那你们能说说他在哪些方面进步了吗?"小 C:"他在课间操时很认真地和大家一起做操。"小 D:"他上课不再钻桌子和玩文具了。"小 E:"他能及时交出一部分作业了。"……听到大家的赞许,小 A 羞涩地笑了。我把小 A 和其他受到表扬的同学邀请到了讲台上,在奖励给每个小朋友奖品和小奖状的同时,给了小 A 一个大大的拥抱。

三、分析

小 A 的学习和生活中的各种陋习,并不是短时间形成的,所以要想很快有所突破,也是困难重重。我觉得应该从细微处着手,具体到小 A 能够接受并且易于改正的方面出发。所以我开始的第一步,是让他在大课间时遵循内化自律的原则,让他先观察别的小朋友是怎么做的,当意识到自己的问题后,采取表扬激励的方法,鼓励他和别的同学进行比赛。在他有了小小闪光点后,不吝啬老师的表扬。好习惯的养成并不是一蹴而就的,贵在坚持。老师的适时提醒,让小 A 内心时刻保持警觉,能够坚守下去,最后达到预定的效果。

四、操作要点

1. 表扬要在点子上,即学生在遵守规则上做得不错,事实清楚,应该予以表扬。这是表扬激励遵守规则的行为者。

2. 表扬激励不仅是对当事者的表扬激励,而且对其他同学也是一种激励,让他们知道应该做什么,什么是对的,激励他们更好地遵循规则。

3. 学生在遵守规则上的表扬应该以激励为主。教师要看到他微小的进步,不要因为效果不明显而忽视,激励要落实到遵守规则的细节上。

4. 老师的关心,口头或各种动态式表扬及物质奖励只是其中的一个方面,同学们对他的认可,才能使他有更大的进步,要倡导集体的监督与鼓励。

(石　佳)

方法 14

文明借阅法

一、导言

作为一名图书馆老师,我们有责任要从小培养我们的学生树立遵守规则意识,养成自觉遵守规则的习惯。文明借阅法是指学生在图书馆借书与阅读过程中,培养他们遵循公共图书馆中借书与阅读规则的一种方法。

学校图书馆是学生获取知识的第二课堂,图书馆在积极引导学生多读书,读好书的同时,也制定了相应的借阅规则,即学生外借图书规则和学生阅览规则。我们把规则张贴在图书馆醒目的地方,每年对新生入馆教育的时候,我们都要对学生进行借阅规则的宣读和教育。其中学生外借图书规则如下:一是学生借阅图书时要做到安静、文明、有序。二是学生每周外借图书一次,借阅时间一般不超过一个月,情况特殊需办理续借手续,如有遗失要追还书款。三是读者要爱护图书,不得污损、撕毁、批注和丢失图书,如有上述情况照原书单价赔偿。对于违章的读者,在未办妥有关赔偿手续前,暂停其借阅权利。

二、案例呈现

星期二早上,五年级的一位男生和一位女同学一早就拿着一本书过来了,那位女同学我认识,是品学兼优的小敏同学。只见那位男同学打开图书说道:“老师,你看,小敏把图书馆的书用笔划得不像样。”我低头仔细一看,只见被指的那页书上有些句子用红色圆珠笔划了曲线。没等我说话,旁边的小敏同学涨红着脸说道:“老师,我昨天晚上看书入迷了,把借的书当成了自己买的书了,所以不知不觉地把好词好句划了下来。”小敏学习认真,是全校学生的学习榜样,我不能打击她看书的积极性。我本来想说:“哦,学校的图书是不应该用笔划的,你由于看书入迷,错把书当成自己买的书,这次就算了,下次如果这样就要赔钱了。”可是我转念一想,学生外借图书规则是面向全校学生的,在规则面前应该人人平等,不能因为她是好学生而打破规则。如果每个学生在损坏图书时都这么说,那怎么行。于是我认真地对小敏说道:“老师很喜欢你认真看书的精神,但借书规则是不能打破的,因为它是全校学生必须遵守的规则,它是规范、有序的。你必须赔书款。”经过一番谈话,小敏心服口服,照规则赔了书款。之后,我还让小敏同学参加了图书馆志愿者,在协助老师管理图书的过程中,小敏同学不仅热爱上了图书志愿者这一任务,同时也熟知了图书借阅规则。在小敏同学的带动下,学校其他几个同学也加入了图书馆志愿者,这些志愿者在协助老师借阅图书的同时,积极宣传图书借阅规则,主动引导前来借阅的同学注意爱护图书,在借书时要注意保持安静、有序。

为了让学生更好地遵守图书馆规则,除了践行丢书赔钱规则等外,我们平时还要求同学之间互相监督。另外老师发现身边遵守借阅规则的孩子,即时进行表扬,从而树立以遵守借阅规则为荣的意识,这样就会慢慢建立起遵守阅读规则的氛围。慢慢地爱护图书、文明有序借阅图书成了学生无须提醒的自觉,因为遵守图书借阅规则已经深深植根于学生心中了。

三、案例分析

1. 本案例提示图书馆教师要有规则教育的意识。安静、文明地阅读,阅读时爱护图书,学生借阅时遵守图书馆规章制度,这是我们从小要养成的学习规则。然而,在我们的生活中,我们学生的阅读规则意识还很淡薄,我们的学生在借书时会大声说话,我们的学生会因为在借阅的书上乱写东西未被老师发现而感到幸运,却不知道,这些不守规则所带来的偶然侥幸却是制造未来麻烦的必然。由此我想到了一则故事,1746 年深夜,一场火焚毁了哈佛大学图书馆,馆内很多珍贵的古书永远消失了。在这之前,有个学生违反图书馆规则,悄悄把一本古书带出馆外,准备慢慢看完再归还。突然之间,这本书成了稀世珍本,经过激烈的思想斗争,这位学生决定把古书归还哈佛。哈佛校长先是表示感激,并对他的勇敢和诚实予以褒奖,然后根据规则又把他开除了哈佛大学。许多人不理解,但校长坚定地说:让规则看守哈佛,比用其他东西看守更安全有效。当然,对我们小学生来说,应该以教育和引导为主,不能因为破坏阅读规则而一味严惩。作为教师,我们应该注重阅读规则教育,我们有责任让我们的学生从小认识阅读规则的重要性,我们有义务让我们的学生从小养成遵守阅读规则的习惯。相信良好的阅读习惯是他们终身受益的一种学习习惯。

2. 把规则教育融于学生的借书阅读过程中。上面案例中小敏同学在借阅的图书上进行涂画,违反了借阅规则,老师没有因为她是好学生，对她例外，而是按规则进行了赔偿。这不仅对小敏同学进行了教育，而且还由此教育到了其他同学，让他们知道在规则面前必须人人遵守。

小敏同学通过参加图书馆志愿者，更加增强了遵守借阅规则意识，而且她还带动了其他同学，在活动中积极引导、宣传图书馆借阅规则。另外老师发现身边遵守借阅规则的孩子，及时进行了表扬，从而树立了以遵守借阅规则为荣的意识，这样就会慢慢建立起遵守阅读规则的氛围，从而让学生循序渐进地增强遵守借阅规则的意识。

3. 通过借书阅读规则提升学生儒雅之风。阅读是非常儒雅的，应该有读书人的风气与品格。在我们的生活中，我们学生的借阅规则意识还比较淡薄，我们的学生在借书时会大声说话，我们的学生会因为在借阅的书上乱写东西未被老师发现而感到幸运，却不知道，这些不守规则所带来的偶然侥幸却是制造未来麻烦的必然。当然，我们图书馆除了按规则对学生进行适当的处罚外，主要还是应该以教育和引导为主，更主要的是培养学生儒雅地阅读。

四、操作要点

第一，注重阅读规则意识的培养，让阅读规则成为根植于学生内心的修养。

1. 开展主题教育，树立阅读规则意识。

我们可以在午会课上开展遵守阅读规则的主题教育；我们还可以开展讲讲世界名人遵守阅读规则的故事。

2. 张贴阅读规则标语，强化阅读规则意识。

图书馆张贴一些阅读规则标志，这样可以无意识地内化规则，从而强化学生的阅读规则意识，促进其不断进步。

第二，注重阅读规则践行的教育，让遵守阅读规则成为一种良好的学习习惯。

1. 互相督促，及时提醒。

对于小学生来说，毕竟受年龄限制，无法自觉做到遵守规则。这时教师要反复抓，抓反复，让遵守阅读规则成为一种良好的学习习惯。所以这时教师要注意及时提醒，或者让同学间互相监督执行。

2. 树立榜样，营造氛围。

小学生的可塑性很强，榜样的作用是很大的。因此我们老师要及时发现身边遵守阅读规则的孩子,及时表扬,从而让孩子树立以遵守阅读规则为荣的意识,这样就会慢慢建立起遵守阅读规则的氛围。

总之,小学生年龄小,自控力差,因此我们教师和家长要有耐心、有恒心地去培养他们的阅读规则意识。另外,我们教师和家长更需要身体力行地引导学生去践行阅读规则,做到潜移默化,润物细无声,从而让遵守阅读规则成为无须提醒的一种自觉。

(顾惠贤)

第三节　生活规则教育方法群

"回归生活"是当代德育的必然趋势,真实的生活世界是规则教育丰富的道德源泉。"回归生活"是学校规则教育的必然趋势。规则广泛存在于生活之中,存在于一日生活的各环节中,它与生活事件的开展、效果都有紧密的联系。我们所提出的"六维度"教育强调生活这个大的范畴的规则教育。学校生活、家庭生活、社会生活中到处都充满着规则,生活为我们提供了丰富的规则教育素材。我们的任务就是对学生进行适时的价值引导,把生活中点滴的规则经历提升为学生自觉的规则经验,从而发展规则品行。只有发自内心地自觉践行这些规则,学生的各方面生活才会更加和谐美好。

生活规则教育的操作要点简要介绍如下。

1. 在我们日常生活中有很多的规则要学,如,讲卫生、守秩序、遵守交通规则、保护环境等。教师要充分结合真实的生活情境开展生活规则教育。我们可以通过实践参观、角色扮演法等开展生活规则教育,让学生学会设身处地地为他人着想,以理解至上来进行规则意识的培养。通过角色的转换来体会他人的心理,更从事件的另一面去体会规则的重要性。

2. 生活规则教育要充分利用环境的熏陶作用。由于生活的普遍性以及场所特定性,我们应该把有关工作公示张贴,处处时时提醒,起到强化生活规则的作用。例如,爱护花草提示牌、上下楼梯提示牌等,增强学生规则意识。可以在班级里布置班规、校园里张贴校规、收集校园外的规章制度让孩子学习,掌握规则,把学生培养成遵纪守法的好孩子。

3. 要协同家长培养学生的家庭生活规则能力。家庭生活规则与学校规则是协同的,一定要引导学生在学校与家庭的规则遵守的一致性。要注意有的学生在学校很好地守规矩,可是到了家里规矩守得就不很好,表现出老师面前一套,家长面前又是一套的两面做派。教师要重视指导家长建立家规,并通过激励与示范,表扬家规遵守好的学生。

4. 要组织学生在社区教育活动中提高社区规则能力的发展。社会规则的学习从学生身边的社区生活规则做起。让学生在社区服务、社区考察等活动中增强社会规则意识,社会生活规则能力等。

5. 注重班级生活的规则教育。在学校里学生的主要生活在班级里,班级生活多样性,也意味着规则的多样性。教师要注意班级生活规则应该发动学生共同制定规则,不要教师单方面制定,使学生处在被压抑的境地;同时要引导学生共同遵守大家认同的规则。这是增强学生规则意识的很有效的方式,可以激发学生遵守规则的主体地位。

方法 15

知行统一法

【导言】

规则教育中的知行统一法是指在规则教育中,把对规则的认识与践行统一起来,促进学生正确认识规则的重要性,能够在生活中、行动中主动遵守规则的方法。规则教育不仅要让学生认识规则的重要性以及具体的规则,更重要的是践行规则,提高思想认识与培养行为习惯相结合。在学校实施规则教育中必须遵循知行统一,认知教育与实际锻炼并重。

在我们的日常生活中,很多学生由于认识得不够、生活中的一些不良现象影响,经常出现说谎、不诚实的表现 ,做错事了不肯承认、完成作业后冒充家长签名、说话不算话等等,他们会在父母、老师、同学面前或弄虚作假,或当面一套背后一套……或受到一些家长自身的影响,常常对规则认识到了重要性,但是行动上做不到;或是做到了,但认识还不够。但自从我们学校开展规则教育后,学到了生活规则——不做错假事,按规则做事,知行统一。孩子们和家长们的行动上有了新的认识,新的改变。

规则教育要提高认识,使学生通过规则掌握判断是非、真伪、善恶、美丑的标准,更要组织参加社会实践活动,有目的有计划地进行规则教育,教育学生将正确认识付诸行动,形成良好的遵循规则的科学信念。在经常变化的生活环境、学习活动中,做到认识与行动一致,表里统一。

【案例呈现】

"老师,您好!我是小 Y 的妈妈,有问题想请教一下您,语文单元检测卷已考过 N 天了,这考试卷上的家长签名我不知你看了没有,你有没有发现这是小 Y 的冒充签名?我是觉得奇怪,这语文成绩怎么这么久还不出来,找到试卷才发现的。当然这不能怪您,是我自己没教育好小孩,小小年纪便学会弄虚作假。不好意思,打扰了。小 Y 的妈妈:小 Z。"

第二节课,老师调查访问了数学、英语老师,也得出了相同的结论:冒充家长签名的事情时有发生,小小孩子便学会弄虚作假。在小 Y 的隔壁的四(3)班作了调查:请问,如果你的成绩考得不理想,不敢让父母签字的学生有多少个?全班 30 人,有 16 人大胆地举手,但是大胆者快速,迟疑者手举得很低。请问有多少个不管考试多少分都敢于让父母签字的?全班 30 人,14 人开心地、高高地、自信地举起了小手……老师无语。

第二天,老师去找小 Y,小 Y 是个机灵的男孩,眼睛一笑总是眯眯的,非常可爱,课上课下从来不给老师添麻烦,学习习惯也很好。第一节课课间,老师在走廊里找到了正静静地趴在栏杆上的小 Y。小 Y 见到我,立刻紧张起来。老师:不要怕,老师不会责怪你,只想帮你解决问题。那,你能告诉我:为什么要冒充签名吗?话音刚落:小 Y 的眼泪唰地就流了下来……小 Y 小声说:是因为语文的点数。老师:你考了多少点?小 Y:82.5 点。老师:这个成绩也不会太差啊,那为什么要冒充签名呢?小 Y:怕妈妈说我。小 Y 的眼泪流得更厉害了,老师不忍心再问下去了。老师:放心吧,我会慢慢和妈妈沟通的,不要怕,下次不管考多少点,都要敢于面对父母,自己暗暗努力就行了,老师不会在乎那个签名的!在乎你的诚实的行动!小 Y 如释重负,破涕为笑,伴随着上课铃声走回了教室。

在试卷上冒充签名的背后折射出什么呢?成长中的孩子,如果仅仅因为自己的努力不能让父母满意,就不敢拿给父母签字,亲人之间的信任就这样在幼小的心灵里产生了危机,孩子就想方设法逃避父母的监督,出现了说谎不诚实的现象。

签名,带给老师们监管的便利,同时也会有负面的效应。如果没有一定的原因,哪个孩子天生愿意弄虚作假?在试卷上冒充签名的背后折射出什么呢?成长中的孩子,如果仅仅因为成绩不能让父母满意,就不敢拿给父母签字,亲人之间的信任就这样在幼小的心灵里产生了危机,如果父母长期意识不到自己的有些做法的危害,就会在孩子内心产生压抑感,孩子就想方设法逃避父母的监督,结果反倒适得其反。

在恰逢学校践行规则教育的契机之时,提高学生和家长的思想认识与培养行为习惯,结合学生和家长的思想实际进行理论教育,提高认识,使学生对世界、对社会、对人生抱正确态度,掌握判断是非、诚信的标准,引起家长的重视;积极组织学生参加社会实践活动,有目的有计划地进行思想道德行为的训练,教育学生将正确认识付诸行动,形成良好的习惯和科学信念。在经常变化的生活环境、学习活动中,做到认识与行动一致,表里统一。对学生在行动上进行多次强化,得到家长们的支持后,学生们和家长们的知行统一的践行能力有了增强和提高。

瞧!在学校提倡“节约压岁钱 扶贫献爱心”捐款助学活动中,全班每个学生包括(小 Y)积极参与,说到做到,帮助那些有困难的伙伴,你 5 元,我 10 元,甚至有的同学捐出 50 元、100 元,他们自豪地说:“这是我们全家的心意!用爱心点燃一份希望,播洒一片阳光。”学生们都知道:赠人玫瑰,手留余香,他们用自己的行动,用自己的爱心温暖贫困小伙伴的心灵;在学雷锋活动中,小 Y 表现积极,说到做到,和同学们一起爱劳动,积极参加公益活动,也乐于助人,在小区里清除黑色小广告;在学校推广垃圾分类学习中,小 Y 认真聆听知识讲座,小手牵大手,说到做到,宣传垃圾分类,争当环保小卫士,积极践行低碳生活。在这次来学校领医疗证时——叫家长 5 点来学校,班主任等在教室,来一个签一个,再领证。家长得到通知后,说到做到,挤出时间,如约来到班级,一次就完成全部认领签名工作,家校配合相当成功;在阶段检测试卷签名中,每位学生让家长查看试卷,家长认真地了解学习情况,并且如实签好名;在以后的宣发各类《告家长书》等各项活动,要求家长及时查收、学习、签名,学生们及时地传递,家长们都能配合学校,做到知行统一;学生们也懂得了做真事,做好事,都要知行统一。

【案例分析】

“知”——指人的知识水平和思想道德观念。“行”——指人的行为行动。知行统一便是劝诫人们要保持言行一致。知而不行是无用，行而不知是盲动，知行统一才有果实。知行统一是人类在道德生活中的基本诉求，认知容易，但行动跟不上。坚持知行统一对人们的道德修养、道德教育和道德建设具有至关重要的意义。而对当今世界性的道德示范，诚信缺失，正确认识知行合一，对提高思想道德教育的实效性，培养和形成理想人格有着积极意义。

规则教育要在学生中树立言行一致、实事求是的思想作风，引导学生把获得的政治思想和道德观点、信念转化为行动。

1. 老师耐心与小Y沟通：你冒充签名是不对的。有人嘴里说是诚信，却在考试的时候作弊；有人口口声声说付出才有收获，却每天躺在床上幻想天降馅饼；有人告诉别人要体谅父母，却在家里大呼小叫，肆意挥霍着父母给的爱。为什么在生活中人的很多认识和作为并不一致？这是因为人的劣根性。现今我们要努力纠正这些不对的作为，努力做到我们所提倡的。第一点，不要轻易地说。很多人都在夸夸其谈，讲“我要努力”要这样那样，但等到真正落实的时候，要么不做，要么行为与当初说的话完全相反。所以不如一开始先不要说出大话，千言不如一默。第二点，竭尽全力去做。大多数人的做法毫无意义，因为他们下的功夫，还不足以到拼天赋的程度，更不要说以行为践行认知了。第三点，与做到知行统一的人交朋友。人类天性追求舒适，所以当你很难做到知行统一的时候，不如进入能做到的圈子，让他们影响你，让你自己努力跟上他们的脚步。有一句话说得好，常与同好争高下，不和傻瓜论长短。向他讲述关于诚信的小故事，《诚信的花朵》《乔治·华盛顿的小时候》等，让他学习关于诚信的名人名言，例如陶行知的“千教万教，教人求真；千学万学，学做真人；富兰克林的“诚实和勤勉应该成为你永久的伴侣”。不久我发现他有改变，有了进步。

2. 对待这件事老师觉得有必要和这位家长沟通如何在家庭里开展诚信的规则教育。小Y的妈妈从家长的角度出发，严格要求孩子，并教育孩子诚实守信是非常好的事情。不过孩子为什么要和自己的父母弄虚作假，不敢和家人说真心话，都是孩子的错吗？相信小Y的妈妈已经有了良好的反思，对孩子的负责，家长的心灵的激励、以身作则比外在的苛求效果好得多。

孩子和父母之间、教师和家长之间、教师和学生之间，相互的信任与有效沟通，的确很重要。在信任的天地里走进孩子的心灵，提升孩子的感悟能力，是教育的真谛。要想改变孩子，首先要改变自己。老师也是和自己的孩子，学生，家长一起共同成长的。不怕遇到问题，只要彼此真诚、信任，公平公正地用心解决问题，当你关注孩子心灵的成长，有必要知行统一，给孩子作出表率，关注那些可以改变的事情本质时，表面看来不可改变的事情也会悄然发生变化。但是方法如果不正确，不知行统一，只能培养出懦弱、不诚实的孩子。

父母在教养孩子的过程中，请检讨自己，在教育孩子的同时，自己是否也做到了？过分注重言而忘了行，言传身教，是不可分割的一体两面，对孩子的教育，言传和身教相结合才有更好的效果，说到就要做到。比如，有些父母教育孩子要用功读书，要养成读书的好习惯，并且告诉孩子读书的很多好处，可是下班吃饭之后，立刻叫着邻居街坊去打麻将，这样的身教当然对孩子起不到榜样的作用，研究分析，如果父母想要让孩子养成爱读书的好习惯，就是和孩子一起培养这个习惯，吃饭之后，拿一本书随便翻看，久而久之，孩子就会记住父母看书的样子，这种印象会潜移默化到孩子身上，让他们也爱上读书。

3. 给家长一些积极的建议。我同家长一起思考一个普遍的问题，孩子为什么会冒充家长签字？一是，家长对孩子严格，成绩不好的孩子会忌惮父母。二是孩子的思想还未成熟，他会认为，仅仅是签名而已，不是特别重要的事。

家长应该本着耐心的态度，用多引导、多沟通的方式来让孩子学会诚信，立足于社会。孩子是否能够拥有良好的诚信，除先天的品质之外，还与所处的环境以及受到的教育有很大关系，所以，应该在日常生活中多注意对孩子进行后天的培养以及引导。如何教育孩子学会诚信呢？我觉得首先应该让孩子明白诚信的重要性，讲诚信的好处以及不讲诚信的后果，让孩子从根本上认识理解到这一点。家长可以用实例来讲解说明诚信的重要性，给孩子加深印象，让孩子形成正确的观点以及是非观念。如果孩子形成了正确的诚信观念，那以后教育起来就容易得多。

给父母的建议一：首先父母要起表率的作用。孩子从出生开始，模仿的天性是很强的,而因为与家长接触最多,很多行为正是从家长那里模仿来的。一个家长能否给孩子树立一个诚信的榜样,对孩子今后是否能够学会诚信至关重要。家长应该在平时多注意自己的行为,在生活的点点滴滴中逐渐引导孩子去学习好的东西,给孩子树立一个正确良好的榜样。

给父母的建议二:要多表扬你的孩子。孩子在有诚信行为的时候。家长应该及时发现并加以表扬,让孩子能体会到得到表扬的快乐,从而今后有更多的诚信行为,继而形成习惯。而在孩子有撒谎行为的时候,家长也应该及时指出来,进行适度的批评,与孩子多沟通,让孩子认识到错误。这一点上,家长对孩子表现的反应应该是快速准确的。

给父母的建议三:让孩子知道对自己的行为负责。发现孩子在通过撒谎来逃避责任的时候,应该鼓励孩子能够勇于承认错误,接着帮助孩子改正错误。让孩子意识到撒谎并不能从根本上解决问题,是避免孩子撒谎的一个很有效的方法。

【操作要点】

知行统一方法要求对学生晓之以理,提高他们的思想道德认识,又要对学生导之以行,培养他们良好的行为习惯。把理论与实践相结合,形成知行统一、言行一致的品格。言行一致、知行统一、理论联系实际是我国培养人才的基本要求。贯彻知行统一原则应注意以下几点。

1. 教师对学生晓之以理,导之以行。确立诚信的规则,做到知行合一,以诚信规则严格要求自己,要学会反省自己,从而认识到自己的不足之处,不断地改善自己。

2. 要引导学生正确认识和处理知与行的关系。在日常生活、学习、交往等方面的活动中,自觉锻炼和培养知行一致的品格。组织和引导学生参加各种社会实践活动,促使他们在接触社会的实践活动中加深情感体验,养成良好的行为习惯。

3. 对学生的评价和要求要坚持知行统一的原则,惩罚得当。当孩子犯错误后,家长不要动辄横加指责,应认真分析原因,批评得当。对于孩子的不诚实行为一定要帮助改正。

4. 教育者要以身作则,严于律己。改善环境,消除影响。当学生表率潜移默化引导学生,所以家长和老师想要孩子诚实,首先自己不要在孩子面前弄虚作假,其次,也不要让孩子帮着自己圆谎。

5. 在家庭教育指导工作中，要与家长达成共识，重视规则教育，而不是以家长的喜恶为标准，应该以社会认同的规则与道德为标准培养孩子良好的规则意识与道德品质。在具体问题上，如家长要帮助孩子克服虚荣心。家长首先要以榜样示范，自己不落俗套。其次要克服孩子的攀比心理。还要让孩子意识到不能从不诚实中获得他人的赞同和认可，一旦被揭穿，只会让大家厌恶。

（张　红）

方法 16

角色扮演法

角色扮演法，是在规则教育中让学生通过角色扮演，学会设身处地地为他人着想，以理解至上来进行规则意识的培养。角色扮演是一种同理心的激发，人与人之间的交往如果能做到将心比心，设身处地，那就会减少许多不必要的冲突，这与规则意识培养的初衷不谋而合，站在对方的立场上体验和思考问题，从而与对方在情感上得到沟通，为增进理解奠定基础，在理解的基础上才能更自觉地遵循爱护环境的规则。

【案例呈现】

“老师，小全又把垃圾扔得到处都是!”班长气呼呼地来到办公室，看来他又因为与小全就垃圾问题发生了冲突，我停下手头的工作，拍拍他，想让他先平静下来，可是，今天的问题显然比平时更激烈，班长带着哭腔嚷着：“小全刚才课间在位子上撕自己的草稿本，掉得满地都是，我就让他把纸屑扔到垃圾桶去，说了几次，他才不情不愿去扔，可他乱抓一气，一路上都是纸，我让他扫，他还骂我狗拿耗子多管闲事!”说着，班长已经忍不住哭出声了。眼看快上课了，我安慰了班长，看他平复了心情后，让他先回去上课。随后，我去到教室门口，查看了一下教室的情况，发现纸屑已经被打扫过了，小全的脸上还带着一些不服气。想到他的这个乱扔垃圾情况确实时有发生，几次劝阻、批评都收效甚微，要让小全遵守“不乱扔”这一规则，确实该想想办法。

走回办公室的路上，看到保洁阿姨正在辛苦地清扫楼道，我一时计上心来。

第一步，体验。我利用午间休息时间，制定了“我是校园守护者”语文综合实践活动，让学生通过采访了解校园保洁阿姨的一天工作量，选择一片校园区域清扫体验保洁阿姨的工作情况，再利用日记形式记录下自己的感受。为了让小全对于乱扔垃圾有更深刻的认识，我特意将他安排在校门口这个垃圾“重灾区”，眼见小全一边清扫一边用扫把重重地砸地，可见他心里一定是烦躁万分，但是看到其他组员都认真地在清扫，他也只好耐着性子清理，好不容易清扫完成了，保洁阿姨急急赶过来，对着他们夸了又夸，这时，小全的脸上终于有了一些笑意。

第二步，反思。在那天的日记中，小全提到，小时候，在爷爷奶奶家，大家都是随手乱扔的。上学以后，爸爸妈妈把他接回来，一乱扔都会被狠狠地批评，妈妈每次一打扫就会不停地唠叨，导致他越来越不愿意改正这个缺点。到了学校，一开始看到同学们不乱扔垃圾，他也想改变，但是有时坏习惯说来就来，加上同学们一指责，他的叛逆心理作祟，愈加自暴自弃。

第三步，观察学习。看了小全的独白，看得出他已经认识到“乱扔垃圾”对个人的影响，为了让他更深切地认识到这一行为也会对他人造成影响，我和他进行了一次私下的谈话。我问他打扫校门口辛苦吗？他点点头，我又问他采访过保洁阿姨，知道阿姨一天要清扫哪些地方吗？他小声地说。学校的楼道、楼梯、厕所等等都要清扫。我问他觉得阿姨累吗？他说一定很累，我追问他那这个时候我们还乱扔垃圾，阿姨会不会很难过呢？他低下头不说话了。我告诉他，其实不仅仅是保洁阿姨，乱扔垃圾对每个人都会产生影响，谁会想待在一个都是垃圾的环境里呢？如果一个人乱扔垃圾，那就是强迫别人和他一起待在垃圾堆里，这样做是不公平的。“不乱扔垃圾”是上海“七不”规范之一，本身就是每个公民应该遵守的规则。我建议他在接下来的日子里留意班中其他小朋友的行为，渐渐地，他发现班中小朋友都能遵守爱护环境的规则。

从这以后，小全乱扔垃圾的现象有所改善，我又与他的家长进行了沟通，建议他们不要一味地责骂，可以用一些小故事来引导，帮着小全真正懂得爱护公共环境的重要性。

【案例分析】

为了让小全懂得爱护公共环境卫生这一规则，我选择让他扮演“保洁”的角色，通过角色的转换来体会他人的心理，更从事件的另一面去体会规则的重要性。角色扮演法要严格结合小学生的生理、心理特点，不能盲目扮演，旨在让学生通过全新的视角去找到自己规则意识的薄弱点，从而自觉自愿地进行纠正。事实证明，这样的措施是有效可行的。在此基础上，我利用日记形式，使小全在有所体会的基础下，思考回味，触动他的内心，使角色扮演的收效更为显著，再通过家校沟通，巩固已经萌发的规则意识。这样“动手、动脑、动口”后，小全的规则意识加强了，也渐渐能向讲求卫生的其他规则进行培养。角色扮演法是美国心理学家雅各布·莫雷诺提出的，他认为角色是动态的，倘若要帮助个人成长、个体发展，则需要透过如戏剧情境般的扮演，这样才能让个人真正地认识生活并学习如何解决问题。透过这种历程，个人不仅可以借着演出来抒发情感，而且可以学习新的行为方式，以适应未来生活。因此，角色扮演的主要目的，是通过提供个人角色扮演的机会，使个人能设身处地地扮演一个在实际生活中不属于自己的角色，并可通过不断的演练，学得更多的角色模式，以便自己在应对各种环境时，更具弹性。莫雷诺首倡心理剧时发现，允许儿童自发性地选择扮演各种角色，不仅能表现创造性的自我，而且可因心理的开放，能发展积极的情感，改善人际关系，增进问题解决的能力。

【操作要点】

1. 老师事先一定要选择恰当的公共场所进行活动安排，要设计好具体保护环境的行动。

2. 在学生扮演保护环境的角色时，要时时观察学生的所言所行。

3. 在活动结束后，安排学生对于保护环境的行为进行自我评价、反思。

4. 与家长进行沟通，保证在爱护环境这一规则上做到家校统一。

（姚　瑶）

方法 17

关心生活法

21 世纪的教育将以学会“关心”为根本宗旨和主要内容。关心生活法是指通过生活活动，让学生学习关心自己、关心他人、关心社会和关心学习等方面规则的教育方法。其中，“关心他人”无疑是“关心”教育最为重要的方面之一,学会关心他人既是继承我国优良传统的基础工程,也是当前社会主义精神文明建设的基础工程,是社会公德、职业道德的主要内容。许多伟人志士,许多劳动模范,他们之所以有高尚境界,其道德基础就在于掌握了“关心他人”这一规则。

小学生活动的主要场所,除了家庭之外,就是学校。在学校里,学生交往和交流的最主要的对象是老师和同学。可以说,学校就是小学生除了家庭之外的另一主要社会,是学生从家庭走向社会的一个过渡场所,不关心老师和同学的小学生,很难想象他会关心他人。

因此,教育小学生关心他人,除了关心爸爸妈妈之外,其次就应该学会关心老师和同学。

【案例呈现】

岚岚,这个敏感又可爱的小女孩,经常会因为想妈妈而哭鼻子,也会因为同学们(有时)对她的忽略而默默流泪,还会因为学习上的暂时困难而失去信心……正是这样易感的一个小女孩却深深地牵动着我的心,让我时时关注着她,因她的快乐而高兴,因她的悲伤而难过。为了调动这个孩子的情绪,我尝试了各种方法。开主题班会、单独沟通、与家长联系……主动关心她,让她在关心的呵护下懂得何为关心,在温暖的班集体环境中学会关心他人。慢慢地,孩子有了明显的变化,这个情感易于外露的小女孩(高兴时就哈哈大笑,得意之处还会手舞足蹈;难过时就会伤心落泪)长大了。课间,她懂得了如何去关心别人,提醒同学准备好学习用品,看到桌子歪了也会主动摆放整齐,还会热心地帮助老师发放作业本;上课时,很少有插嘴的现象发生,而是把小手举得笔挺笔挺的,也很少与同桌窃窃私语;值日时,没有了抱怨,更不会趴在栏杆上眼望校门口,生怕错过来接她的奶奶,而是非常尽职地扫地、倒垃圾、排桌子、关窗,忙得不亦乐乎,一直到工作结束才背上书包,挥手向我告别。怪不得妈妈经常说:“我们的岚岚现在已经学会帮助别人了,她还说帮助别人真的很快乐。”

最让我感动的是每天中午一到吃饭的时间,岚岚总是在第一时间跑到我面前,朝我伸出小手,急切地说:“许老师,让我帮你擦桌子吧。”每当这时,我总是满怀感激地说:“谢谢! 谢谢!”饭一吃完,她又会跑来对我说:“许老师,我帮你拿饭盒吧。”有时还不管我是否答应,她就开始帮我拿饭盒出去了。多么可爱的孩子啊! 她让我感受到了被关爱的幸福,也一直被这份浓浓的爱意包围着。可有时我也会这样想:我每天都让岚岚做事,这样好吗?这是不是我懒惰的体现呢?会不会留给学生不好的印象呢?这样做的结果是否会引起学生对我的反感呢?

种种的忧虑使我在享受这份爱的同时,心中的负担也在增加。有一天,当我把心中的担忧说给岚岚听时,她笑着说:“不要紧的,我喜欢帮老师做事呢。”“可是,你不觉得老师太懒了吗?自己的事还要你做,我是不是太过分了?”我还是觉得很不好意思。而岚岚却说:“没关系的,没关系的,这是我自己乐意的。”谁说我们的孩子心中只有自己?谁说我们的孩子不懂得去关心别人?

虽然有时觉得自己的事应该自己做,但爱的暖意让我沉醉其中,在关心岚岚的同时也享受着岚岚的关爱,这样的感觉真好。学会关心他人,岚岚变得开朗,对任何事情都充满了兴趣,灿烂的微笑始终荡漾在她的脸上。而她的这份快乐也感染了周围的同学,乐于助人的现象时有发生,昔日让人操心的小女孩已经不见了,取而代之的是一个积极、向上、乐观,把爱洒向每一个人的快乐小天使。

【案例分析】

当下,独生子女越来越多,他们在家庭中尽情享受着“被爱”带来的幸福感,过着“小皇帝”般的生活。他们在家中说一不二,特立独行,自私、任性、娇气、蛮横、固执、受挫力差,不懂得谦虚、宽容,不懂得为他人着想,不会关爱他人。案例中的岚岚,起初,就是这样一位娇气、受挫力差、不会关爱他人的学生。这不仅是孩子性格上的一种缺陷,更是家庭对子女在道德品质教育上的一种忽略和缺失。

岚岚由一个易感的一个小女孩,变成一位积极、向上、乐观,把爱洒向每一个人的快乐小天使,是源于班级这样一个大家庭,老师利用这样的平台,使学生的行为得到了正确的引导,形成了正确的人生观,懂得了关爱是一种美德。学生之间的相处更加融洽,学会了互相帮助,学会了分享,懂得了宽容,班级里到处充满着关爱,其乐融融。

学校是实施教育的主阵地,我认为在教育教学中教会学生关爱他人是不可或缺的,这对促进学生身心健康成长有着举足轻重的作用,这也是素质教育的一项重要内容。

【操作要点】

关心尊重他人的情感养成是多方面影响、多种活动综合作用形成的结果，儿童教育的整体性决定着心理教育必须通过儿童生活的各个方面协同培养。而各种活动蕴含着丰富的教育因素，因而结合活动渗透关注别人是非常必要的。我们要利用日常活动中的各个环节，结合偶发事件，及时捕捉教育的契机，加强情感的随机教育，树立典型榜样，进行正面积极的教育，以此来促进孩子逐步学会关心、尊重他人的规则。当然，“关心教育法”在操作时需注意以下几点。

1. 榜样是儿童情感教育的有效的方法，正如伦凯强调：榜样是习惯的基础，而习惯是人格的基础。因此要在日常活动中利用并创设良好的、典型的榜样。首先，教师以自己的言谈举止渲染关爱他人的情感。其次，树立儿童中良好的行为楷模，互相感化。同时利用文学作品中积极的内容，发挥正面榜样的作用，引导儿童。

2. 通过有目的地选择关爱情感的室内环境，利用不同形式的隐性情景，如看望生病的同伴，重阳节慰问老人等。引导孩子观察、想象、体验、感受，加深情感体验，并在实际的行为练习中知道如何帮助别人。

3. 通过角色之间的换位，了解对方的感受，让儿童试着站在不同的角度去思考、处理问题，懂得要尊重他人，体验到关爱他人的乐趣。

4. 教师利用儿童之间的相互交流讨论，让儿童把自己的感受告诉别人，渲染关爱他人的氛围，起到教育作用。

5. 指导儿童在自身需要未得到满足时，会有一些调节情绪的手段，来控制自己的行为，克服以自我为中心，有先人后己的意识。

（许金标）

方法 **18**

榜样示范法

培养学生的规则意识，对学生今后进入社会的影响是非常深远的，一个不懂规则的孩子，走向社会后会遇到诸多困难。因此，学生的规则意识要从小培养，作为教师更应重视对学生规则意识的培养。小学阶段赋予孩子们的启蒙基础教育，对孩子们的成长意义深远。从小养成遵守规则的行为习惯，对学生未来形成遵纪守法的良好道德品质具有非常重要的作用。本文旨在描述如何采用榜样示范法对学生进行社会生活中有序规则的教育。

榜样示范法是指以榜样人物在规则方面的高尚思想、模范行为等影响受教育者的规则品质形成的一种德育方法。榜样可使规则具体化、形象化、人格化，因而具有极大的感染力。观察和指导学生在行动中向榜样人物看齐，使榜样的规则性意识最终内化于心，外化于行。

【案例呈现】

又到了班级里分享“每周日记”的日子，学生琪琪和我们一起分享了她写的一篇日记：那是一个周末，妈妈说要带我去水族馆，于是我们吃完早餐就赶往了地铁站，刚进地铁闸口我就听到站台边即将关闭安全门的“滴滴”声，“琪琪！注意安全，别往里挤！”心急的我哪里还顾得上身后妈妈的叫喊声，当然是选择拔腿就跑，直直冲向正排队进入地铁的人群中。“哎呦！”“小心！你没事吧？”我转过身，是一个穿着中学生校服的大姐姐扶住了差点儿被挤倒在地的我。“滴滴！嘭！”地铁的门关上了，我还是没能赶上这一班地铁。大姐姐看我一脸不高兴，却微笑着对我说，“小朋友，你下次可不能这样横冲直撞地挤地铁了，刚才多危险呀，赶不上地铁还能等下一班，以后记得要在旁边排队进入地铁，毕竟安全才是最重要的嘛。”听完大姐姐的话，我不禁羞愧得低下了头，心想，刚刚真不该横冲直撞地插队挤地铁啊，既没有做一个遵守规则的好孩子，还差点儿让自己摔个四脚朝天，太丢脸了。匆匆赶到的妈妈看到刚才我差点摔倒的惊险一幕，连忙拉着我给大姐姐道谢，还直夸大姐姐说得对，给我树立了个好榜样，等地铁就应该遵守规则，有序排队。经过这一次的“挤地铁事件”，我心里既后怕又惭愧，真不应该因为一时着急就不顾安全地在拥挤的地铁站里横冲直撞，今后我一定会像那位大姐姐一样，做一个遵守规则的好孩子。

琪琪在讲台前绘声绘色的讲述，让班级里的孩子们都听得十分投入。见状，我心中忽生一计，何不借此好机会，对孩子们进行一番贴近生活的规则教育呢？

第一步，通过榜样故事，反思自己在平时的生活中是否具有规则意识。琪琪因为着急赶地铁所以选择不遵守规则、插队挤地铁的行为是平时生活中我们经常会看到的现象，但其实这是一种规则意识缺失的表现，你在生活中是一个遵守规则的孩子吗？不妨和你的小伙伴们一起说说你自己平时的表现吧。孩子们纷纷和身边的同伴们聊开了。我走近他们之中听着他们热烈的讨论，有些孩子说，自己有时上学快要迟到了,就顾不上在人行横道线后等红灯了,看没车就匆匆跑过马路;有些孩子则说,等公交车的时候看到车来了,会想办法往前挤,不然上车晚了就没有座位了,背着书包站一路实在太累了;还有些孩子说,刚上完体育课实在太渴了,就会直接冲向饮水机接水处,偶尔也会挤进去插个队。说着说着,有些孩子的脸上露出了不好意思的神情,还有些孩子尴尬地挠了挠头。在孩子们的讨论过程中,他们自己也开始逐渐意识到自己规则意识的缺失。

第二步,进一步思考缺乏规则意识带来的后果。就像琪琪故事中那位大姐姐说的一样,在地铁站等地铁时不遵守规则有序排队很有可能会带来危险。孩子们,你们不妨在小组中一起讨论一下,你们以往生活中不遵守规则的行为是否曾给自己带来什么影响,或者思考一下,可能会带来哪些不良后果。经过激烈的讨论,孩子们纷纷举起手来表达自己的看法。一个孩子说,自己曾在饮水机前插队倒水,结果和同学们你推我搡地打翻了水杯,把旁边同学的衣服都弄湿了。一位收作业的课代表说,我平时在收作业时总是让大家排队依次交作业,不要挤在一起,可大家总是想争着第一个交,到最后桌面弄得乱糟糟的,收作业的速度反而更慢了,还总要花很多时间重新整理大家的作业本。还有孩子说,不仅仅是在地铁站,在生活中,不遵守规则带来的危害甚至可能会威胁到我们的生命,比如闯红灯乱穿马路导致的车祸,在电梯等拥挤处发生踩踏事件等等。看到孩子们认真表达的模样和仔细思考的眼神,我相信,他们已经意识到不遵守规则不仅会影响我们生活的有序运转,更有可能给我们带来极大的伤害和痛苦。

第三步,学习生活中的规则,争做具有规则意识的好榜样。经过了课堂上这次关于规则的讨论,孩子们都对规则有了新的认识。我为孩子们设计了一次综合实践活动,要求孩子们回家做一份"规则小报",可以谈谈自己对规则的看法和认识;为班级制定一些学习生活中的规则;夸夸身边遵守规则的好榜样等。一星期之后,孩子们上交的规则小报让我十分欣慰。有的孩子以"表扬栏"形式为班级里遵守规则的好榜样点赞;有的孩子则将大家排队在图书角取书的场景画成了卡通漫画;还有孩子编写了遵守规则顺口溜,大家听了都忍不住跟着他念了起来。在这一次的综合实践活动中,孩子们个个都积极参与,每个人都可以成为学习规则、遵守规则的好榜样。

【案例分析】

本案例运用榜样示范法对学生进行规则教育,这种方法的特点是把抽象的道德规范具体化、人格化、以生动具体的典型形象影响学生心理,使教育有很强的吸引力、说服力和感染力,榜样是无声的语言。而这种无声的语言往往比有声的语言更有力量。小学阶段的学生可塑性强,模仿性强,有了生动具体的形象作为榜样,便容易具体地领会道德标准和行为规范,容易受到感染,容易随着学、跟着走。这样就有助于他们养成良好的道德品质和行为习惯。本案例的具体实施由学生分享的一则发生在自己身边的故事引出。在故事中,那位帮助了琪琪并提醒她要遵守地铁规则的"大姐姐"是一个具有良好规则意识的榜样形象。我借助这一榜样的模范行为对学生进行了生活中要遵守规则的思想教育。首先,对比具有规则意识的"大姐姐",我指出了学生琪琪不遵守规则的行为是一种规则意识的缺失,由此引发学生们的反思,反思自己在生活中的所作所为是否做到遵守规则,使孩子们意识到自己规则意识的缺失。接着,我又借助故事中那位"大姐姐"的话让学生意识到不遵守规则会带来的严重后果。至此,学生已经意识到了规则在生活中的重要性。不遵守规则会给我们的生活带来诸多不便,严重的,还会给我们带来生命威胁。最后,我又要求学生完成一次综合实践活动,在活动中,学生们认真交流、学习规则的意义,努力挖掘身边具有规则意识的好榜样,也纷纷争当遵守规则的好榜样,真正做到将榜样的品行内化于心,外化于行。

【操作要点】

1. 榜样必须真实可信。任何榜样都是现实生活、社会集体中的成员,不可能尽善尽美。教师在宣传榜样的事迹时,不能人为地夸大、拔高人物形象,要客观地树立其模范形象。

2. 要帮助学生缩短榜样距离。教师要善于找到榜样和学生之间的联结点。要引导学生学习榜样的根本精神,而不是单纯从形式上模仿其具体言行,把学习榜样与学生日常生活联系起来并转化为实际行动。除此之外,为了缩短学生与榜样之间的心理距离,还要尽可能在学生身边寻找学习的榜样。学习榜样贵在启发自觉,绝不能依赖手段强制执行。

3. 要促使榜样成为学生自律的力量。榜样不能只是作为一种凌驾于常人之上的、外在的力量来规范人、约束人,榜样也是生活在现实生活条件下的活生生的人,不能把榜样与学生人为地隔离开来。因此,在学习榜样时,应着眼于把榜样从一种他律的力量转化为学生自律的力量,从外在的约束力转化为内在的动力。为此,一方面,教师要激起学生对榜样的敬慕之情,只有使他们在心灵深处对所学习的榜样产生敬佩之情,才能使外在的学习榜样转化为学生心目中的榜样;另一方面,教师要经常组织学生讨论,通过讨论和评价,才能帮助学生深刻把握榜样的思想言行及其社会意义和价值,才能加深他们对榜样的认识理解,从而达到自我教育、自我提高的作用。

(郁　瑞)

方法 19

榜样激励法

榜样激励法是指在规则教育中,通过树立遵守生活规则的榜样,让学生对比分析自己在遵守规则上的不足,激励他们予以改正的方法。通过榜样激励法,以便学生熟悉、实施这一规则。榜样的作用是无穷的,对于认知能力尚不完善的小学生来讲,身边的人,身边的事,可以产生直接的教育效果。在日常行为规范教育中对于节约食物养成勤俭节约好品质中,我在学生中树立了遵守光盘规则的好榜样,可以让大家学习榜样身上的优点,激励每一位向其学习,从而推动了光盘规则的实施。

一、故事

今天是开学初我第一天在教室看饭,我早早来到教室,等待学生进教室、洗手、拿饭、吃饭。盛汤环节,大家也是有序排队。等大家都加好汤,还有多余汤的时候,好几个同学蜂拥而上,要求加汤。我往他们的饭碗看了一眼,有的吃得差不多,可有的同学几乎都没怎么动饭,我继续边吃饭边观察他们。有的同学不仅吃光了饭菜,还把自己加的汤也喝完,做到了真正的光盘。而有的同学不仅没吃完饭菜,加的汤也没有喝完,浪费了粮食。由于是第一次,我根据班主任的要求给那些光盘的同学加了星。

第二次在教室看饭,依旧是同样的场景。这一次,我按之前的要求先给光盘同学加了星。然后利用饭后时间给同学们开了个会,我先从光盘同学中选了小星,让他说说是如何做到光盘的。小星说:“从小妈妈就和我说过,粮食是农民伯伯辛辛苦苦种的,我们不能浪费。今天的菜里有我不喜欢吃的青菜,但是如果我们只吃肉,而不吃蔬菜,这样不利于我们的身体健康,所以我先夹了一根,尝了以后发现并没有那么难吃,于是一根接一根我都吃完了。”我立马回答:“说得真棒!”紧接着我又说道,“可是老师发现,我们班有不少的同学浪费粮食,这是为什么呢?小丽,你来说说?”小丽低声地说:“我觉得没有家里的好吃!”“小王,你呢?老师每次看到你都加汤,可是最后饭菜和汤都没有吃完。”小王说:“我不喜欢吃蔬菜。”我又说道:“每份菜都有营养,能够给我们提供能量,一个上午的学习我们已经很累了,不多吃点,不加能量,下午的半天学习咋办?就算是你原本不喜欢的食物,你也可以尝试尝试,说不定就喜欢上了。我们应该向那些光盘同学学习,以他们为榜样,让我们为这些光盘的同学鼓掌。同时老师期待着你们的改变。”

过了两天又轮到我看饭,我惊喜地发现,原本没有光盘的同学大都有了改变,原本只吃一点点的饭和菜的小涵,这一次她吃得多了些,剩的少了些;原本只吃荤菜的小威,今天也吃了点蔬菜;还有小蔡、小鑫今天都光盘了,他们的脸上还洋溢着笑容……

事后我和班主任商量,在班级宣传栏上专门设立光盘之星和午餐进步之星,每个礼拜比赛一次,贴上学生的照片,让榜样的作用放大。过了一段时间,同学们的午餐明显有了改善,大家都在纷纷竞争当上班级光盘之星和午餐进步之星。

二、分析

一开始,整个的午餐情况就不乐观,有的同学挑食,有的同学明明吃不光却加很多饭和汤,很少有同学能做到光盘。如果老师不及时指出,他们可能意识不到自己的不足之处。现在通过榜样激励法,让同学们意识到光盘规则,让他们真正了解光盘的本质,既不浪费粮食,又有益于自己的身体健康。让他们通过和榜样对比,查找自己用餐的不足之处;通过设立光盘之星和午餐进步之星,在学生之间起到良性竞争,为了争取得到两个星中的某个星,为了成为他人的榜样,为了自己的照片能够张贴在宣传栏上,学生们会表现出自己最好的一面,同时改善了整体的用餐情况,并积极响应了光盘行动。

三、操作要点

1. 教师要善于观察,时刻了解用餐规则执行情况,捕捉并记录好每个学生的用餐情况。

2. 宣传栏的信息要及时更新,让学生时刻了解光盘规则的实施情况。

3. 根据光盘规则,获得光盘之星和午餐进步之星的同学,可以给予一定的实物奖励。

(陆玲红)

方法 20

内化自觉法

内化自觉法就是通过呈现实际的事例,激发孩子内心对规则敬畏的情感与坚守的意志,并让其在实际生活中逐渐内化,从而养成自觉遵守规则的习惯。

内化自觉法强调"规则教育的关键在于内化于心,外化于行"。我所教的班级大多数学生都来自外来民工家庭,由于父母长时间在外务工,很少有时间照顾子女,尤其在遵纪守法、养成文明行为习惯方面,这些家长和孩子身上都存在着较多问题。针对这种情况,我从学生的实际生活经历出发,找出身边的事例,围绕这些事例进行"规则"教育,引导学生无论在学校还是在校外都要自觉遵守各种规则,激发孩子内心对规则敬畏的情感与坚守的意志,有利于规则的内化,使孩子从遵从他律到自觉自愿地去践行规则。也意味着规则不再仅仅是一种外在的强制,并内化完美自己的思想。遇事处理意识或行为上的抉择时会水到渠成地遵从规则理事,从而逐步养成良好的行为习惯,为将来健全人格的定型打下扎实的基础。

【案例片断】

一、情景导入

(铃响后师生上课,一名同学来晚了,站在教室门口)

生:报告!

师:请进。(学生到座位上坐下)

师:同学们,上课迟到,在门口喊"报告",经老师允许再进教室,这是上课的规则之一,刚才那位同学遵守了这一规则。请同学们想一想,如果我们课上随意出入教室,课堂会怎样呢?

生1:课堂的秩序混乱。

生2:影响正常学习。

生3:如果老师在讲题目,思路会被打断。

师:大家说得很对,"上课迟到要喊报告"这一条规则虽然不起眼,可是,如果不遵守的话,教室里就会秩序混乱,还会对其他同学带来影响。因此规则很重要。在我们生活中,可以说到处都有规则。同学们收集到了哪些有关规则的资料?它们对我们的生活有什么影响?请大家讨论交流。

二、学生汇报实践体会

生1:今年四月,一辆翻斗车由于闯红灯,撞死了一位骑自行车的中年妇女,那个司机当场被交警带走。报道说,由于那个司机闯红灯致使他人死亡,很可能会被判三年有期徒刑。希望同学们和爸爸妈妈们都能自觉遵守交通规则,珍惜自己和他人的生命。

生2:我们在社区居委了解到,为搞好社区建设,他们制定了社区管理守则。例如:居民不准在公共走道乱堆杂物,以免影响环境卫生,一经发现,将按无主物品对待,由社区清洁工人进行清理。

生3:我了解到社区还制定了自行车统一管理规定,自行车一律要存放在车棚里。

生4:我们组参观了新教学楼,觉得教学楼中的标语"禁止吸烟""节约用水""注意安全""请讲普通话""请写规范字"等都是告诫我们大家要遵守的规则。

生5:我们小组在马路的十字路口边道上观察了交通情况,很多骑自行车的人无视红灯,不遵守交通规则,红灯好像只是给机动车设置的。

生6:出租车司机说脏话;有些人随地吐痰,马路上痰迹斑斑;还有个别人从汽车窗口向外扔果皮,我觉得这些都是不遵守规则的现象。

三、联系生活实际,交流身边的规则

1. 交流生活中的规则,学生自由回答,要求不重复

师:还有哪些地方存在规则?

生1:在公共场所不大声喧哗。

生2：坐公共汽车要主动投币，前门上、后门下。

生3：在银行存取款要排队，站在一米线以外等候。

生4：考试时不能偷看别人的答案。

生5：进公园要买门票。

生6：在超市结完账的物品才能拿走。

生7：下棋时不能悔棋，游戏中也要守规则。

生8：我们的《小学生日常行为规范》就是规则。

2. 列举正反两方面事例

师：刚才同学们说了很多规则，请大家举一些正反两方面的事例。

生1：有一次我在回家的路上，看到有一辆卡车由于转弯时速度过快撞倒了一位老大爷，那老大爷趴在地上已经起不来了。

生2：我看到了守规则的事例，我们中午吃饭时，每个班级都排好队伍等着打饭，没有出现混乱的情况。

生3：我们到超市买完东西结账时，大家都按次序排队，虽然人很多，但秩序井然。

3. 交流怎样遵守规则

师：同学们说得很好，我们身边有很多规则，你今后打算怎样做？

生1：走在马路上我们要遵守交通规则，做到红灯停、绿灯行，不抢行，不在马路上玩，以免发生交通事故，给生命带来危险。

生2：我要从小事做起，学会按规则办事。比如：这两天我有些感冒，为了不传染给其他同学，我为自己制定了以下规则。

(1) 多带面巾纸、塑料袋。打喷嚏用面巾纸捂住口鼻，然后装入塑料袋，下课及时扔进垃圾箱，防止细菌蔓延。

(2) 主动开窗通风，保持教室里空气流动。

(3) 提醒同学们随天气变化增减衣服，预防感冒。

生3：在学校里，我要时刻遵守《小学生日常行为规范》，努力做到上学不迟到、不早退，上课不做小动作，认真完成老师布置的作业，积极参加学校的各项活动，不赌博、不迷信，不做危险游戏。

生4：我们只要心中想着他人想着集体，就会自觉遵守规则。比如春游时，我们不仅代表个人，还代表整个学校，如果我们破坏公物，乱扔垃圾袋，就会损害我们整个学校的荣誉。

生5：除了要遵守明文规定的规则外，也要遵守约定俗成的规则。

比如我们到了少数民族朋友家里就应该遵守他们的风俗习惯。

四、课堂模拟践行

1. 填写下表,为角色扮演做准备。

活动场所	角　色	行　为　规　则
出门上路	行人	靠右边走,走人行横道
乘车	乘客	上车买票,主动让座
去商场购物	顾客	按次序到柜台结账
去公园	游客	不破坏公物,不乱扔垃圾
去影剧院	观众	不大声喧哗,买票进场
在学校	学生	遵守《小学生日常行为规范》

2. 学生分成六组进行角色扮演。

3. 制定课后行动计划(主要以宣传活动为主)。

师:同学们,刚才我们分六组进行了角色扮演,请各小组研究一下,在实际生活中我们如何帮助身边的人共同增强规则意识。

4. 学生讨论归纳了以下五种活动方式并相应成立五个小组。

(1) 在红领巾广播中宣传各种规则。

(2) 以班级名义向全校发出遵守规则的倡议。

(3) 开展社区宣传,利用居民区和校的墙报栏,出一期以“遵守规则”为主题的壁报。

(4) 成立志愿者队伍,在学校附近的公共场所开展“守规则示范活动”。

(5) 小组办手抄报,向爸爸妈妈和低年级同学做宣传。

五、课后延伸践行

1. 五个小组按计划行动。

2. 结合进入新教学楼学习,制定相应的班级规则。

【案例反思】

把参与制定规则的权利交给学生,激发了学生们参与学习的兴趣和积极性。给学生参与制定规则的权利,尊重学生的意愿,反映学生的心声,让学生在民主参与中掌握规则的精髓,进而敬畏规则,增强学生执行规则的自主意识和自律行为,引导学生自己生成规则。也就是说,规则不事先生成然后硬塞给学生的,而是师生共同讨论、民主协商的结果。学生认同规则;进而从生活事例中感受规则所带来的回报。这时,教师向学生提出实践建议,引导学生走出课堂、走出学校,走向生活、服务社会,顺利开展活动,使他们学会实践,乐于实践,自我价值得到体现。通过主动实践,亲身体验生活中的规则,深入理解规则。学生在实践中不仅形成了心中要有规则的意识,还培养了掌握和运用知识的态度和能力,更为可贵的是,有的学生认识到"只要心中想着他人,就能自觉遵守规则"。可见,被规则约束的行为,正在逐步内化为学生自觉的行动。与此同时,在策划课后宣传活动中,同学们积极发表个人见解,独立性及个性也得到相应发展。学生切实地融入规则的制定与实施过程中,方可更加深入地理解规则教育的普遍性和必要性,孕育自觉服从与遵守规则的法理情怀,将规则整合到个体的心理结构中,内化为习惯的有机组成,由执行规则的被动者转变为建构规则的主动者。相信他们会在今后的实践活动中进一步加深对各种规则的理解和内化,并在生活中自觉执行,且充分发挥规则的作用!

【操作要点】

1. 内化的过程需要营造民主的氛围,这样才能充分调动学生的积极性。

2. 要让学生充分实践,在身临其境中才能有效促进学生去感受并内化。

3. 要充分利用课后的宣传与策划。

（许斌芳）

方法 21

情境体验法

俗话说:"没有规矩,不成方圆。"一个文明的社会离不开各种规则来规范人们的行为。规则,是指人们在日常生活、工作、学习中必须遵守的科学的、合理的、合法的行为规范和准则。遵守规则是一切活动的保障。培养学生的规则意识,实施有效的规则教育对学生身心健康发展、形成"随心所欲不逾矩"的独立自由人格具有极为重要的作用。

规则教育的情境体验法是指在具体的情境中,学生体验特定规则的重要性以及如何遵循，提高学生规则意识的方法。通过情境体验法，教师有目的地引入或创设具有一定情绪色彩的、以形象为主体的生动具体的场景，以帮助学生在特定情境中学习规则、理解规则、遵守规则。寓规则教育内容于具体形象的情境之中必然能让学生在潜移默化中形成良好的规则意识。仔细解读沪教版小学牛津英语教材，我们不难发现其中对情感态度价值观的教学目标设定也十分重视对学生规则意识的培养。从低年段的公园内应遵守的规则到中高年段的农场内应遵守的规则，过马路时的交通规则，消防安全用火规则以及标志牌的规则意义等等。由此可见，合理地结合学科教学内容、巧妙地创设吸引学生的情境对学生进行规则教育是培养学生具备规则意识的一种重要途径。那么接下来，我就结合本人的一个英语课堂教学课例来简单谈谈我对学生进行规则意识培养的实践方法。

【案例呈现】

仔细解读沪教版小学牛津英语教材，我们不难发现其中对情感态度价值观的教学目标设定也十分重视对学生规则意识的培养。从低年段的公园内应遵守的规则到中高年段的农场内应遵守的规则，过马路时的交通规则，消防安全用火规则以及标志牌的规则意义，等等。由此可见，合理地结合学科教学内容、巧妙地创设吸引学生的情境对学生进行规则教育是培养学生具备规则意识的一种重要途径。那么接下来，我就结合本人的一个英语课堂教学课例来简单谈谈我对学生进行规则意识培养的实践方法。

沪教版小学牛津英语四年级上册第四模块第一单元的主题为 A visit to farm，围绕参观农场这一主题，学生将在本单元中学习不同农场动物喜爱的食物名称及参观农场时应该遵守的农场规则。围绕以上教学内容，我在设计本单元第二课时时，借助 PPT、Flash、影像文件和实物投影等手段创设了带领学生去参观 Old MacDonald's farm 这一情境，帮助学生在情境中学习规则，理解规则，遵守规则。

跟随着 PPT 中动画场景的切换，我们大家来到了 Old MacDonald 的农场门前，农场门口立着一块牌子，上面画着两个禁止图标并注明文字“Don't walk on the grass!”“Don't pick flowers!”原来在进入农场前，农场主人就清楚地告知了我们在农场里要遵守他制定的农场规则，不能随意践踏草坪，不能随手摘花。进入农场后，同学们跟随主人来到一块草坪上野餐，大家一边享受着美妙的农场歌曲一边分享着美味的食物，真是开心，但是野餐后留下的垃圾呢？就这样散落一地把农场的草坪弄得一片狼藉吗？这时学生们都纷纷摇头，表示应该把它们收拾好丢进垃圾桶里。这时，农场主人表扬了我们的孩子，夸赞道，“不乱丢垃圾也正是参观农场应该要遵守的规则呢”。此时，前方突然传来了牛、羊等小动物的叫声，孩子们兴奋极了，都忍不住要去看看可爱的农场动物们。那么去参观农场小动物们又该遵守哪些规则呢？在小组讨论中，大家都纷纷踊跃发言。有的孩子说，不能用石头去伤害小动物。有的孩子认为不能随意乱喂食物给小动物。还有孩子表示要注意秩序不能惊吓到小动物等等。而他们热烈讨论后得出的结论也得到了农场主人的赞赏，他邀请孩子们一起把这些农场规则写在木板上挂在农舍前，孩子们都十分有成就感。

在参观农场这样一个吸引学生学习兴趣的情境之中，孩子们了解、学习了农场主人制定的规则，明白了在参观农场时不能乱丢垃圾、不能随意踩踏草坪、不能随手摘花等。随后孩子们也在讨论活动中各抒己见，参与了一部分农场规则的制定，这使得孩子们的规则意识在学习和体验中逐步形成，也达成了创设这一情境的教学目标。

【案例分析】

本案例运用榜样示范法对学生进行规则教育，这种方法的特点是能够帮助学生身临其境地参与到不同环境下的规则学习中。相较于说教式的规则教育，情境教学法能让学生成为课堂真正的主人，他们在学习中体验，在体验中学习，逐渐养成自觉遵守规则，主动构建规则的良好规则意识。本案例的具体实施由学生们跟随老师一起参观 Old MacDonald 的农场引出。在进入农场前，农场主人就清楚地告知了孩子们在农场里要遵守他制定的农场规则，不能随意践踏草坪，不能随手摘花，让孩子们明白了参与参观活动是有规则的，要学会遵守规则。进入农场后，同学们跟随农场主人来到一块草坪上野餐，大家一边享受着美妙的农场歌曲一边分享着美味的食物，野餐后学生们都在老师的引导下自己动手把垃圾收拾好丢进垃圾桶里，得到了农场主人的表扬。至此，他们不仅明白了参观农场不可以乱丢垃圾这一规则，更是将这一规则亲身实践。随后，农场里小动物的叫声吸引了孩子们的注意，都忍不住要去看看可爱的农场动物们。那么去参观农场小动物们又该遵守哪些规则呢？在小组讨论中，孩子们都纷纷踊跃发言，他们热烈讨论后得出的结论也得到了农场主人的赞赏，他邀请孩子们一起把这些农场规则写在木板上挂在农舍前，孩子们都十分有成就感。此时的孩子们不仅能够知晓规则、践行规则甚至还能通过思考、总结，成为规则的制定者，真正做到在潜移默化中形成规则意识。

【操作要点】

1. 运用情境教学法进行规则教育要注意情境的真实性

在课堂教学过程中创设的情境往往受到各种因素的制约让学生很难一下子投入其中，此时，多媒体现代化教学手段的利用尤其重要。图文并茂的课件、声像结合的动画都能充分调动学生的视听感官，营造出身临其境的氛围，帮助学生更为直观地参与到其中。

2. 运用情境教学法进行规则教育要注意情境的趣味性

布鲁纳认为："学习最好的刺激乃是对学习材料发生兴趣。"因此，教学情境的创设要符合学生的年龄特点和认知规律，以学生的兴趣所在为出发点，将规则教育融于学生喜闻乐见的情境中，以此激起学生学习、体验的积极性，促使他们全身心地投入到学习中。

3. 运用情境教学法进行规则教育要注意情境的开放性

教学过程中的情境虽然是由教师创设的，但教师不宜将情境框得太死，不妨尝试由扶到放，适当给予学生一些开放性的情境，为学生提供更为广阔的联想空间和自由发挥的机会，也能兼顾不同性格学生的特征，更适当地促使每一位学生在原有基础上得到不同程度的发展。

相较于死板教条地空谈"规则"二字，情境教学法以其生动直观、轻松有趣的特征帮助学生在特定情境中乐于了解规则、勇于探索规则、主动遵守规则。最终在潜移默化中不断提升学生的规则意识。

（郁　瑞）

第四节　活动规则教育方法群

活动是由共同目的联合起来并完成一定任务的动作的总和。我们这里所说的学校活动是特指学生各类体育、艺术、科技等活动，这些活动对于学生全面发展有着重要的意义,同时也是学生十分喜欢的。

我们教师应该寓教于乐,凸显这些活动中所寓指的规则。学生是这些活动的主要参与者,能够以自我和团队为中心,推动活动的进行。在活动过程中,学生谋求自主完成活动,而不只是聆听教师的教。而教师在这些活动中引导学生制定规则与遵循规则起着引导者、指导者的作用。一个活动的进行需要很多规则去支撑它,学生掌握活动规则能帮助他们更好地完成任务,提高学生能力。

活动规则教育操作要点简要介绍如下。

1. 要把握经常性活动与临时性活动规则的不同。这些活动有的是活动项目,即经常性的,比较稳定,例如象棋项目、合唱活动等,这些项目需要组织与执行的规则,这些规则稳定性强,知晓度高,同时由于是项目,一般而言传统性的项目更容易达成共识。另一类活动是单项活动,即临时的某项任务性活动,例如,某项游戏、某次舞蹈演出、春游上海科技馆参观活动等。这些活动由于具有特定的场所、特定的活动内容,甚至特定时间等,因此活动规则要专门确定。这两类活动都有着特定的规则,依靠这些规则促使活动的正常、有效开展。

2. 不同的活动应该确立不同的规则。艺术、体育、科技等活动都有着自己特质,有着其自身的内容与形式,因此这类活动的规则应该是特定的。各项体育运动都有着自己一整套规则,例如,象棋有車、馬、炮等的走棋规则,也有输赢的规则等。合唱活动有着指挥规则、声部规则等。在这些活动中不仅要学生熟悉规则,更要遵守规则,表现出应有的体育品格、艺术境界等。

3. 各项活动应该有具体的活动规则。我们应该引导学生在各项具体活动中遵循具体的规则。例如某次拔河比赛,由于参加的班级多少不一样,比赛的程序与形式,淘汰赛还是循环赛、三局两胜制还是一局定胜负都需要定规则。根据不同的活动我们制定了不同的规则,并根据不同年龄段的学生我们制定了符合他们年龄特点发展的具体规则。这些规则都应该鼓励学生参与制定,成为大家认同并乐意遵守的规则。

4. 依靠规则提高活动自主性。这些活动中我们不仅是以规则制约学生活动的行为,而更重要的是通过规则提高学生参与活动的积极性与自主性。让学生在活动中能合理地选择活动的内容、方式、时间、地点与人员，乃至聘请指导教师。

5. 依托规则确保学生的活动主体地位，教师的主导作用。在各项活动中，不能教师自己定下规则强制学生遵守。大多数情况下是教师一人拍脑袋搞出的规则，缺乏适应学生具体情况与具体情境的必然性。学校活动要面向全体学生，让相关的每个学生成为活动的主体，成为活动中的积极参与者，让他们在教师的指导下积极地活动。教师在导演学生活动时要讲规则，要促进每一个学生都参与，反对那种只顾少数学生而忽略大多数学生的做法。

方法 **22**

班级文化法

班级文化法是通过班级环境的布置和班级文化的建设，让学生能主动接受“爱班级，成就更好的自己”这一规则，形成“视班级如家”的意识的一种规则教育方法。

事实上，班级文化是一种隐性的教育力量，潜移默化地通过一定的形式影响着学生的行为，其在现代教学中的重要意义毋庸置疑。因此，作为班主任，我们应该将班级营造成孩子们的“另一个家”，从班级的环境布置、制度建立、行为习惯、精神面貌等方面入手，让学生在班集体中体会到“家”的温暖。

【案例呈现】

以班级文化启蒙规则意识

班级是一个小社会，如何把几十名学生的心凝聚在一起，我想最重要的还是要把“家”的观念传递给学生，让他们真正明白：“成长是自我需要，约束是自我提高。”让学生把班级当作“家”来看待，接受“爱班级，成就更好的自己”这一规则。于是，我试着从班级的环境布置入手，铺设班级“家”文化的建设之路。

为了给孩子们营造一个整洁、温馨、舒适的环境，让孩子对班级产生一种家的感觉。我坚持每天带着孩子们进行清扫，使教室窗明几净，桌椅整洁有序，黑板一尘不染，还经常开窗通风，保持空气清新、自然。这样不仅能让人赏心悦目，也能教育学生做事认真、一丝不苟。

除此之外，我将四周的墙壁分割成若干板块，尽量让每一面墙壁都会“说话”:“我们的家规”“作品栏”“成长树”“成长的足迹”“植物角”“图书角”等等。“我们的班规”是孩子和家长一同制定的;“作品栏”是学生日常优秀作品的展示之地;“成长树”上的每一片“树叶”代表了班里的每一个孩子;“树叶”上的小红旗则是他们日常学习情况的具体体现;“成长的足迹”里满是他们平日里各种活动掠影、成长记录,有痛苦,有欢笑,但,这就是独属于他们自己的“成长故事”。“植物角”中的每一盆植物都是学生亲自栽种和照料的,在此过程中,他们逐渐了解了植物们的“生活习性”,也变得更加懂得尊重生命。“图书角”里藏有很多好书,除了他们自己带来的课外书籍,也有我“贡献”出来的“私人书籍”,还有学校图书馆赠送的书籍,好书汇集,“图书角”也成了他们下课最爱去的小角落。

正因为教室的每一草、每一物都有学生自己参与的过程,有他们每一个人留下的“足迹”,才使得我们的教室不再是徒有四壁的“学习场所”,更是他们生活的乐园,是属于他们的“另一个家”。

我们“家”的每面墙壁的布置,启发和来源都是孩子们身上的一个个“小故事”,映射了我们班级“家规”的建设。

“我们的家规”,日益规范言行

在我们教室的北面墙壁上贴着一张大大的“家规”,那可是我们的“私人订制”呢！正所谓“没有规矩,不成方圆”。家也一样,在我们这个班级大家庭中,科学、民主、健全的班级管理制度也是班级文化建设的另一重要内容。当然,我们的“家规”必须讲究科学,切合学生的实际,尊重学生的意见,才能真正发挥其正面教育的效应。因此,我们“家规”的每一条都是由“学生制定、教师微调、家长通过”后实施的。我们的“家规”具体包含以下几条。一是向上向善,“成长树”上显成长。二是热爱学习,“图书角”里寻知识。三是责任为先,“植物角”中育责任。

每一位学生都是“家规”的制定者和实施者。秉承着“爱家、护家、兴家”的理念,学生身上的责任感也日益增强,大家都希望能够通过自己的努力让我们的“家”越来越好,越来越温馨。即使偶有违反“家规”的“小调皮”,周围的“小家长”们也会第一个站出来指正,而后再主动来和我这个“大家长”进行沟通。而事实上,我们的“小调皮”们也很少有时间去“捣蛋”,因为我给他们每个人都安排了小岗位,课间每个人可都是“大忙人”呢:要检查领巾佩戴、检查指甲修剪、排桌椅、捡纸屑……爱运动的跟着我们的“跆拳道小高手”去练习；爱跳舞的跟着我们的“拉丁舞小能手”去跳舞；爱唱歌的跟着我们的“小金嗓子”去练习发声……短短的十分钟甚是充实，哪还有时间去“捣蛋”呢？

“家规”初显成效，“成长的足迹”记录最美笑脸

记得刚接手这个班级的时候，就和孩子们有了一个小小的约定：老师手中的手机镜头可是一直关注着大家的，但我的手机只想让脸上有微笑的、爱帮助他人的孩子入境。在“家规”试行初显成效时，我的镜头便开始记录那一张张可爱的笑脸。于是，早上的大课间活动、平时的十分钟课间休息、学校的各种活动现场、社会实践活动等等都成了孩子们的“showtime”。他们很乐意把自己最阳光自信、最活泼可爱、最真实有趣的一面展现在我的镜头前。跟他们相处的两年时间里，我也积累了无数张记录他们成长故事的照片，每一张背后都有一段属于他们自己的成长记忆，或是他们第一次学会跳绳的瞬间；或是他们默默为班级捡起地上纸屑的瞬间；又或是他们在台上精彩表演的瞬间……一个月一次，我会及时更新板报上的照片，而换下来的照片则会交由他们自己来保管，不过，还得有个小小的“条件”：要想拿到自己的照片，就必须保证当月绝对没有违反“家规”的行为。

“成长树”，立规则促班级文化

粗壮的树干上长满了一片片碧绿的“树叶”，仔细一看，每一片“树叶”边上都贴着我们班孩子们可爱的头像照，其实，这就是我们的“评比栏”。谁在本周获得“语文小明星”的称号，“树叶”贴上一面“语文小旗帜”；本周谁劳动最积极主动，那么他的“树叶”上就能获得一面“劳动小旗帜”；本周谁的数学口算速度惊人，或是进步喜人，也同样可以在自己的“树叶”上贴上一面“数学小旗帜”……“成长树”与“成长的足迹”不同，在这儿，我们的孩子们正进行一场激烈的综合表现“角逐”，只要是在学校里表现突出，或是有进步的孩子，都有机会在“成长树”上崭露头角，这样，也就避免了“只有少数优秀的学生才能拿到红星和奖励”的弊端。与此同时，我也利用我们的“晓黑板”软件来建立我们的激励平台：把“成长树”上每一周的变化都发在“晓黑板”中，让家长们也来感受自己孩子的点滴进步；让学生学有榜样，赶有目标。

“图书角”，有序规则呈现良好风气

“图书角”可不仅仅是“图书角”，还暗藏玄机呢！可爱的卡通书柜分成两层，底层全是我们的“精神食粮”——书籍。这里可是藏了不少好书呢，除了孩子们自己带来的课外书籍，也有我“贡献”出来的“私人书籍”，还有学校图书馆赠送的书籍，难怪我们的“图书管理员”总是忙着在我们的“图书记录册”上记录着，大家都对看书这件事儿饶有兴致。再加上我们在图书角的旁边设置了一个“小小阅读桌”，摆上了一张可爱的小方桌，还有两个配套的小凳子、几块地垫，那儿仿佛就成了教室中最安静、最舒服的角落。不过，想在那儿看书可不容易，得在“图书记录册”连续两周获得“最佳读者”的称号才可以。就冲这，孩子们看书的兴趣更大了！

而在书柜的上层则是我们班的两个“百宝箱”。一个是我们的“生活百宝箱”，里面装满了我为他们准备的梳子、皮筋、风油精、指甲钳等等，以防孩子们不时之需。毕竟我们的孩子基本都是外来务工家庭中的孩子，父母基本都疏于照顾，有了这些小东西，我们班级的卫生习惯评比每次都能拿到一个好成绩呢！另一个“百宝箱”其实就是我们的“心愿箱”，让学生在遇到困难时先试着自己去解决，自己无力解决的就写在“心愿纸”上，让孩子们敞开心扉，说出自己的心里话，倾诉自己的苦恼，当然我也会一一给他们回信，分析他们心理上存在的问题，清除他们的心理障碍。就这样，走近学生，融入学生，在一系列活动中，孩子们跟我这个“大家长”也越来越亲，也极大地调动了学生的积极主动性。

“植物角”，花草间萌生出规则责任心

刚开始设置这个布置我的心里也很忐忑，很怕我们一年级的孩子不会养植物，到最后把那些鲜活的小生命都给一一断送了。然而，事实证明，我又小看了我们班的这些可爱的孩子们。从他们陆陆续续把家里的花搬到学校来的第一天起，他们就不停地向我询问自己的花儿到底要怎么养啊，怎么浇水啊，怎么施肥啊……有时候，我也不能一一解答。于是在家长和孩子们的共同协作下，我们展开了一次“我的花儿我来养”的主题队会，不仅让孩子们认识了身边的这些花，更熟知了它们的习性。接下来的日子里，我们按照学号，每天轮流让两名同学来照料这些花儿。看着他们悉心照料着这些小植物的样子，我真是为他们感到自豪，而我们的“植物角”呢，在他们的努力下呈现出一片欣欣向荣的景象，经过我们班的同学和老师都会忍不住驻足观望呢！

【案例分析】

案例中提及的“班级文化法”是围绕班级的教育教学所建立的有价值取向、制度体系、语言风格、行为习惯、品德风气等的综合法，是一种柔性的人文环境、制度、精神和行为的综合体，而非固定呆板的说教模式。一直以来，我始终认为要让一个班级有凝聚力，让学生真正做到“视班级如家”，最重要的还是要让学生从心底真正接纳它、热爱它，在班级里生活的时候能有幸福感。因此，我把对班里孩子们的爱都隐藏在了我们班级各个角落的布置上，我希望他们在我们的教室中能体会到家的温暖，感受到家的幸福。如此，方能在无形中落实“爱班级，成就更好的自己”这一规则。“润物细无声”，我坚信，班级环境是学生成长的一缕阳光，温暖舒适、积极向上的班级环境总能给班里的孩子们带来感动和快乐。

通过“班级文化法”，孩子们能对班级有一种归属感，感受到“家”的温暖，承载着“家”的责任，爱同学、爱老师、爱生活；让孩子们的心能牢牢地凝聚在一起，珍惜彼此相处的时间，毕竟，五年，说长也长，说短其实真的也很短；让孩子们不管走到哪里，心中都能带着阳光，去温暖自己，也温暖身边的人。心中有爱的孩子，将来不管在哪里，运气都不会太差。

事实上，由于“班级文化法”落实到了具体细则——“家规”中，孩子们再在执行时也更有了方向性，在这样一种前提下，我们班这群可爱的孩子越来越爱我们的“家”——班级了。而我在班级布置上“暗藏的小心思”也都起到了一定的成效：孩子们越来越懂礼貌了，越来越爱微笑，越来越爱学习、看书，甚至也越来越讲卫生了……时间还长，我相信，孩子们一定还会有更大的进步，只要，我有足够的耐心，静静地等待他们这些“花儿”开放。

【操作要点】

1. 若要真正达到“爱班级，成就更好的自己”这一规则教育的目的，需要我们教师长期坚持和学生一起感受班级这一大家庭的温暖，需要持之以恒地建设班级文化。

2. 在这个过程中，不能忽视学生的力量，鼓励学生参与班级文化建设，随着学生逐渐成长，教师交给学生的“权利”可以更多一些，放手让他们自己去建立自己的班级规则，这绝对比一味地说教更能让学生接纳。

3. 信任学生，相信他们能在班级建设中贡献自己的力量，也相信他们能与班级共同成长，成就更好的自己。

4. “家规”的建设和制定必须要具体化，形成可操作、易明白的细则，如此，才能让孩子们更有方向，目标也更加明确。

（曹 静）

方法 23

寓教于乐法

寓教于乐法是把规则教育的内容渗透到娱乐活动之中，如通过讲故事、学唱歌曲、做游戏等方式，选择健康、有益、向上的活动内容，形式上生动活泼，丰富多彩，让学生更容易接受规则意识的培养，在轻松愉快中建立规则感的一种教育方法。

一、故事

“老师，你看过《战狼》吗？”新学期伊始，刚刚接手新班级的我正在讲台上焦头烂额地指导家长填写各项资料，此时，一双略带冰冷的手拉住了我，一张有些怯怯的脸和一句没头没脑的话让我一时不知该如何作答，没等到我的回答，那孩子突然敬了一个标准的军礼，然后说道：“我就是冷锋(电影男主角)。”我略带诧异地望向一旁的孩子父亲，他却毫无表示，我只好调整了一下情绪，婉转地对那孩子说：“嗯，老师也很喜欢冷锋，但是现在老师有事要做，你先跟爸爸去领书好吗？”他听了，有些失望地“哦”了一声，落寞地牵着爸爸的手离开了。

这个孩子叫小叶，看上去很乖，基本一整天都待在自己的位置上发呆，有时课堂上，他也会学着同学的样子，拿着书，但是他基本不认识书上的字，只是做个样子；他很随意，有时课上到一半，他突然跑到办公室，问我下节什么课，吓得我急忙把他护送回班级，并叮嘱同桌好好看着他，这样的一个孩子，能让他开开心心来上学，平平安安回到家，已经是阿弥陀佛了，更别提语文的学习了，每次抄写词语，他都会跑来，天真地问我：“老师，这个是什么？”起初几次，我还会耐心地帮他画好词语，讲解格式，让他抄写，但是每一次，他都是写几个字以后，默默地藏起本子，下一次依旧那副懵懂的表情，这实在让我束手无策。课后，这一事件引起了我的深思，我想，之所以小叶会这样，说到底是缺乏规则意识？

看来对他良好习惯的养成教育迫在眉睫。

联想到小叶是晚来得子，父母比较宠爱，导致这个孩子在认知上一直停留在幼小阶段，有些随心所欲，没有什么规则意识。交谈中，他的父母对儿子在校的习惯表现也一脸无奈，只希望老师在学校严加管教。

我思虑再三，我想对于小叶这样的孩子，丰富多彩的活动比简单的说教更有效果。课间，我让同学们聚在一起玩游戏，先说好游戏规则，并详细讲解给小叶听，确保他明白规则的重要性，再进行游戏，一开始，他总是会忘记规则，这样就无法长时间进行游戏，渐渐地，他开始越来越能遵守规则。在这基础上，我慢慢让他明白课堂的规则，可喜的是，他将学习中遵守规则的好习惯也迁移到了课堂中。现在，他也能和其他同学一样遵守课堂纪律，做到坐姿端正、认真倾听。

二、分析

1. 寓教于乐中的游戏是为规则意识的培养服务的，必须与规则内容密切相关。

在设计游戏时，要充分考虑规则内容来设计游戏，这样游戏的目的十分明确，不是为做游戏而做游戏；游戏的开展要有一定启发性，开展游戏既是为了培养某项规则，同时也应在游戏中启发学生去认识和自觉遵守其他的规则；游戏的开展应多样化，俗话说“把戏不可久玩”。再好玩的游戏，玩过几次就没有新鲜感了，不能玩很长时间。这就要求教师要不断地设计新鲜游戏，不断地翻新游戏的做法，以满足不同规则的要求；游戏的开展应具有一定的灵活性，灵活性是指要注意适时、适度地开展游戏活动，在游戏中要注意活动气氛和活动节奏的调整和把握，灵活处理游戏中出现的问题，灵活处理规则内容与游戏的关系。游戏要服从规则，要让学生明白游戏的结果不是最重要的，游戏的过程中对于规则的遵守才是最重要的。

2. 寓教于乐法注重规则意识培养过程中情感因素的作用。

心理学家认为，“所有智力方面的工作都依赖于乐趣”，课堂“应是快乐的场所”。这就要求我们把教学与快乐的理念结合起来，教师的教学快乐，学生在快乐中学习。寓教于乐法注重规则意识培养过程中的新颖有趣，注重情感因素在培养活动中的作用。瞄准学生的心理特点，用各种既有趣又有效的娱乐活动唤醒学生的主体意识，把握学生的心理流向，发挥学生的主体作用。动之以情，感知以形，渗透于理，从学生的情感、想象力和个性出发,将规则意识潜移默化地植入学生的心间,达到寓教于乐之目的。求新、求趣是小学生普遍存在着一种求新心理。他们注重学习中的一切有意思的活动,希望通过这些趣味化的娱乐,来点缀自己的生活,"知识是一种快乐,而好奇则是知识的萌芽。"在好奇和兴趣的支配下,他们主动、愉快地接受规则意识的培养。

喜欢游戏是孩子的天性,儿童是从游戏开始学习的。美国心理学家布鲁纳说:"最好的学习动力莫过于学生对所学知识有内在兴趣,而最能激发学生这种内在兴趣的莫过于游戏。"现在教育倡导寓教于乐。多数学生喜欢参与游戏,并且做游戏时都能集中注意力。如果老师趁学生心情愉快、注意力集中、思维敏捷时,"顺便"把规则意识传达给他们,他们就会更容易接受、吸收。

三、操作要点

1. 在设计游戏时,要充分考虑规则内容来设计游戏。

2. 游戏目的要明确,游戏的开展要有一定的启发性,开展游戏既是为了培养某项规则,同时也应在游戏中启发学生去认识和自觉遵守其他的规则。

3. 要不断地设计新鲜游戏,不断地翻新游戏的做法,以满足不同规则的要求。

4. 适时、适度地开展游戏活动,在游戏中要注意活动气氛和活动节奏的调整和把握,灵活处理游戏中出现的问题,灵活处理规则内容与游戏之间的关系。

(姚　瑶)

方法 24

结果体验法

作为一名小学低年级的体育教师,在体育教学中,常常会遇到一些学生由于年龄小、自觉意识差,不遵守纪律,不执行游戏规则的现象。出现这种情况,我们通常的做法是停下游戏,强调规则,纠正个别学生的错误。这样做并不是完全不可取,因为毕竟它是一种最直接的教育,告诉了学生什么是对,什么是错,但正是由于过于简单化,就带来了许多负面的效应。

为了既教育学生遵守规则，又减少负面效应，我不断地尝试、摸索，掌握了一些处理这类情况的好方法——结果体验法，并将它运用于实际教学中，均取得了良好的教育效果。结果体验法是指在体育活动中，让学生体验遵守规则与违规的不同结果，增强学生遵循规则的体验，达到促进学生自觉遵守规则的方法。

记得有一次，我们在课上进行一个集中"看谁先归队"的小游戏。这是一个集中注意力和提高反应、奔跑速度的游戏。游戏规则强调的是听到叫号声后再启动，而叫号声必须立正站于原位。我在组织学生游戏前详细地讲解了方法与规则，还让他们分组演练了几次。刚开始，大家都有些紧张，反应较慢，于是我提醒他们放松一些，可当我再叫"6号"时，只见 6 号小磊已提前离位，只见他飞奔一圈第一个回位。显然这是个明显的犯规，一般情况下老师会立即停下游戏，点名指出，可我转念一想，何不来个将错就错呢？于是我并没有说什么，宣布"小磊得第一"，同学们在下面有些议论，"6 号"，我又一次喊到他，小磊如法炮制，从离位更远的地方跑出，第一个到达。这时队伍里的议论更大了："他犯规了！"我知道，同学们发现了他的问题，此时，再看小磊，一副有口难辩的样子，可以看出，他还没有意识到自己错在哪，我表面上没有理会他。于是继续游戏，再一声"6 号"，每组的"6 号"同学都远离自己的位置冲出，顿时场面一片混乱，小磊在经过艰难的穿行后最后一个到达。

望着欢呼"第一名"，再看看老师，小磊一脸茫然，急欲想说些什么，我感到了重申规则的时机到了！于是我马上集合队伍，走到小磊身边，问道："你这次怎么没得第一？"他愤愤地答道："因为他们抢跑，还有人挡了我的路！""你刚才还不是这样才得第一的，我们是学你的！"他的话音未落，同学们就叽叽喳喳地嚷起来，矛头直指小磊上次的违规。此时，我对小磊，也是对大家说："如果人人都像你刚才那样不遵守规则，不站在原位出发，就会出现这样的现象，这样我们还能进行游戏吗？""不能。"他一边说一边摇头，终于恍然大悟。于是我转而问大家："那我们在做游戏时应该怎么样呢？"全班齐声答道："遵守纪律！"接下来的游戏自然进行得很顺利，当我再次叫道"6 号"时，小磊从自己的位置上箭一般冲出，以最快的速度到达，成为了真正的第一名。看着同学们赞赏的眼神和小磊的小脸，我也由衷感到高兴。

运用本方法时，一要关注学生养成的遵守规则的习惯，通过一节节课潜移默化地影响和渗透形成的。二要当学生出现错误时，与其老师当面指出、令行禁止，不如在保障安全的前提下，让他通过亲身体验，真正认识错误并自觉改正。

（毛志杰）

方法 25

游戏体验法

游戏体验法是指在体育活动中，教师通过学生对体育游戏中的规则体验，增强学生遵循规则的意识与能力，教学目标的方法。

跑是小学阶段体育教学的基础，一年级学生都很喜欢，每次都跑得兴致勃勃，但是在跑的时候经常会撞在一起，给体育老师的教学带来了烦恼，想让学生跑而又"怕"学生跑。在一次带领学生慢跑的过程中发现，总有学生要插队或者撞到前面的同学，有些同学还故意去撞前面的同学。选择一个什么样的练习方法让学生不会相撞呢？是一个一个分开慢跑呢，还是别的跑法？正当我在思考时，突然一个学生喊道："有人撞'车'了。"大家都哈哈大笑起来，我突然灵机一动，为什么不让学生模仿汽车呢？这样可以提醒学生以减少交通事故为由减少相撞，还可以提高学生的兴趣，何乐而不为啊。于是，我就跟学生说道："小朋友，接下来我们来开汽车好不好啊？"学生异口同声地回答好。我接着说道："那在路上开的车都是要遵守交通规则的，两辆车碰到的话那就出交通事故了，那这名驾驶员就不是一名合格的驾驶员了，我们比一比看，看看哪些驾驶员是合格的驾驶员，好不好？""好！"学生们都跃跃欲试。

当真正开始玩的时候，还是会有一两个学生在行驶过程中出现"交通事故"，于是"交警"对这些"肇事车辆"进行了扣留处罚。当学生们慢慢进入角色后，有一个学生突然说了声："这样玩没意思。"我顺声望去，看到是一个学生在说，心想这个淘气鬼，又来淘气了。刚想走过去批评他，但是脑子里突然闪过一个想法：为什么不听听他的想法呢？于是说道："那你觉得怎么玩才有意思啊？"他马上兴致勃勃地说："我觉得应该加上红绿灯，这样更能考验驾驶员的驾驶水平。"说完开始有些得意起来，感觉好像最佳的驾驶员非他莫属。我看着他的表情，默许了他的想法，增加了“红绿灯”规则。我模仿交警叔叔做“停”的手势，问学生：“这个手势代表红灯，那看到红灯你们应该干吗呢？”“停下来。”学生们喊道。“对，当看到这个绿灯(拳头手势)那就代表可以向前开，看懂了吗？”“看懂了！”于是，开始了新规则的游戏，我让学生跟着在车道上(跑道)行驶，突然亮出了红灯，但是还有个别同学没有能够及时停下，甚至还有两组同学从后面撞到前面的同学。“谁没有遵守交通规则？”同学们纷纷指出一些没有遵守规则的同学，这时还有一个同学叫道：“老师，那撞车了算不算违反交通规则啊？”“当然算了。”突然另一个学生喊道：“我爸爸说驾驶员一年只有 12 分，扣完就不能继续驾驶了。”我心想学生连这个都知道，灵机一动说道：“那我们也一样，每个驾驶员有 12 分，扣完就停止驾驶，我们违反一次扣 6 分，好不好？”同学们大声说好。接着又提醒道：“一定要遵守交通规则，不遵守规则的驾驶员要被处罚的哦，扣满 12 分就不能开车了，只能看着其他驾驶员开了。”同学们一阵笑声后，我们又继续开始游戏，学生的参与积极性更高了，甚至有学生还响起了汽车的马达声。经过一段练习，“事故”和“违规”明显减少了，几乎每次“亮灯”学生们都能严格遵守。练习结束后我作出了及时的总结：“虽然我们同学都知道‘红灯停，绿灯行’的道理，但没有遵守的意识，这是个危险的信号，在玩游戏时也一样，如果不遵守游戏规则，那就玩不好游戏。今天我们小朋友都做得很棒，希望在以后的日子里我们大家能相互监督，共同遵守。”还有一些同学感觉意犹未尽，表示下次还想继续玩。这节课效果不错，学生们各个满头大汗，反应能力也有了很大的提高，大多数同学在跑动时注意周围的情况(红绿灯和车辆)，同时学生们也执行了“红灯停，绿灯行”的交通法规。

在体育课上能够经常有意识地培养学生的安全意识，这个效果可能比单纯的讲道理要好。像“红灯停，绿灯行”这种从小就知道的道理，由于受外部条件的影响，意识逐渐淡化，如果我们能够利用学生的兴趣，结合一些规则进行课堂教育，时时提醒，久而久之就可以形成一种良好的意识，当然在课堂教学中对这些意识还需要进行一些强化练习，以促进执行能力的发展。

在中国，几乎所有人都知道“红灯停，绿灯行”这个道理，但仍有不少人根本不遵守这个规定，市区道路上还有一些家长带着小孩闯红灯，与绿灯直行的车辆抢时间。一个个血的教训比比皆是，这些人都是只知其理而无执行的意识，作为一名教育工作者，我们有义务在教学中融合规则遵循意识，在体育游戏和情境教学中更要融合执行规则的意识，这样才能更好地达到教学目标，才能保证课堂的有序、有效，才能为社会服务。

本方法的操作时要注意以下几点。

1. 在体育游戏中要有明确的规则融合其中，具体的规则指向要清晰。

2. 要有明确的规则体验过程，重在体育游戏过程中对工作的体验。

3. 游戏的教学目标与规则教育目标要自然融合，不能阳春面加浇头。

（毛志杰）

方法 26

举证明规法

举证明规法即在规则教育中利用各种各样的例子来证明遵规守规的重要性及必要性，并通过实践来检验遵规守规教育带来的诸多好处。

一、案例描述

在一次一年级的体育课上，课的内容是往返接力跑游戏。我按照平时的列队方法将全班分成四组，简单地讲解了一下游戏方法和比赛规则后，比赛开始了。第一轮尝试赛结束后，针对比赛情况，讲评了各组的表现并进行了表扬和鼓励，接着进行正式比赛。

比赛开始后，我发现第 1 组同学在跟第二个击掌时，等待的同学没有在起跑线后，而是越过起跑线一小步跟第一个到的同学击掌，第二个同学在击掌时也是如此。不知道是有“预谋”的，还是因为紧张而不由自主往前走的。第 2 组中呢，有的同学没等前面的同伴跑回来，他就迎上去了，这也太明显了，有些看见的小孩也大喊：老师，××小组犯规啦！比赛结束，我宣布名次，很多学生都大喊：“不行！不公平！他们有人犯规！”我乘机问道：“你们看见了哪些犯规现象呢？”大家纷纷举手回答，有的说谁超线了，有的说谁先跑了，有的说谁没到终点就返回了……原来大家也看得很清楚。

于是，我将有犯规现象的小组的名次取消了，并告诉同学们，在正式比赛场合，如果出现以上犯规现象，那么将取消比赛资格或者取消名次，平时付出的艰苦训练也就白费了，就像你们现在一样，犯规了名次没了。这时，第 1 组和第 2 组的同学相互间埋怨起来："都怪你……""都是你不好！"有同学站出来说："别争了！等下再比赛的时候注意遵守就好了呀！"我抓住这个契机对他们进行思想教育，告诉同学们："做什么事都要有规则，就像我们在学校有在校行为规范，走路有走路的规则，开车有开车的规则，游戏有游戏的规则……希望同学们以后无论做什么事情都要遵守规则！"说完，我又要求学生必须在遵守比赛规则的情况下进行了一次比赛，这次比赛学生明显犯规少了，基本上都能遵守比赛规则了。

就这样，因为这次接力游戏的一个"小插曲"，让这节体育课变成了一节生动的德育课，并且收到了意外的育人效果，提高了同学们的规则意识，明白了"没有规矩，不成方圆"，懂得人人必须遵守规则这个道理。

二、反思

举证明规法要求通过现实的事例让学生明白遵守规则的重要性，而不是一味讲"大道理"。学生对规则的认识是一个循序渐进的过程，规则品行的发展是一个逐步从简单到复杂的过程，强调要依据学生对规则的认知与行为能力的发展水平开展相应的教育活动。教育活动所指向的规则有学生可接受性，层次性循序渐进，在学习中提高，在提高中巩固，逐步有序发展。

举证明规法要遵循教育心理学的原理，让学生通过对规则的案例或者实例的体验，进而践行，培养学生良好的规则品质。规则不仅是一种条文，而且更是需要践行的规范，一种遵循规则的能力，也是一种道德情感。规则要让学生自觉地遵循，必须让规则的概念通过体验与践行，转化为对规则的信念。

我们要通过举证让学生对规则的体验加深，只是口头讲规则很容易对规则体验肤浅，缺乏对规则问题的真正感受与感悟，仅停留在表层的体验。有的规则教育活动所传递的信息难以引发学生体验，或者只能引发一般的体验，但是有的看似平常却可以让学生获得深度的体验，并能产生感悟，主要是为学生提供好的实例，让他们充分体验与感悟。

三、操作要点

1. 要向学生提供相关的遵守或者违背规则的实例,让学生感受遵循规则的重要性,是要让事实说话。明白从小养成做事讲规则,守规则,长大才能更好地融入社会,适应社会。

2. 规则教育不仅要举例,而且要引导学生明理,即真正懂得规则是什么,为什么要遵守以及如何遵守。

3. 教育学生讲规则、守规则需要我们教师不断创新,善于发现学生中的一些不守规则现象,并及时进行教育,不能放任不管。也不能发号施令似的强加给学生规则,要在潜移默化中让学生养成规则习惯。

（裴卫东）

方法 27

褒贬结合法

褒贬结合法是指用批评与表扬相结合的方法,教会孩子遵守规则。在规则教育过程中,批评与表扬有机地结合在一起,适当地进行批评,养成规则意识,再加上表扬,巩固遵守规则的行为习惯。

一、故事

文文,是我们一(1)班里一个引人注目的小男孩,看上去是一个文静乖巧的男孩,但其实他是我们班级的"小皮蛋"。每当我们活动时,总能看到文文"脱离队伍"的身影。通过我的观察发现,在体育活动中,文文抓着棍子在操场上满场跑。一个不留神,他就跑到教学楼里,跟你玩起"躲猫猫"的游戏。讲解操作要求时,文文背对着我在研究后面的蘑菇亭子,根本就不听我在讲游戏的规则是什么。等到请小朋友跳棍子,他就开始插队,挤到最前面,故意把小朋友的棍子踢开,让别人不能跳。在各种体育活动中,文文总能想出不同的花样破坏游戏的秩序,不遵守游戏的规则。

前一天刚下过雨的操场还有一点潮湿,午间活动,我组织同学们下楼玩"棍子走迷宫"的体育游戏。这个游戏需要同学们集中注意力,将一只脚走进迷宫里,另一只脚轻轻放在已经放进去的脚前面。过程中不能碰到组成迷宫的棍子,踢到棍子挑战就失败。孩子们对这个游戏都很感兴趣,"调皮鬼"文文也不例外。一开始他很开心地排在队伍里,前面的孩子走得很小心,过了几分钟还没有轮到文文,文文从队伍里面跑了出来,想直接插队走迷宫。我马上就提醒他:“文文,可不能插队哦!每个小朋友都要排队的。”文文又回到了原来的队伍里面。第一次挑战迷宫,文文走得很认真,走到中间的时候,一个没站稳踢到旁边的棍子,挑战失败。文文重新去排队,排了一会他发现后面有一只乌龟玩具,就想跑过去看看。他刚走出两步,离开了我们班级的红点点区域就被我叫住:“文文,可不能离开红点点的区域哦,不然你就找不到家了。”文文被发现了,只好灰溜溜地继续排队。第二次挑战,文文成功地走出了迷宫,他开心得上蹦下跳。没有继续排队,站在旁边看别的小朋友走迷宫,当他伸出小手想要推推地上棍子的时候,我又马上阻止他:“这样可不行哦,小朋友会走不出迷宫的。”文文只好放弃了捣乱别人走迷宫的行为,想直接插队到队伍里面走迷宫。这次不用我提醒文文,后面的小朋友都叫起来:“文文,不能插队!”文文只好排到最后。

在第二天的活动中,请同学们练习跳棍子。文文站在棍子前面一动不动,眼睛还在看旁边。先是点名,文文动了一下,尝试跳了一次。但是因为没有听操作要求,他用的是分腿跳的方法,小朋友们都笑了。我很严厉地说:“全班只有你不在听,跳的方法也是错的。你喜欢看那你走过去看吧,别来跟我们一起学本领。”我做出要推他走的样子。文文着急了,哭着拉着我的衣服不肯走。我把文文带回班级前面,告诉大家:“这个小朋友很喜欢看外面,但是他说以后他不看了。现在老师给他一次机会,让他看我们小朋友跳,等他把这个本领学会了再回去。你们说好吗?”孩子们都说好,我就让文文站着看别的孩子都跳得很开心。站了一会儿,他小声地问我:“老师,我可不可以去跳棍子了?”我告诉他如果以后老师教本领的时候,你不看着老师,那你就只有看别的小朋友玩。文文点点头答应了。

玩了几次棍子的游戏,孩子们对棍子游戏已经比较熟悉。今天我在活动室要他们尝试钻山洞的游戏,需要两个孩子配合搭山洞。邀请一个小朋友和我一起做示范,小朋友们都积极举手,我邀请了文文。我请他把小手举高,手臂伸直,和我一起拿住棍子的两头不松手。当小朋友一个一个从我们搭好的山洞里钻出去的时候,我表扬了文文的山洞搭得高高的。我们还需要更多的山洞,我请文文帮助大家一起搭山洞,文文抓着别的孩子的小手说:“手要这样子。”“棍子要伸直。”我告诉他:

"你会帮大家搭山洞,你说得真棒。"游戏结束的时候,还有几个孩子对文文说:"谢谢你帮我们搭山洞。"文文笑得很开心,在整个游戏过程中他都没有捣乱,注意力也很集中,还帮助大家,我鼓励他下次再帮大家的忙,他大声说好。

二、分析

首先,文文这个孩子在刚进入一年级的时候,小朋友们都还比较拘束,有点紧张,文文一开始的时候也有点拘束,谨慎地打量着这个陌生的教室,但是没过多久的课间,他就开始满班级跑。他好奇好问好动,探索欲望非常强烈……这是他的优点。当然在活动中,这些优点同样在"发挥"作用。而且文文在家里又是独生子,奶奶比较宠爱文文,因此养成文文按照自己方法做、不听指令语言的习惯。所以在学校里就表现为,总是不遵守游戏规则,喜欢用手破坏已经摆放好的物品,或是按照自己的想法玩,不管自己有没有影响别人。对于老师的指令性语言并不是很理解,听懂了也不去做。

基于以上情况,我决心要告诉文文,任何游戏还是活动,都要严格听清规则,遵守规则。第一天的时候,我用不断的提醒让文文感觉到自己的行为是被老师注意着的。只要做不遵守规则的时候,马上就会被点名提醒,让他先感觉到不遵守规则,大家都不能容忍。而且在过程中,我也发现不仅是老师,小朋友们也会成为帮助文文养成遵守规则的好帮手。第二天,我就开始了褒贬结合的方法,经过第一天的提醒,这一次我给了文文相对严厉的批评和相对比较久的等待玩耍的时间,文文知道了不听规则、不遵守规则的小朋友是没有办法和大家一起愉快地玩耍的,他脑海中的这个结果将对他以后玩耍产生一定的约束制止作用。

接下来,为了巩固文文遵守规则的行为,我也进行了适当的鼓励和表扬,使规则意识在他心中萌芽,明白只有遵守规则,才能和大家一起自由自在地玩耍。

三、操作要点

1. 在孩子对遵守规则还没有强烈的意识的时候,教师的引导就显得十分重要,在这个案例中我对文文就使用了褒贬结合法。

2. 批评与表扬有机地结合在一起,适当进行批评,及时纠正错误的行为,养成规则意识。

3. 值得注意的是,批评要适当,而且要批评到点上,不能一味地严厉,容易激起学生的逆反心理,反而适得其反。

4. 鼓励表扬,注意是要在集体面前表扬,让学生的心理得到满足的同时知道遵守规则是每个人应该做的,让规则意识慢慢生根发芽,牢牢扎根在心里,才能达到更好的效果。

（严嘉丽）

第五节　创新规则教育方法群

以创新精神的培育作为理想追求,这是弘扬人类创新本性的需要,是现代教育价值观的体现。学校德育应将规则意识的养成与创新精神的培育进行有效的整合。如果学校的教育仅仅追求对知识的传承与复制,学生只会“衰减”,至多“仿真”,无法获得进步与超越,我们的学生只能生活在过去,更不可能是将来。创新规则是学校中相当薄弱的,一是创新规则意识缺乏,二是创新规则稀少。学校需要确立创新规则体系,保障学校创新教育,促进学生创新品质的培养。

在教育和生活中培养创新意识、创新能力。爱因斯坦曾经说过:“提出一个问题比解决一个问题更重要。”质疑问难是探求知识、发现问题的开始。我们在教育教学中要培养学生发现问题、提出问题的能力。学校要组织与开展“科技节”活动等。教育要通过一系列规则来保障,同时也要确立一系列规则,有利于学生发展自己的创新品质。创新需要宽松的创新环境,这要通过一定的机制来保障,学校的各项制度,也就是规则必须有利于学生创新品质的培养。

规则将因创新而焕发生机,因积极介入学生创新素质培养而丰富了规则内容,拓展了规则渠道,深化了规则功能,增强了规则的吸引力、渗透力和实效性。另外,创新精神需要规则意识的保障。没有规则意识的创新犹如脱缰的野马,不知会把人类引向何方。学校的创新教育会因规则的介入而强化了创新品质的培养,从而保证了创新人格的健康发展,获得精神上的激励和支持。

创新规则教育的操作要点简要介绍如下。

一、规则意识的养成与创新精神的培育进行有效整合

要通过学校创新规则提倡创新,让学生明晰创新的意义。让学生

明白什么才是真正意义上的创新精神？学生应该懂得对规则的肆意破坏，不是创新，也要让学生摒弃时下不少人以"规则是死的，人是活的"规避规则，还以为是一种"创新"的"小聪明"。个人行为遭遇规则"黄线"的时候，还不是规范自己的行为，而是习惯去找关系"通融"，用金钱"摆平"，这样才算本事大，例如"我爸是李刚"就是典型的无视社会规则的事例。一个执掌规则的人，如果学会网开一面、下不为例、特事特办，法外施恩，才被认为"会处事""会做人"；而真正讲原则、守规矩的人，却被讥为死板、迂腐，没有开拓精神。这是对创新规则的亵渎！创新不能违背人类的生存和发展规则，我们必须将规则意识的养成与创新精神的培育进行有效整合。学校在开展规则教育时要保护学生的创新精神、创新能力的发展。

二、学校要确立鼓励学生创新的规则

这些创新规则是很丰富的，涉及学生创新教育的学校制度、学生评价中对创新成果的评价条文，鼓励学生参与创新活动的制度规则等。著名科学家杨振宁博士曾经说过："西南联大教会了我严谨，西方大学教会了我创新。"生动地说明了规则与创新的辩证统一关系，也表明了二者是有必要而且能够和谐相处的。一方面，规则意识需要创新精神的引领。规则意识之形成的前提是人的理性能力的提高，而另一方面人的理性能力的提高必须提高人的独立思维能力，需要获得独立思维的规则环境支持。

三、要建立维护创新精神的规则

创新是作为活动主体的人在新思想、新事物的引导下所从事的具有变革、进步和超越特征的活动。创新有三层含义，一是改变，二是更新，三是创造新的东西。创新是以新思维、新发明和新描述为特征的一种概念化过程。创新是博弈中的常数，常数是人的创新潜能的价值体现。但是创新必然存在障碍和阻挠，因此，学校需要建立一系列规则，保障学生创新精神的发展，确立鼓励探索求异精神，求是求实精神的创新规则，我们要建立促进学生创新能力发展的规则。这些工作包括教学活动中要建立明规则与潜规则支持学生的求异性思维、分散性思维、批判性思维、想象性思维等创新思维的发展。

四、要建立鼓励创新人格发展的规则

创新品质蕴含着求真的人格，因此创新规则必须保障学生"崇真、求真、至真”创新人格的发展。我们不仅要以探究课程、科技活动为载体,而且也要以艺体课程、课外活动为载体,确立培养学生创新人格的规则,例如在评价规则中允许学生探究项目的失败、开放实验室允许学生自主实验、鼓励学生对教师教学提出质疑发表自己的看法等规则。这些规则有利于培育善探索重发现的创新人格、自主自强自信的独立人格、敢想敢说敢为的正直人格的创新人格的规则。这些规则提倡突破传统、突破过去、突破封闭、突破自我、突破平淡的创新品格。

在校规、班规中确立鼓励求真的规则,我们创新规则有三个方面。崇真:追求真理、尊重规律;求真:明辨是非、爱憎分明、识别真伪、有错必纠、独立思考、慎独正心;致真:求真守义、言行一致、表里一致。我们更要把这些规则具体化,明确具体的行为表现,提倡应该怎样做,可以做什么,不能做什么。真话(言):敢说真话,敢于表达与坚持自己意见;实事求是,不说假话;言行一致,不说谎。真事(行):表里一致,不投机取巧,不作弊、不抄作业;诚实守信,不取不当获利;明辨是非,有错必改,去伪存真;尊重规则,遵守诺言与约定。真情(情感态度):对人真诚,不虚伪;爱憎分明,热爱真理。

五、创新规则要创新

整体而言,学校的创新教育是相当不足的。钱学森生前念念不忘的忧虑:“中国还没有一所大学能够按照培养科学技术发明创造人才的模式去办学,多是人云亦云、一般化的,没有自己独特的创新东西,受封建思想影响,一直是这个样子。我看,这是中国当前的一个很大问题。”因此,学校的创新制度、规则需要认真地建立与完善,需要不断创新,以适应创新教育的需要。同时,规则的制定与执行必须讲规则,要经过一定的程序,要遵守那种类似“改进必须经过法定程序”的要求。如果创新、变通没有了规则约束,则会放大操作者的“自由裁量权”,许多事情看似为了创新、变通,却会变味成能省则省、能减则减、能懒则懒的“率性而为”。

方法 28

融合创新法

当今体育教师的教育观、课程观、教学观、学生观等正在发生巨大变化,学生学习体育的积极性、主动性和创造性得到了充分发挥。体育课深受学生欢迎,但也常常会出现无序混乱的现象。因此培养学生的规则意识是实现体育教学效益提升的关键所在。在体育活动过程中,无论是学生还是教师,任何的关系都是具有一定的规则性的,体育活动都是有自己的规则的,所以在体育教学的过程中融合进规则教育就具有了一定的优势条件。

融合创新法是指在体育课中,制定一些规则适应体育教与学的需要,促进学生体育素质提高的同时,增强学生规则制定与遵循规则的能力的方法。体育课应该让学生品尝体育运动的乐趣,使学生在体育学习中懂体育、会体育、爱体育。这就需要教师在教学过程中不仅要注意学生的体能发展,更要重视学生的需要、情感、心理,关注学生通过体育发展良好的道德品质以及规则意识,让在体育活动中提高遵守规则的能力。

一、尝试规则创新吸引学生

在教学实践中,我发现大多数学生对"耐久跑"这项内容感到畏惧,缺乏坚强的意志去战胜困难。如何才能做到不需要教师过多的说服动员,学生发自内心地产生学习愿望,并自觉、积极地参与到活动中呢?有一次电视体育节目正在播放在云南举行的"国际七星越野比赛",比赛的方法就是以小团队为基础,共同完成不同形式跑的比赛,在最短时间内全部完成到达终点为胜。看了这个体育节目,我深受启发:运动员为了完成任务,必须相互合作,相互帮助,以强带弱,才能在最短的时间内完成任务。学校校园宽广,完全可以参照国际七星越野赛的方式来进行中长距离跑的练习。通过体育项目的规则创新让体育课堂充满活力,重视学生的主体地位,让学生合作活动。这不正是一次有意义的尝试机会吗?于是我多次在校园的各个角落转悠,找寻适合学生练习耐久跑的合理路线,并绘制了简单的校园平面图,确定了 10 个不同的点,要求学生按照图上规定的顺序完成 10 段距离的"寻宝比赛"。

本课教学内容"团队定向越野跑"采取单元教学形式,共四个课次。学生学习目标为:第一,通过团队定向越野跑,发展学生奔跑能力和体能;第二,以小团队为单位,通过识图、寻宝的合作过程完成 10 个点的路程,培养学生自主探究能力和团结合作精神;第三,积极参与体育活动,培养克服困难的坚强意志,体验成功的乐趣。

二、规则新定跃跃欲试

怎样才能让学生自觉、积极地参与比赛呢？关键是要找到学生的兴奋点。要找到学生的兴奋点就要从学生感兴趣的方面出发，以此激励他们去自觉、积极地参与。运动兴趣是坚持锻炼的前提。孩子是天真活泼的，他们需要的是成功的乐趣。在设计教学中，我发现了学生的兴奋点，这就是成功的刺激，而这个成功的体现方式是孩子们从没见过的、非常新奇的。

上课了，我大声地告诉孩子们：有人在校园内的10个地方藏了10种宝物，并有十个同学分别守护在旁边。这时，我故意停下来观察学生的反应。“哇……”大声惊呼后就是短暂的寂静，而后马上就是叽叽喳喳的询问声：“老师，是什么宝物？”“老师，宝物在什么地方？”看见学生的兴趣来了，我用我的手势让学生停下来，学生马上安静下来，都瞪大了眼睛看着我，急切地想知道答案。“宝物在10个地方，这10个地点就绘制在我手里的几张藏宝图上，如果你们想找到这10个地方，唯一的办法就是通过位置图。”“给我们看看行吗？”“好，每个小组一张，现在你们可以一起研究研究。”于是我发给了八个小组各一张图（图上的标号顺序各不相同）。孩子们拿到了图，兴奋极了，马上把图铺在地上，蹲的蹲、跪的跪、趴的趴，都聚精会神地找寻图上的目标，并认真地讨论着。看着孩子们可爱的样子，我心里乐开了花。我预计孩子们大体看懂了图，就大声地问：“想不想知道怎样才能看懂图，找到宝物？”孩子们又安静下来，都期待我告诉他们。我这时却不急，反而给他们讲起故事来：“在20世纪90年代，我国组织了四个人到巴西去参加一次国际越野比赛，这种比赛是以团队形式进行的，只给了运动员一张当地的路线图，要求他们按照图上的标识去完成小组越野比赛。你们想知道在三十几支队伍中他们最后获得了第几名吗？”同学们都争先恐后地回答：“当然是第一名啦。”我笑着告诉他们：“我国的运动员最后只获得了最后一名。”“啊！”学生们都瞪大了眼睛，因为这个答案完全出乎他们的意料。

三、体验新规则找到答案

“为什么？”“那你们来分析一下我国的运动员为什么只获得了这种名次？”同学们三三两两地激烈讨论起来。孩子们是聪明的，有说是因为运动员不熟悉地形，有的说一定是他们不团结，有的说一定是他们跑得太慢了……看着孩子们完全进入了情境，我告诉他们：“你们今天就来体验一下这种比赛，用手中的图去完成寻宝任务，等你们最后回到这儿的时候就能知道答案了，好吗？”孩子们可兴奋了，都跃跃欲试。我告诉了他们比赛规则：“以现在的小组为单位，看懂手中的图，按上面的顺序去寻宝，每到一个地方，那儿有一名守宝的同学会在你们小组每人的手臂上盖上一个图章，盖章的顺序必须完全按照你们小组图上的顺序，找完10个点并完全返回的，就算成功。”“哇，在手臂上盖章……”孩子们可兴奋了，因为他们怎么也想不到还有这么新奇的玩法。而点上盖章的学生早已到指定的地方藏好了。“老师还给你们加一条比赛的规则，就是每到一个点时必须是小组全部同时到达，才能在手臂上盖章。”这一条规则是此次比赛最重要的，这就需要小组成员团结帮助，以强扶弱，而教师并不需要像进行思想工作一样对学生进行团结合作教育。“你们每个小组都有跑得不快的同学，为了做到规则规定的这一点，你们想想该怎么办？”小组的同学马上又讨论起来，那场景热闹极了。一声令响，比赛开始，各个小组开始拿着图在校园里寻宝了。这时候，教师的任务只是到各个点观察一下，在路途中给他们鼓励。说实话，设计这堂课时只是为了让学生在进行中长距离跑时以兴趣来减轻疲劳，我真的没想到，课堂中的一幕幕让我很受感动。有一个小组的一名同学不小心摔倒了，为了小组的利益，他翻身爬起，坚持比赛，小组的同学也非常关心他，扶着他参加完比赛；有一个小组从一开始就手牵手跑，为的就是在到达终点时是同时到达的；还有些小组是跑得快的牵着跑得慢的同学跑……团结合作的精神在这儿得到了充分体现，孩子们的态度、情感在这儿得到表现。10个点构成的约1 500米距离对五年级的孩子来说还是有点儿长，我还担心孩子们不能坚持下来。但我的担心真的是多余的，他们每找到一个点、每盖一个章在手臂上时那高兴劲就别提了，完全把累抛在了一边，下一个目标又是对他们最大的诱惑。二十分钟左右，一个个小组陆续回到了出发点，我一一和孩子们击掌相庆，而孩子们都争相把衣袖挽得高高的，炫耀似的露出手臂上的各种不同的图案章。这份成功的快乐是他们用团结、智慧、汗水换来的。我乘机问他们：“我国运动员为什么取得了最后一名，你们找到答案了吗？”“我知道！”“我找到答案了！”孩子七嘴八舌地抢着回答，兴奋劲还久久留在他们的脸上……孩子们通过亲身的体验，已经明白了团队越野跑要成功的最关键是团队的合作和团结。

四、规则教育融于体育活动

体育教育作为学校教育的一个重要组成部分，它对人的培养就是通过一定规则之下的身体练习来达成的。在这里体育规则是广义上的规则，它贯穿于体育课始终，从体育课堂常规到基本动作的学习规则，再到体育游戏和运动项目的比赛规则等，涉及体育课的方方面面。学生正是在这一系列的规则下顺利开展体育活动。

体育规则明确了体育技能动作和道德行为的规范化要求，也明确规定了合理行为和犯规行为的界线以及犯规后学生应承担的后果，无论学生是故意还是无知，一旦触犯，就会受到规则的约束。

在体育活动体验中感知游戏规则的必要性。提升规则意识的首要前提在于让学生能够深入全面地了解规则。学生在体育课堂的学习训练中能够初步感知规则的必要性，并且唤醒其内在的自觉，学生的规则意识才能在其内心意识中得到充分认可。在教学“耐久跑”的过程中，教师设计了“寻宝活动”，在开始之初教师并没有言明游戏规则，很快学生便出现了不知所措。于是教师启发学生如何有序有效“寻宝”，与学生共同思考为什么会“得第一名”。当学生洞悉出规则的必要性时，教师顺水推舟将规则抛出，从而让学生深切体悟到公平的规则对于个人而言不仅是制约和约束，更是公正和愉悦。

运用融合创新法时，要注意以下三点。

1. 创新活动规则，让学生边活动边遵循规则，从而将体育学习内容与规则教育巧妙融合，促进了学生规则的遵守。体育活动中满足学生诉求，在参与中创新规则，我们把耐久跑与寻宝游戏相结合。

2. 创新体育活动规则，更新活动形式，激发参与热情体育活动。这样避免了规则再鲜明，时间久了也会出现松动。教师可以在教学中对各种有趣体育活动进行适当的改变，从而保证了学生体育活动的连续性和位次序列，确保相关规则升华与拓展。

3. 创新规则时需要教师更多考虑学生真实的需要，才能让规则为学生接受和认同。苏霍姆林斯说过：“想要儿童的内心与教师的要求发出共鸣，就需要调整好孩子内心的音调。”因此，在体育活动中的规则以学生的主观需求考量进行规则制定。由学生自主确定游戏规则是课程改革自主合作探究学习方式的体现，也是尊重生命个体、凸显个性价值的集中反映。这也促使学生必须遵守自身制定的规则,从而使得规则诞生于学生真实的内心需要。

（毛志杰）

方法 29

自主探究法

从普遍意义上来讲,大众所共同认定的规则一般指的是一种符合正当行为方式标准的规范,是全社会都需要共同遵守的前提性行为要求。而数学作为社会学术领域中的一小部分,其中包含着大量的基础性公理、法则等,这些规律性的理论知识都是人们通过长期的历史实践总结出来的具有社会历史性的客观真理,也是具体检验相关数学性质的现实问题是否处理得当的重要参考。在分别了解数学和规则各自定义和具体内涵的基础上,我们就可以对两者的关系进行有效的考查。要培养学生的规则意识,就要注重提高学生数学学习的效率。在全面实施课程改革推进素质教育的今天,运用自主探究法,就显得十分迫切与必要了。教师的任务是引导和帮助学生去进行这种探究,而不是把现成的知识灌输给学生。

自主探究法是指在数学教与学的过程中,制定与实施自主探究的一些规则,促进学生学习的创新精神与能力的方法。

荷兰数学家弗赖登塔尔说过:"学习数学的唯一正确方法是实行再创造,也就是有学生把本人要学习的东西自己去发现或创造出来。"二年级学生年龄小,好动、爱玩、好奇心强,在三十五分钟的学习活动中容易疲劳,注意力容易分散。运用自主探究法,激发学生学习兴趣,让学生成为学习的主人。例如,在教学沪教版数学二年级下册《角》时,先让学生自主探究将各种角进行分类,教师引导将角分成直角、比直角大的角和比直角小的角这三类,再将其取名为钝角和锐角。随后学生通过操作活动角逐步感悟角的大小与两边张开的程度有关,利用小丁丁和小巧摆出的两个活动角情境探究角的大小与边的长短无关。创设合作探究氛围,树立合作意识,丰富学习经历,引导学生在分类操作、观察比较、自学等活动中,初步建立锐角和钝角概念,发展空间观念。利用学生的直观体验开展学生活动,学生通过操作活动角,知道角的大小与两边张开的程度有关。通过比两个角的大小,引发学生思考。借助多媒体直观演示,进一步验证这一结论,进而突破本节课的教学难点。

本方法操作时要注意以下几点。

1. 运用自主探究法要注意制定一些规则,促进学生学习时联系生活经验和活动经验,引导学生主动参与、经历知识的形成和探究过程。注重为学生创设自主探索的空间,学生通过多种活动过程,在多种感官协调参与下认识角。

2. 制定鼓励学生主动探究的规则。儿童往往是在操作中进行思考的,学生亲身经历了知识发生发展的过程,认识和掌握了探索知识的方法和途径,使学生在操作活动中尽情展现自己的才能,增强实践探究的欲望,培养了学习数学的兴趣,从而有助于促进学生主动探索,变“学会”为“会学”,能够有效地提高学生灵活运用规则的意识。

只有让学生在小学阶段形成严格的规则意识,学生在日后的数学学习中才能步步为营、降低失误,于规则的基础上发现新的问题,激发创造力。

（杨丽晓）

第六节　担当规则教育方法群

担当是中华民族的优良传统,大禹“三过家门而不入”是担当;诸葛亮“鞠躬尽瘁,死而后已”是担当;范仲淹“先天下之忧而忧,后天下之乐而乐”是担当;林则徐“苟利国家生死以,岂因祸福避趋之”是担当;汶川地震中谭老师在教学楼坍塌之际,用自己的生命作支撑护住学生也是担当! 从范仲淹的“先天下之忧而忧,后天下之乐而乐”,到顾炎武的“天下兴亡,匹夫有责”,等等,古人先贤的嘉言懿行,都生动诠释了中华民族敢于责任担当的内在禀赋。

在今天,责任与担当更显得尤为重要,因为这是中国继续前行的必然要求和内在动力。担当是一个汉语词汇,基本意思是指承担;担负任务、责任等。从本质上讲担当就是承担责任,即责任感。担当既要求为自己承担责任,又要为他人承担义务责任、为自己承担的工作任务承担责任,为社会福祉承担责任。担当还指没有做好自己工作,而应承担的不利后果或强制的义务。

人只有有了责任感,有了担当,才能具有驱动自己一生都勇往直前的不竭动力,才能感到许许多多有意义的事需要自己去做,才能感受到自我存在的价值和意义,才能真正得到人们的信赖和尊重。列夫·托尔斯泰说:"一个人若是没有热情,他将一事无成,而热情的基点正是责任心。"责任就是尽职尽责,勇于担当。一个学生学习与工作做得好坏,最关键的一点就在于有没有责任感,是否认真履行了自己的责任。责任可以使学生坚强,责任可以发挥学生的潜能。责任承载着能力,一个充满责任感的人,才有机会充分展现自己的能力。担当是一种态度,也是责任感,是一种接受,也是一种行动。因此要以担当规则来支持学生履行担当责任,厘清遵循担当责任边界的规则,使每一项任务与岗位有人担当,使人人在生活中有担当。

担当规则教育的操作要点简要介绍如下。

一、要通过规则让学生明确担当与责任

在担当规则教育中,首先要让学生明确担当与责任的关系,不仅要让学生明白与体验在承担与完成任务中要承担责任,尽到应该尽的责任,同时要让学生对担当要承担责任的后果。这是学生认识不足的地方,也是成年人常常要逃避承担责任的后果。因此,在学校各项活动中,要通过制定规则,支持学生承担工作、承担任务,促进学生做人做事能力,并从中体验担当责任,更重要的让学生学习承担责任后果,例如,班长文体委员要承担运动会失利的责任,必要时应该向全班同学道歉,甚至辞职。因此在学生活动与任务中要重视确立责任规则,制定参与活动与任务的具体规则,并以此评判学生的责任表现,并对担当表现好的学生进行激励。

二、要重视担当过程中的规则的支持

承担工作任务并对其负责,将责任付诸实践,即是担当的过程。在面对责任时,我们必须要有敢于承担责任的态度,勇于担当的信心和勇气,才能在各种角色中负起责任,才能更多、更大、更好地担当。要通过一定的规则,鼓励学生采取积极主动的态度对待每一件事,而不是让学生消极被动地接受任务,并且用"解决问题,对结果负责"的态度来工作。只有时刻将责任感和担当牢记心中,我们的工作才更有效率、更容易成功。不为失败找借口,只为成功寻方法,我们不但对工作过程负责,也要对结果负责,而绝不为过错表现寻找借口。负责任的人,愿意接受别人的考验和审查,喜欢承担以结果为导向的任务,并乐于承担责任,才能一步步走向成功。

三、确立必要规则鼓励学生有失败的担当

担当规则要责权利分明,规则要授权任务承担着的职权与责任,同时承担与之相应的责权后果。通过规则让学生明确承受失败也是一种担当。在学校中常有学生中缺乏失败的担当,或者回避责任,甚至说假话逃避责任。因此,规则教育中必须依据有关规则,帮助学生承担失败责任,并帮助学生认识担当失败要善于转化,失败并不可怕,可怕的是遇到失败时不知所措,一蹶不振。担当规则让学生善待失败、正视失败。同时,我们一定要教育学生不仅要当官,更要有责任后果意识。

四、在任务担当中确立任务规则

担当规则教育不能是灌输式,而应该让学生承担任务,并在任务中承担责任,分配班级任务,强化担当意识,同时与此相应的要引导学生共同制定相关任务的规则。这样让规则规范学生完成任务,并在执行任务过程中制定与遵循规则。离开了任务,也就不存在担当与责任问题,也只能在任务过程中开展担当规则教育。例如,我们可以结合班级打扫卫生安排、收作业小组、课代表等安排将担当意识落实到细节深处,将规则培养融入这些任务完成中的体验和践行。

五、担当规则执行中要责罚相当

我们制定担当规则时要注意责罚相当,也就是责任越大应该承担的处罚越大,这样的工作才能维护群体的利益,从而防止滥权或者不作为。现在有些家长非常要让自己的孩子当干部,但是缺乏对孩子承担责任的教育,结果纵容了孩子的名利虚荣,而毫无担当责任。因此,我们在开展担当规则教育时,责任与处罚相当,不能逃避责任。同时教师要引导学生制定责任担当处罚减轻规则,这有利于学生既遵守担当规则承担相应处罚,同时也要有适切的宽容,对非主观原因,或者年龄身心限制等原因,并且主动承认责任并有真心歉意,可以按照规则适当减轻处罚。但是不能随教师要怎样处罚就处罚这是不可取的。

方法 30

自我体验法

【导言】

自我体验法是学生在承担任务、参加活动中,利用自己个体行为对担当规则进行直接感受,并进而增强规则品质的一种方法。让学生掌握规则的方法很多,这里的自我参与体验法就是让学生通过自己参与各类老师安排的任务,在参与的过程中理解、接受弈棋规则“摸子动子,落子无悔”。

在本校特色体育项目象棋互动中,我抓住“摸子动子,落子无悔”这条象棋规则,培养学生对自己的选择与决定负责的规则意识。让学生掌握规则的方法有很多,这里的自我参与体验法就是学生通过参与各类老师安排的任务,在参与象棋活动的过程中,学生通过弈棋活动对自己做出的决定、选择担当负责。在象棋活动中,让学生自己感受、理解、接受弈棋规则“摸子动子,落子无悔”。

“摸子动子,落子无悔”是弈棋中的一条重要规则,此规则出自南宋的《名贤集》。原文是:“观棋不语真君子,落子无悔大丈夫。”意思是说,棋子一旦落下后就不能另走别子,也不能将该子另走别处,就不许反悔。通过下象棋,让学生要养成谨慎行事的习惯,周密策划,不任性而为,不轻率行动,不盲目蛮干。其次,通过学生的下棋学习过程,培养敢于担当、敢于负责的精神。

【案例呈现】

象棋课上,我给孩子们上好了“马”的着法,学生也听得津津有味,让刚接任象棋教练的我得意之时,接下来开始让学生进行实战练习,可没过一会儿,“老师,他又在赖皮啦,他的车被我吃掉了,他不肯”,“老师,他一会儿走这个马,一会儿又换走卒了”,听到这里,我的得意劲一下子全没啦,这时又传来了一个女孩的哭声,原来她的炮被对方吃了,想悔棋,可对方就是不同意。教室里一下子有点乱哄哄的,我的脑海顿时有点爆了的感觉。“怎么办? 怎么办?”“摸子动子,落子无悔”可是弈棋中的一条重要规则,孩子们的好胜心强,要让刚接触象棋的小朋友就要遵守这样的规则,可有很大的难度呀! 可是也只有遵守了这样的规则,棋艺才会进步,也只有灌输这样的规则意识,才能让孩子从小养成谨慎行事的习惯,诚信守信的品质。课堂上给孩子们匆匆教育了一番,虽然课堂平静了下来,可让他们心服口服,这可没那么简单吧。我苦苦思索着,无论如何,也要让“摸子动子,落子无悔”这一规则在象棋的教学中不折不扣地贯彻落实。

第一步,认同理解规则。第二次上课,我开展了一场下棋规则的大讨论,把学生们分成四个小组,小组讨论话题:“摸子动子,落子无悔”是不是应该大家遵守的。接下来每个小组说说小组的讨论意见,最后大家都觉得应该遵守这样的规则,不遵守的话,下棋更无序。如果不遵守,思考更草率。小组讨论很激烈,都能够从不同的角度说出了这一规则的好处。讨论结束,我让孩子们进行了一次象棋实战,尽管还有几个同学出现了悔棋等现象,不过比起上次的情况明显有了好转。

第二步,制定张贴规则。下午的象棋兴趣课上,我让学生们开始布置象棋室,一听说布置教室,学生们兴趣可高啦,我提出了要求,在墙壁上布置的各种卡通形象上写上“摸子动子,落子无悔”的字样,当然还有其他的象棋规则也可以布置在上面。

第三步,收集规则故事。老师讲解“落子无悔”古代故事的来源。告诉学生就是你所走的,所选择的每条路就像下棋一样,每步对你以后的命运都有决定性作用。三思而行,决定了就不能后悔,俗话说得好:“一失足成千古恨”,这就体现了你走每步棋的重要性,所以做任何事都要三思而后行,既然选择了、做了,不管成败与否,都不要后悔。让学生找找中国象棋中“落子无悔”的名人小故事,然后进行班级交流,来感受这样的规则带来的好处。

通过一系列的学生自我参与、自我体验的活动过程,学生对下棋中的“摸子动子,落子无悔”这一规则有了深刻的认识,在实战中,也较少出现悔棋、摸子不走子的现象,学生的棋艺在较短的时间内有了飞跃的提高,在不久结束的金山区阳光大联赛的中国象棋比赛中,成绩出色,包揽了男女团体、男子个人、女子个人的冠军的好成绩。

【案例分析】

象棋育人,增强规则意识是小学阶段培养学生良好行为习惯的重要时刻,而对于这一阶段的学生来说,心中很难形成一个规则意识。让学生在象棋的世界里博弈,恰好能规范学生的行为习惯,影响他们的一言一行。首先是修炼品性,让好动、烦躁不安的学生通过下棋中的规则

“摸子动子，落子无悔”学会“平心静气”。其次，让其心中有规则意识，知道什么事情该做，什么事情不该做，学生学会三思而后行，不再莽撞行事。

规则文化的形成从尊重学生开始，“自”定规则开始。教师在尊重学生的基础上，让学生充分参与班级的集体活动，在活动中让学生自主制定活动规则，这样学生们的积极性能得以更好的调动。由于是自己制定的规则，他们能更自觉地遵守，从而逐步培养起遵守规则的意识。

从认同理解规则到制定张贴规则再到收集规则故事，简单的三步，通过学生的个体参与，自我体验，不仅仅对规则有了深刻的认识，还提高了棋艺，让孩子懂得了一个人必须遵守棋规，无论是比赛、学习还是未来进入社会工作、为人，都得规规矩矩，有条不紊，钻空子、投机取巧是行不通的。

【操作要点】

1. 在弈棋活动中自始至终必须坚持“摸子动子，落子无悔”的规则不动摇，不管输赢，不管对本方是否有利，要给学生树立铁面无私的榜样。

2. 关注对规则意识比较弱的学生群体，特别是求胜心切的学生容易犯规，要悔棋，这是坚决禁止的。

3. 每一次活动结束时，对孩子遵循“摸子动子，落子无悔”的规则参与表现进行评价与反思，以表扬为主，也要让学生自我评价。

（张国新）

方法 31

关注全体法

四年级的孩子在一定程度上学习习惯和生活习惯已经定型，想要改正是非常困难的，但为了提高他们的学习成绩，改善他们的学习品质，就是再难，我也要做！于是，我给自己定下了一个目标，那就是——一个都不能少！所谓的“一个都不能少”既是指每个学生都要上交作业、完成作业要求，也是指全班都要完成规定的必修作业，如计算本、练习册、小练习以及一些其他的作业。那么，怎样才能做到一个都不少呢？交齐作业，这是每个学生都应该做到的事情，我的这个口号在许多老师看来是十分简单和可笑的，但事实却是……

我运用的方法就是关注全体法，并取得良好的教育效果。关注全体法是指在教育过程中关注群体学生遵守规则的责任意识，从而培养学生担当起个体所承担工作或者任务的方法。

人人尽责任

我们学校是一所外来务工子女占多数的学校，本地生源中但凡有点资本、父母有点能力的学生都已经想方设法去往城区就读，留在我们学校的学生绝大多数都是父母忙于生计、学习生活委托给爷爷奶奶的孩子们，这也导致了这些孩子的生活习惯欠佳、学习不自觉的缺点。四(1)班中就有几个这样的孩子，据上一任数学教师沈老师反映，有的学生不做回家作业，每天只是等待老师利用休息时间辅导，如果老师没有时间辅导就自顾自地玩，不主动做作业，学习态度不端正等等。

2016 学年第二学期期初，产假归来的我得知自己将要接受新班级——四(1)班数学学科教学。按照我往常的习惯，在接受新班级之前，我总会向上一任教师了解班级情况，在交班之前，沈老师特别语重心长地跟我说："四(1)班总体虽然没有极差生，但这个班级作业上交和订正特别慢，如果老师不进班级，他们是很少主动上交作业的。"这样的情况是我始料不及的，因为在我的认知范围内，四(1)班的学风还是挺不错的，班级里有许多漂亮可爱的小姑娘，学校、年级组的各项活动，四(1)班的参与程度都很高，但凡有什么公开课或是活动都有他们的身影。难道是有个别同学带坏了班级学风？开学报到之初，我也耳闻了一些他们班级的事迹，有个别学生一个学期难得上交作业、回家作业不做、订正作业拖拖拉拉……这怎么行？要知道，每天的作业和小练习既是老师了解学生学习情况的反馈途径，更是学生巩固学习内容的方式，在我手里，所有应该上交的作业，一个都不能少！

规矩定在前

四年级的学生已经有了基本判断是非、衡量对错的能力，所以，立规则、知规则、守规则显得格外重要。所谓"丑话说前头"，在开学第一天，我就将"一个都不能少"的精神下达，并且将什么叫作"一个都不能少"以及做不到"一个都不能少"的后果说在前，也让每一个孩子将这个精神告知自己的家长，让每一个学生知道新老师的教学风格，明确自己作为学生的责任和应该完成的任务，让每一名家长知道督促孩子完成回家作业是作为家长的一份责任。

作业早布置。四(1)班的学生完成作业速度没有其他班级速度快，这是我一直谨记的一条信息，所以，每一天，我都会在上午上好课之后，将每天的课堂作业和回家作业都布置清楚，让每一个学生明确什么作业是必须在学校完成才能回家，什么作业是必须在家里完成。其目的就是让有能力的学生可以在完成课堂作业之后提前完成回家作业，为语文和英语学科留出更多的回家作业时间，也让作业完成速度较慢的学生提前获得信息，以便调整自己的作业速度。

钉子逐击破

四年级的孩子身心发育已经比较完全，但也是心理成长的关键期，多少还带点叛逆心理，总有那么几个孩子喜欢挑战老师，认为老师有的时候就是在夸大其词。老师也有自己的家庭，也有自己的事情，不可能随时盯着他们学习，所以他们就想要钻空子，认为"我就不写作业，你能拿我怎么着"？给老师出难题。对于这样的学生，刚开始，我的做法是截止到下午第三节课之前只是善意提醒，等到下午第三节课下课打扫卫生期间再去盯着他们写作业，而且明确说明如果不做完作业放学后就要留下来补作业，什么时候补完什么时候走。这是第一招，曰"有因才有果"。等到放学的时候，当其他同学都在排队等候回家，没有完成作业的学生继续留在班级补作业时，再让该名学生回忆自己一天的行为，先反思自我，后补作业，这是第二招，曰"自己种的因再苦的果都得自己咽"。一般情况下，不需要老师多说，四年级的孩子多少会觉得不好意思，毕竟作业还是要自己做。这样做的还有一个好处白天我可以有充分的时间忙碌学校工作，开展各项活动。

当然，四(1)班的作业"钉子户"还是比较多的，如果全部留到放学时间拉差补缺也比较辛苦，效率较低，所以如果白天我没有其他工作需要忙碌时，我会提前利用自己的休息时间或者课余时间，将"钉子户"逐个请到办公室，挨个辅导，既是对学生的个别辅导，也能培养他们当日事当日毕的好习惯。

"一个都不能少"的持久战

我想，所有当过老师的都知道，方法再多也不能一成不变，再说天天放学这样熬，学生还没培养好，老师就先累垮了，所以，在抓作业方面，我采取的是"游击战"与"持久战"相结合的方式。将"一个都不能少”的精神论持久战，但放学留下来补作业的方式是采取“游击战”，有时对学生采取信任态度，相信他能在家将作业补完第二天带来，但有时还要冷不丁地留个一次两次，让学生抓不住老师的规律，时间久了，也就自然而然养成了习惯。

教学四(1)班一个多月的时间里，我明显感觉到四(1)班对于数学学习态度端正了一些，也正因为在作业上实行“一个都不能少”精神，以“钉子逐击破”的方法，让那些规则意识薄弱的学生无可趁之机，也渐渐有了完成作业的担当意识，我想这样的方式方法多少还是有些用处的吧。

（何　婷）

方法 32

角色扮演法

【导言】

规则教育中角色扮演法既是要求学生扮演一个特定的任务、岗位角色来体验对角色的规则要求，并对做出合理的担当行为的结果获得感悟，提高遵循担当规则能力的方法。

在学校教育中，培养学生的担当意识也是教师的一项重要工作。一个有担当意识的人一定会努力、认真工作，听从安排，不会中途放弃，能主动处理好分内与分外的事。小学生，受家庭环境和心理因素等影响，其担当意识比较薄弱。而他们是国家的希望与未来，培养学生的主人翁意识、担当意识，形成担当规则是我们教师义不容辞的责任。让学生认为通过角色扮演法，体会和了解担当规则，会事半功倍。

【案例呈现】

第一次关注小云是在学校运动会上，那天，她一枝独秀，以风一样的速度，为班级争得了荣誉，得到了班级同学的一致称赞。这一切，打破了我对她的固有的印象，当时我就在想之前怎么没多关注下这个女孩，这样爱运动、有集体荣誉感的女孩怎么会是一个内向、不爱交流的“学困生”呢？

五年级，有幸成为了这个班级的班主任。我就想着要改变这个女孩，该怎么做呢？正巧班级要竞选班干部了，这个孩子体育方面表现出色，我就想到可以尝试让这个女孩子担任班级的体育委员，通过角色担当，提高她的自信心，同时也培养她的责任感。于是，我就对其他学生们说：“同学们，我们选班干部要考虑多方面的情况，并不是这个学生成绩好他就能成为班干部，我们还要考虑她的特长、爱好。比如一个同学她体育成绩好，而语数英成绩不是最好，那老师觉得她也可以胜任体育委员，你们说对吗？”学生们不约而同地点头。毫无疑问，在这次班干部竞选中，小姑娘顺利当选为体育委员，当选的那一刻，她显得异常兴奋。

开学第一期的小雏鹰广播由我们班级主持，刚开学工作很多，时间也很紧，小雏鹰广播的主持人选谁呢？这个问题困扰了我好久。这时我的脑海里又想到了小姑娘在运动会上的表现，对！就是她了！写好主持稿后，我请她到办公室练习广播稿。可能是刚拿到稿子，她对内容不熟悉的缘故，她的表现并不是很好，很多句子还不会断句，感情也不是很丰富。我并没有批评她，我让她搬个凳子坐到我旁边，和她一起拿着笔一句一句地朗读，并画下断句符号，小姑娘学得很认真、悟性也很高，半个小时以后她已经读得很不错了。经过几天的努力，她已经能非常自信地朗读了，我真替她感到高兴。开学第一期的小雏鹰广播在她的精彩主持下顺利完成。经过小雏鹰广播、升旗仪式的锻炼，她在台上已经能表现得落落大方，也变得越来越自信了，同学们对她也转变了看法，称她是我们班的“王牌主持人”。

大队部要竞选大队长了，由于小云同学在主持小雏鹰广播、升旗仪式及她在体育方面的精彩表现，同学们一致推选她代表班级竞选大队长，我真替她开心。大队长竞选除了要演讲才艺展示也是非常重要的。我问小姑娘想展示什么，她很不好意思地对我说：“我也不知道。”从她的话语中我看出了她的无奈，此时的她经过体育委员和小雏鹰广播主持人的锻炼已经越来越自信了，但是她回答我不知道的时候，我又一次从她的眼神中看到了一丝缺乏自信的表现。其实她的无奈是因为由于家庭条件的原因，她没有在外报任何的兴趣班，所以在她的认识中，自己没有什么拿得出手的特长。“没关系，老师和你一起想。”我给了她一个鼓励的微笑。“你是哈尼族的女孩，你们哈尼族有什么特色的歌曲吗？”“老师，那我回去问问我妈妈吧。”“好的。”第二天，她跑过来跟我说：“老师，妈妈教了我一首，可是太难了我学不会怎么办？”我一想到小姑娘从小生活在上海，在学校说的又是普通话，没有语言环境，这对她而言确实太难了。“那我们换首歌吧，就我们前几天班会课上学的这首《努力》如何？这个寓意又好，也适合小学生唱，而且你已经会唱了，再请陈老师帮你指导一下，老师相信你到时一定能表现得很好！”“嗯，好的。”小姑娘开心地点点头。于是，她课后主动找陈老师帮她指导，在陈老师的帮助下，她成功地在全校师生面前展示了她的风采。

竞选那天到了，大队部邀请了我们班主任现场观摩，我担心我在现场让她有压力，就忍住没去。两节课后，班级的小代表回来了，他们兴奋地告诉我：“老师，小云选上啦！”“真的？”那一刻我开心了，心中那份激动，难以言表，但真的比我自己选上了还高兴。

担任了大队长后，小女孩更有担当啦。一天早上，我刚踏入教室前面的长廊就感到奇怪，以往我们班的孩子早上老师没在教室的时候总是乱哄哄的，今天怎么特别安静。走到门口，才发现是小云在像模像样地管理班级，她让同学们拿出英语书跟着她读单词。不仅如此，眼保健操、室内操，只要老师还没到教室，她就担负起自己的小干部作用；班级有任何事情，她比其他同学更着急。班级的同学在她的管理下，也在一点点进步。最让我感到欣慰的是她的成绩也在不断进步，课上她听得更认真了，作业字迹也比以前端正了，她的点滴进步也得到了其他老师的表扬和认可。在毕业考试中，她语数英三门功课的成绩已经在班级前列。在家，她还能帮助父母教育读二年级的弟弟。一年的时间，她的转变让家长、老师、同学称赞。

【案例分析】

小云，她是一个外来务工子女的孩子，家里的学习环境不是很好，父母几乎不关心她的学习，甚至还要求她这个姐姐要监督弟弟的功课。可能是由于父母重男轻女的思想，导致她有些内向；也由于种种原因造成了她学习上暂时性的落后。但有集体荣誉感又爱运动的孩子，虽然内容但是她的内心是非常阳光的，可塑性是非常强的。于是，我充分挖掘了她的优点，从培养她担任班级体育委员开始到小雏鹰广播再到竞选大队委员；让她通过角色的一步步转换，变得越来越有自信、越来越出色，从而让她有一种担当意识。

在培养小云的过程中，作为教师我也认识到，其实，老师只是给孩子搭建了一个平台，在这个成长的过程中学生自己努力与否是非常关键的。班级也是一个小社会，学生在角色扮演的过程中如何处理好在这个小社会中的关系也是非常重要的。很欣慰,小云是个既努力又懂事的孩子。

虽然小云只是我班级中众多学生之一,但是她的成长,让那些稍微有些落后的孩子意识到,他们也能跟小云一样有质的蜕变,所以无论学习还是生活中都更努力了。而班级在小云的管理和带领下凝聚力也更强了。所以培训小云的案例在无形中也让我班级的孩子形成了一种担当规则。

【操作要点】

1. 寻找学生的优点,并让其他学生了解他的优点,无形中帮助他在学生中树立威信。

2. 找到学生的最近发展区,寻找合适的机会为他搭建平台,让他扮演合适的角色,培养担当意识。

3. 在过程中为他提供各种帮助,多肯定他的进步。

4. 第一个角色扮演成功后,为他创造更多的机会,让他飞得更远,形成担当规则。

5. 鼓励孩子回家多与父母说说他的学校里的事,让父母了解孩子的成长,老师也及时与家长沟通。

(姚雪莉)

方法 33

启发正视法

启发正视法是指当学生背离一定规则时引导学生认识到违背规则,达到学生正视自己的违规,并积极改正的方法。教师在教学过程中,有目的地引入或创设具有一定情绪色彩的、以形象为主体的生动具体的场景,以引起学生一定的态度体验与感知自己偏离规则,从而帮助学生有所感悟,并认真通过实际行动改正。启发正视法的关键是学生对偏离规则性为目的的正视。

一、故事

那是三年级的一个早晨,我如往常一样在办公室批作业。突然,班级中的两个孩子急匆匆地跑来找我:"张老师不好了,叶道锦哭了!"我的心立马一沉,那是个沟通有些障碍、相对独特的孩子,却绝不会无缘无故地哭泣。于是我立马随他们一起到教室，果然看到小叶同学趴在桌子上，四周围着很多同学，哭得正伤心。

我忙问道："发生了什么事？"大家有的摇摇头，只是看到他在哭。有的说是因为一本书，但也说不清楚。于是，我走到他身边，拍拍他的肩膀，轻声问道："发生什么事啦？"他红着一双兔子似的眼睛抬头看我，然后抓住我的手，把我拉到了妍妍(一个开朗好动的女生)的座位前，小手指指着妍妍同学大声说："她偷了我的书！""我没有！"妍妍大声反驳。"这书是我的！"小叶指着妍妍抽屉里的一本书，又一次大声说道。"是我的，你骗人。"妍妍眼眶也悄悄红了。"能把书拿给张老师看看吗？"我微笑着对妍妍说。她犹豫了一下，终于把书拿给了我。那是一本童话书，可惜封面被撕了。"你们都说这书是你们的，那你们写名字了吗？""我的、我的！"小叶嘀咕着。"我写在封面上，可是被撕掉了。"妍妍也轻声地说着。"张老师，"这时妍妍的同桌站了起来，"这书是妍妍的，我前几天就看到她在看了。""对对对，我也看到的！"同学们纷纷说道。

"可是小叶也有这本书，"小叶的前座也凑了过来，"我早上看到他拿出来的。"这下事情就麻烦了，一本被撕了封面没有署名的故事书，两人都说是自己的，也都有人看到，瞬间陷入了一个僵局。

于是，我对全班同学说道："这件事张老师一定会好好处理的，但我希望大家也能配合我，先找找教室里是不是有被拿错的这本故事书？"我又笑着对妍妍和小叶说道，"这本故事书这么受你们喜欢，张老师也想看看，能不能先借给我啊？第三节语文课，我保证还给你们！可以吗？"小叶点点头，妍妍有些犹豫但还是同意了！

拿着这本故事书，回到办公室坐下的这一刻，心里很不是滋味！班级中丢铅笔、橡皮的事情也时有发生，怎么样才能杜绝这种事情的发生呢？！看着手里的故事书，被撕的封面仿佛是一个隐藏真相的黑洞，眼前又浮现了小叶那双红彤彤的眼睛，妍妍那张倔强又带着些许犹豫的脸，怎样才能顺利地解决这件事情，又不会伤害到两个孩子呢？小叶是个独特的孩子，但我相信他是不会撒谎的。而妍妍平时也是个活泼开朗的"女汉子"，我也不愿意去怀疑她，但是她今天的表现，她的几次犹豫不定确实引起了我的注意，更重要的是，如果我的怀疑成真，那这次就一定要有解决的方法。倘若这次不了了之，会给孩子带来极差的引导，我希望所有的孩子都能"勿以恶小而为之"！

抱着这一信念,我仔细地翻看了这本书,终于让我想到了好方法!

首先,与家长联系。孩子的书籍、文具用品等,除了他们自己,最清楚的,便是他们的爸爸妈妈了。我分别给两位家长联系,询问有关这本故事书的事情。小叶的爸爸说,小叶的确买了这本书,这是小叶自己第一次提出要买书的要求,想放在班级的图书角。他爸爸还特地让他在封面上写了名字,而妍妍的爸爸则是说,因为家里的书有些多,她到底拿了哪一本来学校他也不是很清楚。而沟通到这里很明显,我失败了,此路不通!

其次,我分别与两个孩子单独聊,希望能有所突破。但令我失望的是,他们依旧一口咬定这书就是自己的!

最后,没办法,我只好使出"撒手锏"了。第三节语文课,我拿着那本故事书走进课堂,先询问有没有找到另一本,大家都摇摇头!于是,我说道:"今天早上,我们班因为一本故事书引起了纠纷,我想大家也都知道了吧?"大家点点头!"现在呢?张老师请你们大家和我一起来寻找这本书真正的主人,好不好?"我回头在黑板写上"我是小侦探",大家都兴致勃勃。"你们有什么建议吗?""看看有没有名字?""是啊,如果有署名,一下就能找到了,但可惜封面都被撕了,没有署名!""打电话问他们爸爸妈妈,有没有买过这本书?""他们都说买了!"这下小侦探们都被难倒了。于是我又说道:"刚刚张老师认真地翻阅了这本书,我发现了一个小小的证据,但我要先问问两位同学,你们有把书借给对方吗?"小叶摇摇头,妍妍愣愣地看着我,也摇摇头。"那就好,张老师在书中发现了几个写上去的数字。"最机灵的轩轩立马插嘴道:"我知道了,让他们都写一下这数字,我们比一比就知道这书是谁的了!""对对对!""真是个好办法!""就这么做!"大家异口同声地说道。

我拿了两张纸条,交给他们,让他们在上面写上"2"和"0",小叶拿着笔就写了,妍妍垂下眼也动笔了。收了他们的纸条后,我还想再给他们一次机会,于是看着他们问道:"现在你们谁想向我说出真相吗?"妍妍低着头不说话。我叹了口气,把两张纸条和书上的数字在投影仪上做了对比!

"是小叶的!""妍妍骗人,这本书不是妍妍的!""小叶的0比较丑,书上的也一样难看,就是小叶写的!"……大家个个"火眼金睛",情绪都很激动,指着投影仪上的数字大声喊道。

伴随着大家的叫喊，妍妍的脸越来越红，终于控制不住哭了起来。“你现在还要说这本书是你的吗?”我看着她问道。“告诉张老师到底怎么回事?”“我也有这本书，”妍妍哽咽地说道，“只是早上不见了，后来看到小叶桌上有，我以为是他拿的!”“那封面呢?”“我撕的。”

“她就是个小偷!”一声指责突然响起。看着同学气愤的脸，看着妍妍茫然不知所措的表情，我的心又揪了起来。“小偷”这么一个严重的称呼，真的要让这个女生戴在头上吗？不行，不能让她的自尊被践踏，只要她能知道自己错了就好！于是，我“扑哧——”一声笑了出来，同学们都疑惑不解地看着我。“谢谢妍妍同学的配合，今天这件事情其实是张老师特意安排的，就是想告诉各位同学，法网恢恢疏而不漏，千万不能做错事，因为犯错误了，就一定会被发现了!”妍妍不可思议地看着我，没想到我会这么说。“也请妍妍做戏做全套，来，把书还给小叶，并向他道歉!”在我们所有人的注视下，妍妍红了眼睛，也红了脸!

我又面向全班同学道:“不仅我们的女主角犯了错误，你们也一样。在事情发生后，一定不能立马就想当然，我们一定要立足于事实，要善于发现，同时也要知道你们随意的一句‘小偷’，对别人的伤害是很大的，不是吗?”看着他们思索的表情，心中略感安慰!

二、分析

孩子在成长过程中，总会出现这样或那样的问题，在我看来无可厚非。他们的年龄决定了他们对自身控制力的不足，而这个时候，其实恰恰是教导他们的好机会。

妍妍是个很爽朗的女汉子，在后来的事情中，我们也知道她不是有意想偷东西，而是她的书丢了，并且误会是小叶偷的，因此才会有这件“案件”的发生。在这次情景体验中，她尝试到了被揭露真相时的窘迫，被指责时的难堪。在她后来的周记中，她也写道:“谢谢你，张老师。谢谢你帮我隐瞒，没让他们叫我小偷，我不是故意的，以后我也不会这么做了，对不起!”可见，这次事件对她深有感触，相信她一定能做到“勿以恶小而为之”。至于小小的善意谎言，就权当是我们之间秘密了!

此外，班级中的孩子性格各异，总有自以为是和人云亦云的孩子，借此事件，也让他们体会了一把什么是实事求是。同时，俗话说:“流言蜚语伤人于无形。”这次也让他们明白遇事要细观察、多思考，特别是不能随意判断，没有事实基础的猜测是不准确的。

一本故事书,一次特殊事件,一节侦探课,在破案的情境中,他们各出计谋、各抒己见,随着"案件"的侦破,对他们也是有极大的影响,这一点从那一星期的周记时极大部分的同学都写了此事,可见一斑!

启发正视法将学生身临其境地去感受,他们的所见所闻、所知所感都是平常的言语教导所无法达成的,这才是真正的直观感受的启发,才能更好地被他们接受、吸收,直至内化为自身的规则意识!

三、操作要点

1. 启发正视法以体验为主,以此激起学生的思考,提高学习主动性,在正视的过程中,有所体悟,有所收获。

2. 在使用这一方法时要明确教育目标,更要注意结合具体的班级情况,把握学生的心理发展方向,要理性使用,不能生搬硬套,脱离实际!

（张　凤）

方法 34

正向激励法

正向激励法是对学生遵循规则的行为进行正面强化,使学生以一种愉快的心情继续其规则行为,巩固与发展规则习惯的方法。正向激励以激励、褒扬等方式为主,通常有两种形式,一种是小奖品、小红花等物质奖励,另一种是口头表扬、信任、提拔等精神奖励。相对应的还有负向激励。负向激励的主要形式有批评、惩罚等。正向激励、负向激励均是激励机制的组成部分。在实际应用中,正向激励、负向激励应有机配合使用,不可偏废。过度强调正向激励的作用而忽视负向激励的约束作用,与过分注重负向激励的威慑力,不注重发挥正向激励的积极效应一样,都是不正确的和片面的管理方法,不利于学生的有效发挥。

【故事】

在我的班级中有这样一个孩子,他叫周辰星。他思维敏捷口头表达能力好,成绩也不错。可他却一点儿规矩也没有,上课自由散漫,下课又经常带一些同学到处疯跑,常常上课铃声响过好几分钟了才满头大汗地从外面跑进教室……他的这些表现让我头痛不已。我给他摆事实讲道理,也找他的家长告过状,软硬兼施,可收效几乎为零,渐渐地也对他失望了。但有时想起又不免为他惋惜,很想帮助他。这不刚开学的前几天就有学生跑来向我告状说:“顾老师,小周刚刚下课的时候又在外面跑了。”我把他叫过来,询问他为什么又跑了。他振振有词地说:“小许追我!”我想了想,跟他说:“因为他追,你就要跑,他是有不对,那你有没有做错的地方呢?”他低着头不说话。我又问:“你跑了你对吗?”他还是低着头,轻轻摇了摇头。我看他已经有些认错的意识,再进一步说:“错在哪里了呢?”他说:“我不该跑。”看他已经认错了,我又想了想,说:“这样,老师给你一个将功补过的机会,这周由你来当红领巾岗位监督员,看看别的小朋友下课谁乱跑了,行吗?”他眼里闪着兴奋的光,快速点了点头。当天下午,他一下课就特别积极地站在走廊上,认真地要求来往的小朋友文明行走。连着几天,他都认真履行文明监督员的工作。于是我当着全班同学的面马上对他进行了一番表扬,没想到这整整一天他都规规矩矩的,没有出一点状况。当天晚上我又打电话给他妈妈,在电话这头的我明显感觉到那位母亲的惊喜和快乐,而这种快乐也必定会传递给她的儿子。接下来我果然看到了一个全新的小周,课上的他是那么聚精会神,作业完成得也是又快又好。我借机贴了个五角星给他作为奖励,一整天他都时不时摸摸额头上的五角星,爱不释手。我借机表示:以后不管是谁,只要他有突出的表现或者较大的进步,都能得到五角星作为奖励。此时我看到孩子们脸上有一种按捺不住的欣喜和向往。以后的很长一段时间,孩子们都被一种激动的心情鼓舞着,以极大的热情投入到学习中去,尽力做好每一件事。

【分析】

规则品行的养成过程中,离不开老师的鼓励和认可。案例中的小周同学,尽管一开始没有能够做好行为规范,下课在走廊上奔跑,但是老师却给了他一次机会,让他受到了正向的激励。它让我深深地体会到,表扬对于孩子具有多么神奇的作用,有助于孩子建立自信心。孩子受到的表扬越多,对自己的期望越高,学习也越努力。

【操作要点】

1. 坚持正向的规则行为引导,避免过多的负面规则行为渲染。
2. 坚持激励,透过负向行为,给予特点学生能做到遵循规则的启示。
3. 树立规则履行中的正面榜样,尽可能就在身边的榜样。

（顾蔚婷）

方法 35

先扬后抑法

【导言】

小学生正处于成长的时候,对于是非对错可能并没有明确的概念,常常会犯错,这是不可避免的。班主任有指出他们犯错并帮助他们改错的义务。他们在承担责任时或多或少会出现问题,教师要正确对待学生在履行担当规则中的不足。

所谓"先扬后抑"法就是对待学生在履行担当规则时出现的不符合担当规则的态度与方法问题时,根据情况,采取先肯定鼓励后批评指出,提高学生担当责任与履行规则的方法。在规则教育中,班主任需要时刻注意批评学生的方式和语气。在批评学生的时候,要秉持先抑后扬的原则,态度、用词要合适。班主任的批评方式与技巧对于学生而言有着极大的影响,在批评之前首先要对他们进行某方面的肯定,然后在运用巧妙的言语和婉转温柔的语气指出学生的不足与缺陷,要时时注意语言的技巧。这样才能让学生深刻而清楚地意识到自己的问题所在,并且愿意听取批评,积极改正错误。合理巧妙的批评方式需要用到一定的表达技巧还有班主任内心对于学生的爱护和尊重。

【案例呈现】

小张同学是班级的班干部,他平时管理小朋友雷厉风行,能做到老师的要求,对同学做错的事情也能及时纠正。有一次,有小朋友向我汇报:小张早自修带领全班早读的时候,发现一位小朋友小梁没有认真读书,便走过去劝解他,但小梁不肯听。小张就说要把他的名字记下来等会告诉我。小梁一听,心里就比较急,和小张起了冲突,两个人拌起了嘴。在起冲突的过程中,小张同学没收了小梁同学的书,小梁一时情急,抢了小张手里自己的书。小张继续强拿他的书,一不小心把小梁的书给撕破了。小梁一下子哭了出来。小张一时蒙了,没有做任何解释和劝慰的动作就上台继续领读。

我听了这件事情的来龙去脉,并调查了小梁同学的情况,他承认自己早读不够认真,下次会改,我告诉他我会继续观察他之后的表现。对于小张同学,我知道在这个过程中小张同学并没有犯不可饶恕的错误,他做到了老师交代的认真领读的工作,也尽量管理的一个班级同学的纪律,只是在管理方面,还缺少灵活机动的方法,在方法落实不得当的情况下,并没有承担该承担的补救责任。

小张同学的自尊心比较强烈,同时又是班级的班干部,如果这件事情处理得不够到位,既伤害了小张同学的自尊心,让他对管理班级畏首畏尾甚至不想管理班级了,又不能降低他在同学面前树立的威严。所以,我经过仔细的思考,和他做了如下沟通。

“老师觉得这阶段我们班的晨读情况有了很大的改善,小朋友们爱读书了,朗读有了语音语调,基本上没有偷懒的情况。这一切都和你积极管理班级,认真倾听小朋友的朗读有关,老师要谢谢你啊!”

小张本来有点儿害怕我找他,看到我有点儿耷拉着脸,这么一听我的夸奖,他的脸上绽放出一丝不好意思的笑容。

我继续说道:“但管理一个班级的所有小朋友,一定有很大的困难吧,我相信你做了很大的努力,有没有遇到什么困难,如果有的话,和老师说一说,看看我们有没有办法一起解决!”我开始引入正题。

小张想了很久,有点欲言又止,但看到我的笑容和讲话的轻松劲,他开始开口了:“我今天早上劝小梁认真读书,但他不听,我没收了他的书,他还和我抢,抢的时候,我不小心把他的书本撕破了,但我不是故意的!”讲到后面,他的声音越来越轻,垂着脑袋,脸上的一丝笑容也收敛起来。

我能看到,他已经意识到自己这个过程中有错误,但没有完全认清自己所有的错误。我问他:“如果你不是在晨读时间,而是下课时间和人争夺书本的时候把别人的书撕破了,你会怎么做?”

“我会向他道歉!”他很真诚地说。

“那就对了,如果把这个事情放在早读你管理班级的时候出现的情况,道理是不是一样的?”

“是的。”他没有反应多久就说出来了。

“那就对了,那你应该对他说声对不起,管理班级并不是你不承认错误的理由啊!”

小张思考了一下,点头道:“对啊,老师你说得对！我要向他说声:对不起!”

为了平复一下他的心情,我继续说道:“他犯的错,他已经和我说了。老师知道你们这件事情的前因后果了,你做了作为一名小干部能做的所有事情,老师觉得很欣慰。但唯一做得不够的就是:不管何时何地,什么情况下,只要是自己犯的错误就要承认,但这并不影响你作为一名班干部作出的所有贡献和努力,也不影响你在同学面前的威严,希望你要把承认错误和认真工作两件事情分开看。”

到这个时候,小张眼睛里似乎有点湿润,但这个湿润并不是委屈或者不开心,似乎是感到老师感受到了他那时候的心情,也知道老师肯定他的努力,即便犯了错误只要能平常心承认和改正就可以了。

【分析】

很多时候我们做了 99 件对的事情,做错一件事情似乎会影响别人对这个人的所有观感。但我觉得得实事求是,得一码归一码看,对的就是对的,错的就是错的。但在很多平时与人的交流过程中,如果我们直指这个人错的事情讲,即便我们讲对了,即便我们没有夸大其词,但对这个人内心的影响和挫败还是很大的。“我付出这么多,为什么老师没有看到,就盯着我的错误看?”所以一开始我肯定了他的付出,明确他管理班级的难处,在情绪梳理比较稳定的情况下,再“先抑后扬”地谈他的错误。这个过程中,让学生要明白,对的事情和错的事情,老师是分开对待的,不会因为你做错一件事情而磨灭你的其他努力和付出,同时也告诉他,要接受并承担责任,只有看到自己的错误,改正自己的错误,以后才不会犯错误,才不会怕犯错误,才能赢得更多同学的喜欢,才能树立更长久的威严。

在教育学生的过程中,努力让孩子从“推责”或缩小责任走向“担责”,只有这样才能培养出责任心强、敢担当、正视责任的新时代小学生。让这样的正面教育模糊掉一些社会的功利化的道德规范,正确树立起小学生的道德规范。

一个人有责任感,就会自觉,就会不断进取,就会振奋。只有老师不厌其烦地在各个工作细节中观察学生,引导学生,培养学生,学生才能积极地表现出自己的能力,并在各种学习环节中纠正自己的行为准则,成为一个勇于担当的小学生。

【操作要点】

1. 老师在询问过程中,要先鼓励,后指出问题,先稳定情绪,再提出方法。

2. 了解学生不敢“担责”的原因,强调老师会将学生好的方面和坏的方面隔离开来看，做错事情不会影响他在老师心目中的形象。

3. 教师要重视学生犯的错误，引导学生一步步接受自己犯的错误，勇于承担自己犯的错误，当同样的情景再次发生的时候，及时观察孩子的表现情况，以作为孩子接受教育后的反馈情况。

（沈　琴）

后　记

本专著《"六维度"规则教育的实践创新》系金山区教育科研项目"指向学生核心素养发展的规则教育行动研究——'六维度'规则教育的实践创新"课题的研究成果。本课题已于 2020 年 3 月完成预定研究任务,形成课题研究报告并顺利结题。现在本专著正式出版,十分令人欣慰,更感其价值。这是我校教育改革与发展的真实记录,生动地反映了集团化办学推动下学校内涵发展的历程。在两年的研究中,我们坚持从实践出发,注重理论指导下的自觉实践,注重提炼与总结教育经验,在再实践中验证;坚持教育创新,深化实践,形成适合自己学校的教育特色。本专著凝聚了钱圩小学的学校领导、教师和专家的智慧和辛勤劳动,也见证了我们创建学校特色过程中的艰辛探索与不懈努力。

本课题从学校象棋特色项目的棋艺与棋德并育、棋风与棋规兼蓄出发,从体育规则上升到规则教育,拓展为学校"六维度规则教育",建构整体育人的格局。我们基于学生生活与学习,从学习规则、交际规则、生活规则、活动规则、创新规则、担当规则这六个维度上,从主体体验、规则践行两个基点出发,培育学生的规则意识、规则能力、规则遵循,突出了"讲规则为了幸福,讲规则才能幸福,成为一个崇尚规则的幸福的人"这个核心理念。我们旨在通过规则教育使学生成为一个崇尚规则幸福的人,从规则中获得人的尊严、人的幸福。我们强调规则教育中民主参与原则、人文关怀原则、理解遵循原则与内化自律原则,运用五项策略与五个途径实施"六维度"规则教育。这不仅具有校本性,而且也有创新价值,实现了系统建构学校规则教育。研究的过程是艰辛的,收获是催人奋进的。我们在教育科学研究的引领下推进学校教育的改革与发展。我们以行动研究和理论研究并举展开研究。本专著力求理论与实践融为一体,体现实用性、可读性。

本课题由张照龙校长担任课题组组长，学校广大教师参与课题研究，上海三知教育理论研究所所长王钰城担任研究指导，本书实践部分由校长与教师撰写（见署名），理论部分等由王钰城、王鋐撰写。由于本书涉及不少教育理论与实践问题，限于本专著作者们的认识水平与实践经验，所阐述的观点和提供的案例难免有不妥之处，恳请读者不吝指教，在此表示感谢。

主　编

2020 年 3 月

图书在版编目(CIP)数据

“六维度”规则教育的实践创新 / 张照龙主编. —
上海：文汇出版社，2021.5
(幸福德育：滋养金色童年)
ISBN 978-7-5496-3535-1

Ⅰ. ①六… Ⅱ. ①张… Ⅲ. ①德育—教学研究—小学
Ⅳ. ①G621

中国版本图书馆 CIP 数据核字(2021)第 084772 号

幸福德育：滋养金色童年
“六维度”规则教育的实践创新

主　　编 / 张照龙

责任编辑 / 熊　勇
封面装帧 / 张　晋

出版发行 / **文匯**出版社
上海市威海路 755 号
(邮政编码 200041)
经　　销 / 全国新华书店
排　　版 / 南京展望文化发展有限公司
印刷装订 / 上海颛辉印刷厂有限公司
版　　次 / 2021 年 5 月第 1 版
印　　次 / 2021 年 5 月第 1 次印刷
开　　本 / 720×1000　1/16
字　　数 / 260 千
印　　张 / 17

ISBN 978-7-5496-3535-1
定　　价 / 78.00 元(全二册)